바꿀 수 없는 것에
인생을 소모하지 마라

Gelassenheit: Eine philosophische Lebensschule

Copyright © 2024 by Droemer Verlag. An imprint of Verlagsgruppe Droemer
Knaur GmbH & Co. KG, Munich
All rights reserved.

Korean translation copyright © 2025 by WOONGJIN THINK BIG Co., Ltd.
Korean translation rights arranged with Verlagsgruppe Droemer Knaur GmbH &
Co. KG through BC Agency.

이 책의 한국어판 저작권은 BC Agency를 통해 with Verlagsgruppe Droemer Knaur
GmbH & Co. KG와 독점 계약한 주식회사 웅진씽크빅이 소유합니다.
저작권법에 의하여 한국 내에서 보호를 받는 저작물이므로 무단 전재 및 복제를 금합니다.

바꿀 수 없는 것에 인생을 소모하지 마라

세네카 인생 학교

알베르트 키츨러 지음 · 최지수 옮김

웅진 지식하우스

이 책을 나의 세미나, 강연, 철학 워크숍에 참여한 모든 분에게 바친다.
여러분의 질문과 코멘트에 매우 감사드린다.

루키우스 안나이우스 세네카
Lucius Annaeus Seneca
(B.C. 4년 ~ A.D. 65년)

"운명이 유일하게 싫어하는 것은 태연함이다."

"무엇이 위대한가?
불행을 명랑한 마음으로
견뎌낼 수 있는 것이 위대한 것이다.
다가오는 일을 마치
원래 원하기라도 했다는 듯 받아들여라."

"현자는 현재에 기뻐하고
미래에 목매지 않는다."

"내가 어디에 있든 나는 나의 것이다."

"누군가의 말을 들었을 때보다
그 사람을 직접 봤을 때
더 존경하게 되는 사람을 친구로 삼아야 한다."

"영혼의 평안을 지킬 수 있다면
삶은 훨씬 쉬워진다."

"인생을 배우는 일에는 평생이 걸린다.
다만 놀라운 사실은
그렇게 평생에 걸쳐 배우게 되는 것이
다름 아닌 죽음이라는 것이다."

들어가며

2,000년을 뛰어넘어 만나는 인생의 스승

✳

　평온함이 그 어느 때보다 필요한 시대다. 전쟁, 팬데믹, 위태로운 세계정세, 다가오는 기후 재앙이 우리를 불안하게 한다. 기술의 최신화, 디지털화, 세계화, 인공지능의 급속한 발전과 전 세계적 네트워킹은 삶의 리듬을 급격히 가속화한다.

　모든 것이 너무 빠르고 정신없고 복잡하고 시끄럽고 소비적이다. 우리는 일상의 모든 것에서 스트레스를 받는다. 고요하고 안정적인 상태는 드물어졌다. 그래서인지 행복한 삶에 무엇보다 평온함이 필요하다고 느끼는 사람들이 많아지고 있다.

　고대 철학자와 동서양의 성현들은 이미 이 진리를 알고 있었다. 그들은 부, 외모, 권력이 아니라 영혼의 고요함, 내면의 안정감, 자기 자신과의 일치감, 밝은 평정심을 유지하며 살아가는 상태에서야말로 비로소 행복을 얻을 수 있다는 걸 알았다.

하지만 이 행복은 하늘에서 뚝 떨어지는 게 아니라 자기 안의 문제가 해결되었을 때, 그리고 자신, 타인, 세상과의 사이가 모두 좋을 때 얻을 수 있다. 자기 안의 문제를 해결하려면, 자기다운 자기가 되려면, 스스로의 삶을 영위하고자 하는 의지를 발휘하려면, 먼저 내면을 정돈해야 한다. 나에게 맞지 않는 모든 것, 내 안의 낯선 것, 나를 힘들게 하고 다양한 고통을 생성해 내는 모든 것을 내려놓고, 극복하고, 방어해야 한다. 그러기 위해서는 살면서 평소에 생각하고 느끼고 원하고 행동할 때의 습관들을, 내가 원하는 모습대로 살 수 있을 때까지 부단히 점검하고 바꾸고 계발해야 하며, 필요하다면 버리기도 해야 한다. 이 과정을 잘해나갈 때 비로소 마음의 평온을 얻을 수 있다.

그런데 학교에서 배우는 과목에 '인생 처세술'이라든가 '실전 인생 철학' 같은 과목은 없다. 종종 종교나 '윤리' 수업 정도가 있을 뿐이다. 일상을 극복해나가는 방법, 일상을 사랑하고 그 안에서 기쁨과 평안의 원천을 얻는 방법을 배울 곳은 찾아볼 수 없다.

이 책은 그 비어 있는 틈을 메우고자 한다. 삶의 다양한 도전 과제를 가장 잘 극복할 방법을 알려주고, 그럼으로써 계속해서 '밝은 평정심'을 인생의 기본적인 기조로 유지하고 운명적 시련에 맞닥뜨리더라도 적절한 시기에 다시 제자리를 찾을 수 있도록 돕는 안내서가 되고자 한다. 출발점은 철학이다.

따라서 이 책은 인생에 대한 정확하고도 깊이 있는 이해를 추구한다. 이 목적을 위해 로마 제정시대의 철학자이자 정치가로 멋진 삶의 교훈을 남긴, 인류 역사상 위대한 현자 중 한 명인 세네카Seneca의 인생 학교로 들어가 보려 한다. 성공적인 삶에 대한 그의 말은 어느 것 하나 시대에 뒤떨어진 것이 없다. 삶의 지혜에 관한 한 세네카를 능가하는 사람은 없다.

왜 지금 세네카인가?

우리의 스승은 이미 2,000년 전에 세상을 떠났지만, 그가 남긴 삶의 지혜는 오늘날까지 널리 회자되고 있다. 일각에서는 세네카를 로마 시대 철학자 중 가장 중요한 인물로 꼽기도 한다.[1] 세네카가 왜 그렇게 중요한지 이 책에서 알게 되기를 바란다. 평온함이 있는 성공적 삶으로 가는 길을 깨우치는 데 서양의 고대에서 온 이 스승보다 더 도움이 되는 스승은 아직 보지 못했다. 내가 이런 결론을 내린 데에는 여러 이유가 있다.

먼저, 세네카는 삶을 대함에 있어 실천성을 중시하는 몇 안 되는 철학자 중 하나다.[2] 그는 대제국 로마의 공인이었다. 당시 가장 많이 읽히는 작가였을 뿐 아니라 존경받는 웅변가이자 변호사였다. 집정관도 지냈다. 그러다 마지막에는 네로 황제의 스승이 되었고, 이 시기에 동료 부루스Sextus Afranius Burrus와 함께 몇 년간 세계에서 가장 크고 가장 강력한 다민족 국가였던 로마를 통치하기도 했다.

세네카는 자신이 철학적으로 연구한 바를 일상에서 증명해 보이고, 적용하고, 다듬고, 더욱 발전시키고, 확정하고, 철회했다. 이런 방식으로 그는 스토아철학과 그 외 학파의 사상을 대중을 위한 실천적 지혜로 만들었다.

세네카는 인생의 쓴맛 단맛을 다 봤다. 그게 바로 세네카를 차별화하는 요소이기도 하다. 그의 인생 말미엔 아무것도 남지 않았다. 파문과 추방을 당해 가장 높은 지위에서 가장 낮은 곳으로 추락했기 때문이다. 8년간 그는 황량한 코르시카섬에서 아내, 가족, 벗은 물론 문화생활과도 멀리 떨어져 다른 언어를 구사하는 산악 부족과 살아야 했다.³ 당시에는 사형수에게 죽을 것인지 추방될 것이지 선택하라고 할 정도였으니, 추방은 사형선고나 마찬가지였다.⁴

당시 클라우디우스 황제가 이미 세네카의 사형선고를 승인한 상태였다. 세네카가 불치병에 걸려 어차피 곧 죽을 운명이라는 사실을 익명의 누군가가 황제에게 흘리지 않았더라면, 오늘날 우리는 세네카라는 사람을 아예 몰랐을 수도 있다. 그 소식 덕분에 세네카는 사형 대신 추방에 처해졌다.

로마의 권력자가 바뀔 때, 사람들은 위대한 웅변가이자 현자였던 세네카를 기억해 냈다. 세네카는 로마로 소환되어 클라우디우스의 후계자인 네로의 스승으로 임명되었다. 네로가 성년이 될 때까지 세네카는 사실상 로마에서 가장 강력한 권력을 지니고 로마의 운명을 손에 쥐었다. 그러다 한참 뒤 다시 정치 싸움의 희생양이 되었을 때, 세네카는 자리에서 물러나 다음 세대 인류에게 지혜가 되어줄 훌륭한 저서들을 써냈다. 인생에서 두 번의 상승과 하락을 경험한 것이다.

또한 그는 평생 동안 천식 발작과 극심한 호흡 곤란으로 고통받았으며, 그로 인해 종종 죽음의 문턱을 오갔다.[5] 건강을 위해 이집트에서 살면서 매일같이 운동을 하는 생활에 익숙해졌고, 평생 그 루틴을 꾸준히 실천했으며, 이는 그의 신체와 정신을 지속적으로 강화시켜 주었다.

세네카가 탁월한 삶의 지혜를 지닌 위대한 인물이 될 수 있었던 것은 존경받는 스승들과의 철학 수련, 그리고 평생에 걸쳐 지속한 철학서 읽기가 수반된 덕이었다. 우리가 알고 있는 고대 로마의 철학 스승들로부터 그도 역시 좋은 교육을 받았다. 특히 세네카가 말년에 집필한 저서에 스승들이 한 말과 견해가 인용되었다. 모든 것이 인용은 아니었지만 이는 세네카가 플라톤, 아리스토텔레스, 데모크리토스Democritus, 에피쿠로스Epicurus 등 위대한 그리스 철학자들의 책을 부단히 연구했고 그에 통달해 있었음을 유추할 수 있는 충분한 증거였다.

이러한 연구는 그가 죽는 날까지 계속되었다. 그는 다음과 같은 말로 자신의 철학을 고수했다.

"인생을 배우는 데는 평생이 걸린다."[6]

이 말을 할 때 세네카는 이미 예순이 넘었으며, 가장 많이 읽히는 철학 작가 중 한 명이었음에도, 여전히 직접 철학 강의를 들으러 가곤 했다.[7] 그러니 세네카를 인생 학교 스승으로 모시는 데에는 충분한 이유가 있는 셈이다.

삶을 살아가는 과정에서 맞닥뜨리는 도전 과제와 어려움, 문제는 크게 세 가지 범주로 나눌 수 있다. 첫 번째는 내가 태어나 나의 힘이 미치지 않은 상태에서 갑작스럽게 닥친 외부적인 환경과 나와의 관계다. 이는 '운명' 또는 '세계'라고 부를 수 있겠다. 두 번째는 함께 살아가는 주변 사람들과의 나의 관계다. 여기서 주변 사람은 지인, 친구, 친척, 가족, 배우자, 우연히 만난 인연들, 또는 인류 전체가 될 수도 있다. 세 번째는 나 자신과 나의 관계다. 스토아학파에 따르면 세 번째가 인생 학교에서 가장 중요하다. 이 책에서는 총 세 차례의 수업을 통해 각각의 관계를 다룰 것이다.

이 세 인생 분야를 정복하면, 외부 환경이 어떠하든 상황이 어떻게 흘러가든 상관없이 우리가 배운 모든 것을 항상 최선을 다해 써먹을 수 있게 될 것이다. 우리는 고통, 패배, 질병, 불행을 피할 수 없다. 하지만 그것들을 어떻게 다룰지는 배울 수 있다. 그 방법을 배우고 나면 우리에게 회복탄력성과 자기신뢰, 믿음과 삶의 기쁨, 그리고 내면의 평온함이 찾아올 것이다.

배움만으로는 충분하지 않으며 알고 있는 것의 내면화가 동반되어야 한다는, 그럼으로써 배운 것을 실행해야 한다는 점을 세네카만큼 명확히 지적한 철학자는 드물다. 이것이 이루어지지 않는다면, 그의 학문과 모든 수업은 무용지물이 될 것이다.

세네카에 따르면, 이러한 내면화의 과정은 배운 것을 지속적으로 반복해 체화하는 것을 전제로 한다. 이러한 반복 체화는 '인생 처세술'의 내용이 전달되는 것과 같은 방식으로 시작된다. 교훈은 인상 깊어야 하며 '마음에 와닿아야' 한다. 그렇지 않으면 독자가 스스로를 극복할 힘을 찾지 못할 것이다. 교훈은 유의미해야 하며 쉽게 떠올릴 수 있어야 한다. 그래야 그 교훈이 필요할 때 '항상 써먹을 수' 있다.

　이러한 그의 철학을 우리는 철저히 따를 것이다. 이론화하는 게 아니라, 이 책에서 할 수 있는 한, 실제로 배운 것을 반복해서 연습하는 길을 보여줄 것이다.

　독자 여러분이 이 책과 세네카를 삶의 이정표로 삼아 자극을 받고 조언을 찾을 수 있기를 바란다. 이 책을 읽는 동안 매 장마다 쉬는 시간을 가지고, 읽은 것을 다시 떠올리거나 스스로의 생각으로 다시 형성해 보기를 권한다. 한 고대 그리스 의사는 이렇게 말했다.

　"우리가 얼마나 많은 지혜를 한 번에 삼키느냐가 아니라, 삼킨 것을 얼마나 잘 소화시키느냐가 중요하다."[8]

차례

들어가며 2,000년을 뛰어넘어 만나는 인생의 스승   15

예비 학교 ✦ 철학, 지혜를 향한 사랑

01 영혼을 치유하는 철학   27
02 우리를 행복하게 만드는 것   44
03 옳다고 믿는 것을 고수하는 끈기의 힘   64

첫 번째 수업 ✦ 나를 괴롭게 하는 세상과 운명

04 운명은 어떻게 맞이해야 하는가   79
05 죽음과 덧없음에 대하여   111
06 소유의 진정한 의미   141
07 자유, 모든 것에서 독립하는 능력   167

두 번째 수업 ✦ **나를 가장 흔들리게 하는 '나'**

08	내면을 정돈하라	183
09	마음의 평온을 얻는 방법	194
10	나의 삶과 내면 돌보기	217
11	더 나은 삶을 위한 자기수양	231
12	내가 누구인지 아는 것의 힘	241
13	불행을 행복으로 바꿀 수 있다	253
14	진정성 있는 삶	274

세 번째 수업 ✦ **나를 결핍되게 만드는 사람과의 관계**

15	피할 수 없는 연결과 갈등	287
16	내면의 균형이 우선이다	320
17	우리에게 필요한 인생의 스승	327

나오며 그대, 자기 자신을 행복하게 하라!	341
참고 문헌	343
미주	345

예비 학교

철학, 지혜를 향한 사랑

01 _____ 영혼을 치유하는 철학

✸

"산다는 것은 신의 선물이며, 잘 산다는 것은 철학의 선물이다. 지혜는 영혼의 스승이다. 삶을 영위하는 일은 철학의 과업이자 예술이다. 다만 목표는 오로지 행복한 삶이요, 행복한 삶으로 인도하고 길을 여는 것이 철학이다."[1]

인생 학교의 각 과목을 듣기 전에, 먼저 세네카의 방향성이 무엇인지 먼저 정확히 알아보자. 세네카에 따르면, 철학은 말 그대로 "지혜를 향한 사랑"이며, 성공적인 삶으로 가는 길의 이정표다.* 철학은 잘 사는 법을 알려준다. 철학의 목표는 행복한 삶이다. 철학은 영혼에 대

---

* 철학은 '사랑'에 해당하는 Philo와 '지혜'에 해당하는 Sophia가 합쳐진 말로, 말 그대로 '지혜를 사랑'하는 것을 말한다.

해 가르치고 삶을 형성한다.

"현자는 악덕을 다스리는 기술을 마스터한 사람이다. 끔찍함을 초래하는 고통, 빈곤, 치욕, 투옥, 추방도 현자 앞에서는 부드러워진다."[2]

철학은 하나의 목표에만 국한되지 않고, 삶 전체를 모든 필요와 관계성 안에서 포괄적으로 고려한다. 철학은 개별적인 측면을 넘어서, 우리가 하는 모든 행동의 궁극적 목적이 무엇인지 묻는다. 그것은 다름 아닌 유익하고 행복한 삶이다.

정신의 치료제

그렇다면 철학에 어떤 기술이 필요한가? 철학이 존재, 진리, 사물의 근원, 인식 가능성의 조건, 언어의 본질 및 이와 관련한 이론적 문제와 같은 추상적인 질문만을 다루는 건 아니다. 사람들은 종종 철학이 그런 질문만 다룬다고 생각한다. 물론 다 의미가 있고, 궁극적으로 인생을 만들어가는 데 영향을 주는 질문이다. 하지만 그런 문제에만 빠지면 일상을 다루는 문제를 간과하거나 무시해 버릴 위험이 있다.

세네카는 철학의 이러한 이론적 측면의 필요성과 당위를 인정하긴 했지만, 자신의 저작에서 그에 대해 그리 길게 다루지는 않았으며, 대신에 실천과 관련한 문제 제기에 집중했다.

그렇게 세네카는 영혼을 건강하고 온전하게 하며, 성공적이고 행복하고 충만한 삶으로 가는 길을 깨우치기 위한 모든 철학적 생각의 끝과 목표 지점을 향해 똑바로 나아갔다.

세네카는 고대에 일반적이며 지배적이던 생각, 즉 모든 인간은 행복한 삶을 영위하기 위해 노력한다는 생각을 이어받았다. 그 외에 인간이 추구하는 모든 다른 목표는 행복한 삶을 영위하겠다는 목표를 이룰 수단에 불과하며, 궁극적으로 삶을 행복하게 만들기 위한 노력 안에 있다.

실천철학은 직접적으로 우리의 삶 자체에 도움을 주며, 그 외의 다른 모든 교훈은 개별적인 측면에 초점을 맞춘다. 실천철학은 삶 자체의 실체와 본질을 다루며, 그 외의 교훈들은 그저 액세서리, 보석 장식 또는 물질적 토대의 조달에 불과하다. 따라서 실천철학으로 가는 길은 개인의 정신생활의 질서정연함을 통해서 생겨난다.

외부가 아닌 개인의 내면에 행복하고 충만한 삶이라는 목표에 가까이 가는 걸 방해하는 모든 위기와 걸림돌, 적, 유혹이 존재하기 때문이다. 자신의 해결되지 않은 갈등과 실수, 그리고 불안, 걱정, 압박감, 자기애, 오만, 분노, 짜증, 시기, 탐욕, 질투와 같은 정신적 문제 또한 우리를 방해한다. 이들은 세네카의 눈에 치료가 필요한 '질병'과 같았으며, 그러므로 철학은 무엇보다 '정신의 치료제'였다.

세네카는 철학자라는 직업에 대해 이렇게 말했다.

"나는 정신을 치유하는 철학을 공부하기로 마음먹었다."[3]

그에 따르면 지혜는 삶의 고통을 이기게 하며, 행복한 정신의 상태로 이끌어준다. 그러고 나면 평온함과 '지속적인 밝음'이 기본 성격이 되는 경지에 이른다. 그것이 바로 성공적인 인생 영위 방법이다.

"우리가 떠올리곤 하는 현자란 기쁨에 충만해 있고, 청명하고, 만족스러워하며, 흔들리지 않는 사람이다. 그는 신과 같은 삶을 살아간다. (…) 그런 현자의 기분은 달 너머 우주의 층과도 같다. 그곳은 지속적인 밝음이 지배하고 있는 곳이다."[4]

단순한 개념 안에서는 길을 잃지 않는다

세네카는 철학을 통한 이러한 종류의 삶의 극복 방식이 사유와 인식, 실제에 대한 개념적 이해에 달려 있다는 걸 인정하면서도, 개념과 형식-논리적 파생의 미로에서 길을 잃지 말라고 경고했다. 세네카에 따르면, 개념은 이해해야 할 것만을 의미한다.

우리가 얼마나 정확한, 어휘적인 정의를 찾느냐 여부는 상대적인 가치에 불과하다. 그보다 더 중요한 것은, 대상 자체를 이해하고 문제를 다루는 법을 배우는 것이다. 오래전부터 이미 존재했던, 에피쿠로스학파와 스토아학파 간 철학적 방향 논쟁에 관해 세네카는 이렇게 말했다.

"둘 중 어느 쪽이 이 문제에 대해 더 올바르게 말하는지는 밝혀지게 될 것이다. 방향의 차이를 논하는 것은 의미가 없다. 각각이 무엇에 관한 것인지, 그리고 당신들(에피쿠로스학파)에게 의미가 있는 것이 무엇인지 알면 된다."[5]

또한 온화함에 관해 쓴 저서에서는 이렇게 말했다.

"내 생각에, 이 개념(부드러움)에 관해 상대 학파와 견해 차이가 있는 것 같다. 하지만 그 대상에 대해서는 의견이 일치한다."[6]

세네카는 다양한 표현이 나타내고자 하는 현상에 더 집중했다. 그리고 이를 항상 다양한 단어와 이미지를 사용해 가능한 한 포괄적이고도 정확하게 묘사하고자 했다. 그는 철학을 불신했는데, 철학은 현상의 정확한 관찰과 다양한 묘사보다 개념적 정의를 절대화해 그것에서 파생되는 논리적 추론을 더 신뢰하기 때문이었다. 그는 언어는 대상을 묘사해야지, 그 반대가 되어서는 안 된다고 생각했다.

"학문은, 대상을 그 자체로 날카롭게 관찰하고 그것에 관해 이야기할 준비가 되어 있어야 한다고 생각한다. 말은 사실로부터 나와야 한다. 그래서 자연스럽게 형성된 말이 그 사실을 충분히 묘사해야 한다. (…) 그것을 다시 단순한 말로 바꾸어 종이에 옮기는 것뿐이다."[7]

세네카는 묘사를 싫어한 게 아니라 오히려 그 반대였다. 다만 개념적 내용보다는 사람들에게 와닿는 효과에 더 중점을 두었던 것뿐이다.

독자 또는 청자는 감동을 받고, 실제로 회복을 하고, 용기를 갖고, 내면의 적의 눈을 똑바로 쳐다보고 맞서 싸워 앞으로 나아가야 한다. 필요하다면 행동으로 옮기고 변화해야 한다. 그러지 않으면 아무리 좋은 통찰도 소용없다. 중요한 지혜들이 오랫동안 널리 전해 내려왔음에도 대부분의 사람이 그 오랜 시간 동안 지혜가 인도하고자 하는 곳에 도달하지 못했다는 것은 주지의 사실이다.

세네카의 철학은 무엇보다 치유의 기능을 하며, 이해를 통해 개선으로 나아가는 것을 목표로 한다. 즉, 일상적인 영혼의 고통으로부터 자유로워지는 것을 목표로 한다.

통찰에 도달한 사람은 누구나 "언어의 표현에 집중하며, 본인의 높은 차원의 사고에 걸맞은 인상적인 표현과 해당 대상의 가치에 적합한 묘사를 추구한다. 나는 규범이나 제한적인 규칙을 뛰어넘어, 더 높은 영감을 위하여 더 고차원적인 언어를 사용한다."[8]

이 '고차원적 언어'는 개념적 설명을 앞지르는, 그리고 행동과 변화를 이끄는 언어를 뜻한다. 세네카는 그러한 언어 사용이 필수적이라고 말했다. 이는 통찰이 청자의 영혼 깊이 자리를 잡고 살아 숨 쉬게 함으로써 지속적으로 자신의 삶을 더 잘 다루고 마스터하도록 해준다.

철학의 의미

세네카는 영혼을 치유하고 인생을 설계하게 해주는 것이 바로 철학이라고 보았는데, 그러한 철학의 의미가 쇠퇴했다며 불만을 토로했다. 안타깝지만, 그건 오늘날에도 여전히 마찬가지다.

"누가 철학에 헌신하는가? 찍어 맛보기식이 아닌, 진정으로 충분히 탐구하는 이가 있는가? 놀잇거리가 없거나 비가 추적추적 오는 날 누구라도 때려죽이고 싶을 때가 아니고서야, 누가 철학이나 고고한 지식을 찾겠는가? 이게 바로 수많은 철학 학파가 후계자를 찾지 못하고 멸종되어 가는 이유다."[9]

서문에서 우리는 모든 가능한 것을 배우면서도, 성공적인 삶을 어떻게 만들어가는지는 배우지 못한다고 말했다. 그러나 이는 지금 새로 일어나는 현상이 아니다. 사실 고대에도 소크라테스 이후, 앞에서 언급한 영혼의 치유를 중심 주제로 삼은 수많은 철학 학파가 존재했다. 이들은 그야말로 인생 학교였다. 에피쿠로스 학교에는 여성과 노예도 들어올 수 있었는데, 당시에는 매우 참신한 일이었다. 그로부터 불과 300년이 지난 세네카 시대에는 많은 학교가 그저 그림자 같은 존재가 되어버렸다. 대부분의 사람은 주로 즐거움을 추구하고 사업을 벌이는 등의 일에 정신을 빼앗긴 상태였다.

아마 철학은 그 자체로 비난의 대상이 되었을 것이다. 세네카도 철학이 실제 삶에서 실질적 이익을 얻을 수 없는 궤변에 빠져 있는 경우가 너무 많다고 비판했다. 논쟁이 너무 과열되고, 개념적 구분이 지나치게 과장되었으며, 비현실적으로 멀어졌다. 철학은 그렇게 대중을 폭넓게 설득하거나 그들에게 영향을 미칠 힘을 잃어갔다.

"노력 자체는 분명 칭찬할 만하지만, 학술적 연구의 유의미함과 지혜는 오로지 그 정도가 적정할 때만 유효하다. 소유자가 평생 동안 그 목록조차 제대로 훑어보지 못한다면 수많은 책과 도서관이 무슨 소용이 있을까? 배우는 이에게 교훈은 주지 않은 채 부담감만 줄 뿐이다. 몇 명의 저자에게 집중하는 것이 이 사람 저 사람 혼란스럽게 왔다 갔다 읽는 것보다 훨씬 합리적이다."[10]

인생 학교에서 명심해야 할 중요한 사실이 있다. 가능한 한 많이 읽는 게 능사가 아니라는 것이다. 그보다는 그중 가장 좋은 것에 집중하고 그것을 반복해서 익히는 것이 중요하다. 책 한 권이나 저자 한 명의 스타일과 내용이 나에게 와닿고, 거기서 풍부한 삶의 지혜를 얻을 수 있다면, 그 책 또는 저자에게만 집중해도 충분히 성공적인 공부가 될 수 있다.

세네카는 철학적 논쟁에서 발생하는 '쓸데없는 논의'나 '지나치게 상세한 논의'에 자주 불만을 가졌다.[11] 세네카는 그런 현상이 삶과 밀접한 관계가 있던 본래의 철학적 사고가 퇴화된 결과라고 보았다.

"불필요한 질문을 계속 던지면 예리한 사고가 무뎌진다. 그러면 유익은 되지 못하면서 '교양을 갖추는' 것에서 끝난다. 지혜는 그보다 명확하고 단순하다. 정신을 정리하는 데에는 많은 지식이 필요하지 않다. 하지만 우리는 너무나 쉽게 불필요한 것에 매료되고 철학 안에서도 길을 잃는다. 다른 모든 일처럼 학문도 무절제함에 빠질 수 있다. 그러면 인생을 위한 공부가 아니라 공부를 위한 공부를 하게 된다."[12]

"그들(철학자들)은 대체 쓸데없는 걸 얼마나 많이 생각하는지, 살면서 사용할 수조차 없는 것들이 얼마나 많은지…… 결국 자기 삶을 이해하는 것보다 말 잘하는 법을 더 잘 배우는 것 같다."[13]

세네카는 학문적 분위기가 과하게 지배적인 철학을 비판했고, 때로는 철학이 지금보다 더 단순하고 더 이해하기 쉬우며 본질적으로 더 와닿고 더 효과적이었던 초기의 철학으로 돌아가야 한다고 주장했다. 여기서 몇 가지 중요한 것이 '잊혔다'.[14] 그의 스승 파비아누스 Fabianus에 대해 세네카는 '강단에 선 학자가 아닌, 진정한 고대 철학자'[15] 중 하나라고 묘사했다.

"고대인의 지혜는 해야 할 일과 하지 말아야 할 일에 대한 규칙 정하기에 국한되어 있다. 당시에는 사람들이 지금보다 훨씬 나은 성품을 지녔다. 그러나 학자들이 등장한 이후로는 선한 이들이 사라져 갔다. 단순하고도 열린 마음을 가진 미덕(지혜)은 칙칙하고 인공적인 학문으로 변해버렸고, 사람들은 논쟁하는 법은 배워도 제대로 사는 법은 배우지 못하게 되었다."[16]

지혜를 향한 사랑은 똑똑함을 향한 사랑, 순수이성의 아크로바틱을 향한 사랑으로 변했다. 세네카는 당대 학자들을 두고 "인생의 기술이 아닌 논쟁의 기술을 훈련시킨다"며 한탄했다. "학생들은 영혼을 도야하려는 목적이 아닌, 똑똑해지고 싶다며 스승을 찾는다. 철학 Philosophie이 문헌학 Philologie이 된 연유가 바로 이것이다"[17]라며 말이다.

물론 이렇게 말함으로써 철학이 해야 할 노력, 그리고 세네카가 살던 시대에 철학이 했던 노력을 축소하려고 한 건 아니다. 오히려 그 반대다. 사회의 도덕이 부패해 간다는 점에서 볼 때 철학이 곱절로 노력해야 한다고 한 것이다. 사실 인류의 역사에서 실천철학은 선한 삶에 대한 원칙들이 잊혀져 가고 정신적 삶의 질이 최저점을 찍을 때, 역설적으로 가장 위대한 사상가들이 배출되었다. 오늘날과 같이 세네카가 살았던 로마에서도 많은 사람이 물질적 풍요로움 속에서 살았지만, 동시에 정서적 결핍과 궁핍함, 도덕적 불안정 속에서도 살고 있었다. 그런 상태에서 철학은 할 일이 많았다.

"나는 (의학과 마찬가지로) 철학도 똑같다고 생각한다. 약간의 문제만 있는 사람은 회복시키는 데에는 그리 큰 노력이 들지 않는다. 하지만

(오늘날과 같이) 심각한 도덕적 타락에 이르렀을 때에는 모든 걸 다 시도해야 한다. (…) 심각하고 만연한 정신적 길 잃음 상태에 맞서, 철학은 두 배로 노력해야 하고, 맞서 싸우는 대상만큼이나 단단한 힘을 길러야 한다."[18]

철학은 절대적 지식이 아니다

철학을 인생의 스승으로 삼을 때, 철학이 뭘 해야 하고 뭘 하지 말아야 할지 전부 알려줄 거라고 기대해서는 안 된다. 세네카는 그것은 큰 오해라고 했다. 철학이 지식, 통찰, 개념에 대한 예리함, 진실과 거짓을 보는 분별력을 길러주는 건 사실이다. 하지만 우리가 살아내는 삶은 항상 개별적이고, 우리 모두에게는 각자 개성이 있다. 인식과 보편적 지혜의 규칙, 그리고 삶에서 구체적으로 마주하게 되는 개별적인 상황 사이에 존재하는, 필연적으로 벌어질 수밖에 없는 간극을 메워야 한다. 그런 과정에서 어떤 지혜는 수정되어야 할 때도 있고, 다른 지혜에 우선순위가 밀려나게 될 때도 있다. 철학이 말하는 것은 일반적인 수준에서의 좋은 조언이다. 그럼에도 누군가에게 잘못 적용된다면, 그건 오류가 될 수 있는 것이다.

세네카는 실천철학이 구체적인 상황을 무시하고 맹목적으로 따라야만 하는 진리를 제시하는 건 아니라는 점을 재차 강조했다. 그는 이를 무분별한 선행을 베푸는 것에 비유하며 항상 좋을 순 없다는 점을 강조했다.

"그 자체로 모두에게 좋은 건 존재하지 않는다. 따라서 누가, 누구에게, 언제, 왜, 어떤 상황에서, 어떤 관점에서 보느냐에 따라 달라질 수 있다. 이런 고찰 없이 어떤 행동을 합리적으로 판단하기란 불가능하다."[19]

실천철학으로부터 우리가 삶에 대해 배울 수 있는 지침은 "그야말로 상황에 따라 다르다. 게다가 그런 상황은 항상 유동적이다. 더 정확하게 말하자면, 끊임없이 변한다".[20]

인생 상담가로서 철학의 핵심 역량은 우리로 하여금 의식적으로든 무의식적으로든 생각과 행동에 영향을 미치는, 각자 지닌 가치의 우선순위에 계속해서 의문을 제기하도록 만드는 것이라고 할 수 있다. 예컨대 고대의 실천철학은 많은 경우 재화와 가치, 그리고 이를 둘러싼 판단에 대한 교리였다. 우선순위를 어디에 둘 것인가? 일인가, 가족인가? 돈인가 여가인가? 쾌락인가 도야인가? 무엇을 기준 삼아 우선순위를 부여하거나 밀어둘 것인가? 이와 같은 질문들에서 성공적인 삶의 열쇠를 찾는 것이다. 세네카는 상황과 관계없이 특정 가치에 너무 집착하지 말라고 경고했다.

"'선'이란 무엇인가? 사물에 대한 지식(삶에 대한 가치)이다. '악'이란 무엇인가? 사물에 대한 무지다. 통찰력과 지식을 갖춘 사람은 항상 상황에 따라 사물을 선택하거나 버릴 것이다."[21]

결국 철학의 본질은 답하기가 아니라 질문하기에 있다. 성찰과 탐구의 과정에서 오류, 잘못된 결론, 의구심이 드는 가치를 발견하기 때문이다. 또한 질문은 인생의 본질적 의문에 대한 해답을 찾게 한다. 물론 '나는 내가 모른다는 것을 안다'는 소크라테스의 유명한 말처럼, 모든 답은 잠정적인 답이라는 것도 맞다. 그 답은 바로 '지금 그리고 여기'라는 조건에서 나온 최선의 답이다. 따라서 우리는 그 답을 가지고 생각과 행동의 방향을 잡아야 한다. 다만 이는 우리가 보다 깊은 깨달음에 도달하기 전까지만 적용된다. 철학은 절대적인 진리를 정해두지 않지만, 새로운 지식을 향한 무한한 갈증을 느끼고 그것을 얻고자 노력하며 더 나은 이해에 항상 열려 있기 때문이다. 이전의 답이 오류로 판명되면, 언제든 길을 변경하고 생각과 행동을 바꿀 준비가 되어 있기 때문이다. 철학이 해결하고 싶어 하는 삶이 그러하듯, 철학 역시 계속해서 움직인다.

세네카의 인생수업에서 철학은 브레이크가 아닌 엔진이었다. 철학은 우리가 '진리'를 발견한 뒤에 비로소 행동하라고 한 적이 없다. 다만 신중할 뿐이다. 주저하거나 재고 따지는 것이 아니다.

"진리는 가파른 곳에서 탐구되므로, 우리는 사물을 온전하고도 확실하게 파악하리라고 기대해서는 안 된다. 그저 확률을 따를 뿐이다. 모든 일이 이와 같다. 씨 뿌리기, 바다로 나가기, 군 복무 하기, 아내 맞이하기, 자녀 키우기 등 모두가 이와 같다. 이러한 행동의 결과는 불확실하므로, 우리는 그저 최선이라고 생각되는 것을 한다.

씨 뿌리는 사람에게 풍요로움이, 뱃사람에게 항구로 돌아옴이, 군인에게 승리가, 남자에게 좋은 아내가, 아버지에게 효도하는 자녀가 과연 보장되어 있는가? 우리는 (어쩌면 확실하지 않은) 진리가 아니라, 이성적 판단에 이끌려야 한다. 확실히 잘될 행동, '진리'라고 인식된 행동만을 하며 살려고 한다면, 아무런 행동도 하지 못하게 될 것이다."[22]

우리는 세네카의 인생 학교에서 많은 것을 배울 수 있을 것이다. 그의 원칙과 지혜는 자의적이지도, 회색 이론에서 허우적대지도 않는다. 인생의 모든 문제에 유용하고 효과적인 조언과 지침을 제공한다. 그러면서도 절대로 각 순간마다 행하는 우리의 책임 있는 결정과 행동을 잘못되었다고 판정하거나 처방하지 않는다.

각자의 숙고를 거친 후에 동의하는 것에 한해서 지혜로운 조언을 따라야 하듯, 그 조언을 각자의 상황에 맞게 적용해야 한다. 즉, 적용하고, 변화시키고, 수정하고, 강화하거나 약화해야 한다는 뜻이다. 그 과정에서 각자가 독자적으로 채워내야 하는 틈도 생긴다. 이 틈이야말로 우리가 자유, 존엄, 자율, 책임을 갖도록 해주는 장치다. 바로 여기서 개개인의 삶이 비로소 피어난다.

철학은 앎과 '할 수 있음'이다

중국의 공자, 인도의 싯다르타에 견줄 만한 고대 서양의 위대한 사상가가 여럿 있지만, 그 누구보다 세네카는 철학이 추구하고 가르치는 지혜가 앎과 '할 수 있음'이라는 점을 강조했다. 실천철학은 지식, 통찰, 인식, 명료함을 다루기는 하지만, 무엇보다 이것들을 적용하는 것을 중요시한다. 철학은 건축학, 법학, 수학, 의학, 물리학 등과 같은 개별 학문과 달리 특정한 전문 지식이라기보다 한 인간의 삶 전체를 아우르는 것이기 때문에, 삶의 모든 측면에서 지식을 적용하면서 살아가길 권한다.

"그러한 모든 기술은 삶을 살아가는 데 필요한 도구만을 다룰 뿐, 삶 전체를 다루지는 않는다."[23]

우리는 각자의 직업에서 장인이 되지 않더라도, 행복하고 충족된 삶을 영위할 수 있다. 그러나 삶의 처세술이 한계에 도달하면 평안함을 잃고 삶의 질이 떨어진다. '인생의 실천적 처세술'에 적절하게만 능숙하다면, 그만큼의 좋은 삶을 영위할 수 있을 것이다. 하지만 그것을 마스터한다면, 분명 더 좋은 삶을 살 수 있다.

세네카의 실천철학을 공부한 사람은, '이론'과 '실습' 두 가지를 같이 공부한 셈이다. 이 둘은 동일한 가치를 지니고 있으며, 둘 중 어느 하나도 다른 하나보다 더 중요하지 않다. 둘 중 어느 하나도 다른 하나에 비해 시간과 노력을 덜 들여야 하는 것이 아니다. 다만 이 둘의 특징은 모두 '실천'에 초점을 맞추고 있다는 데 있다. 그러므로 교실과 도서관에서 읽거나 들으면서 접할 수 있는 수업은 이 중 절반에 해당하며, 나머지 절반은 실제 삶에서 일어난다. 삶의 모든 순간에 배우고 연습하는 것이다.

고대 그리스인들은 이 사실을 명확히 알고 있었다. 이때의 철학 스승은 직접 땅을 갈고 경작하면서 현장에서 수업을 진행했다. 학생들은 스승이 가르친 내용을 실제로 어떻게 행동에 옮기는지 직접 보고 경험했다. 고대의 철학학교는 삶의 공동체로 여겨지기도 했으므로,

수업 내용인 이론 지식이 일상에서, 또 상호작용 속에서 살아 숨 쉬는 형태로 전수되었다. 철학은 다른 어떤 과목보다 살아 있는 롤모델과 롤모델적 삶을 통해 교육된 것이다.

물론 실천적 적용을 위해서는 이론 교육도 소홀히 해서는 안 된다. 이론과 실천은 떼려야 뗄 수 없는 필연적 관계다. 세네카는 우리가 어디에서 왔고 어디로 가는지 알지 못하면 아무 데도 갈 수 없다고 말하며 먼저 사물을 이해하고 세상, 자연, 인간 정신의 법칙을 인식해야 한다고 말했다.

"지혜는 완전하며 최고 수준의, 가장 잘 훈련된 통찰이다. 지혜는 삶의 예술이기 때문이다."[24]

"철학자, 즉 현자는 자연이 흘러가는 원인을 탐구하는 자다."[25]

세네카는 그러한 인식 속에서만 인간의 이성적 본성이 온전히 펼쳐질 수 있다고 말했다.

"가장 풍부하게 펼쳐진 인생이 무엇이냐 묻는가? 인생은 지혜를 얻는 만큼 펼쳐진다! 지혜를 얻은 것은 경계에 도달한 것이 아니라 핵심에 도달한 것이다. (…) 우주만물에 대한 인식을 향유할 때, 비로소 자연이 세계를 어떻게 정돈하고 계절의 되풀이를 어떻게 가능케 하는지, 어딘가에 있던 모든 것을 어떻게 그 안으로 포함시키고 궁극적인 목적에 다다르는지, 그 진행 과정을 기초부터 시작해 인식하게 될 것이다."[26]

이를 순전히 이론적이고 관조적 삶을 찬양하는 것으로 오해해서는 안 된다. 세네카는 오히려 자연과 인간에 대한 가장 적절한 이해를 기반으로 모든 다른 것이 따라온다고 인식했다. 올바른 통찰력이 있으면, 삶은 저절로 올바른 길로 나아간다. 세네카는 통찰이 우리의 욕구, 본능, 그리고 나아가 행동에 영향을 미친다는 심리학적 사실을 매우 예리하게 느끼고 있었던 것이다.

"이 지혜, 이것은 무엇인가? 진실되고도 헷갈리지 않는 판단이다. 이 판단은 영혼의 본능에 결정적 영향을 미치며, 영혼의 본능을 활성화시킨 모든 현상이 필요로 하는 자명함을 이 판단을 통해 얻기 때문이다."[27]

예를 들어, 운동이 얼마나 유익한지, 운동을 통해 어떻게 부정적 기분을 없애고 긍정적 기분을 불러일으킬 수 있는지 명확하게 인식한다면, 규칙적으로 운동해 나태를 극복하고 싶다는 강한 충동을 내부에서 느낄 것이다. 세네카는 이성적 추론과 올바른 판단의 힘은 위대하다고 말했다.

"이성을 사랑하라! 그 사랑이 그대에게 어떤 힘듦도 극복할 무기를 선사할 것이니."[28]

그러나 통찰은 지혜의 한 측면에 불과하다. 그 지혜를 사용할 줄도 알아야 하기 때문이다. "지혜는 기술"[29], 즉 "삶의 기술"[30]이라고 세네카는 말했다. 기술은 '할 수 있음'에서 온다. 시간이 지남에 따라 지혜는 계속되는 연습, 실행, 경험을 통해 기쁨과 충만으로 이어지고 잘못된 행동을 피하게 하는 내면의 태도와 삶의 실질적 극복으로 굳어진다.

"지혜는 배우고 숙련된 사람, 그리고 꾸준한 연습을 통해 경지에 도달한 정신을 갖춘 사람만이 가질 수 있다."[31]

"어떤 특정한 나이가 되어야만 비로소 많은 경험과, 그 경험들 사이 사이 실수로 인해 쌓인 기나긴 후회를 바탕으로 도덕적 성숙에 이르러 자신을 통제하고, 내면이 차분해지고, 진정한 치유의 길을 찾을 수 있다는 건 착각이다. 지금이 바로 선을 위한 시간이다. 백발의 노인이 되어 지혜를 얻은 사람은 그저 그 세월을 지나 그 지혜에 도달했다는 것을 말해줄 뿐이다."[32]

꾸준히 연습하여 배우면 그것이 고정적인 삶의 실천으로 이어지고, 인격의 일부로 자리 잡는다. 교훈을 실천으로 옮겨야 그 교훈이 습관이 되어 성격을 형성한다. 다만 우리는 생각의 습관, 의지의 습관, 행동의 습관을 들이는 데 그친다. 그러나 그런 습관을 들이고 나서 밑바닥부터 철저하게 좋은 삶을 사는 법을 배워야, 지혜롭지 못하고 건강하지 못하고 행복하지 못한 삶으로 되돌아가지 않을 수 있다.

"지혜에 꼭 붙어 있는 사람은 큰 죄악에 빠지지 않는다. 지혜가 그로부터 완전히 씻겨 없어져 다른 색으로 뒤덮이기에 이미 너무 깊숙이 지혜에 스며들어 있기 때문이다."[33]

"지혜롭지 못한 사람은 지혜를 향하여 전진하노니, 지혜는 비진리로 돌아가지 아니함이라."[34]

02 _____ 우리를 행복하게 만드는 것

✳

알고 있는 것을 실제로 적용하는 문제는 배움의 과정을 성공적으로 마치기 위해 꼭 풀어야 할 숙제다. 삶을 내 것으로 만들고 즐기는 데 문제가 있다면, 통찰이 부족해서라기보다는 실행이 부족해서다. 고대의 위대한 사상가 중 그 누구도 세네카처럼 이 문제를 실천철학의 핵심으로 다룬 사람은 없었다. 세네카는 계속해서 이 문제를 강조했다.

실행만이 행복을 만든다

"그대는 무엇 하러 그리 많은 것을 새로 배우려 하는가? 이미 배운 것들을 다시는 잃지 않도록 확고히 자기 것으로 만드는 시간은 대체 언제 가질 것인가? 이미 배운 것들을 직접 해보는 시간은 언제

가질 것인가? 지식을 기억하는 것만으로는 충분하지 않다. 실행에 옮겨 시험해야 한다. 우릴 행복하게 하는 것은 단순한 지식이 아닌 행동이다."[35]

우리는 편리함, 습관, 유지를 본능적으로 강하게 원한다. 우리의 사고는 이러한 본능으로 향해 있다. 따라서 좋은 삶, 행복, 생활 태도에 대한 새로운 통찰을 얻을 때마다, 그것만으로 성격과 삶의 방식이 바뀔 거라고 착각한다.

이런 경향은 그 통찰이 결단과 함께 일어났을 때 더 강화된다. 하지만 우리에겐 꾸준함이 부족하다. 결단에 기대어 실행에 옮기며 첫발을 내딛긴 하지만, 얼마 지나지 않아 어딘가에서 벽을 만나 실질적 진전을 이루지 못하고 부주의해지며, 다시 일상의 틀에 갇혀버리고 만다. 무언가를 비판하고, 논쟁하고, 성찰할 때 그것 자체로 즐거움을 느낄지라도 실제로 적용할 때가 되면 힘이 부족해지는 듯하다.

"전투 신호가 주어졌는데도 허공에 무기만 휘둘러보는 바보가 어디 있는가? 장난감 같은 무기는 버려라. 결정적인 무기가 필요하다. 어떻게 해야 어떠한 슬픔도, 어떠한 두려움도 나의 기분을 망쳐버리지 않을 수 있는지, 숨겨진 욕망에 짓눌리는 부담을 벗어버릴 수 있는지, 그 시작을 어떻게 하면 좋을지 나에게 말해보라. 거기서 해야 할 행동이 보인다."[36]

세네카는 한마디로 이렇게 말했다. 행복하게 하는 건, 지식이 아니라 행동이라고.

"철학은 행동하는 법을 알려준다. 말하는 법이 아니라. 철학은 모든 사람이 자신의 내면의 법칙에 충실하게 살아가고 그들의 삶이 말과 모순되지 말 것을 요구한다. (…) 이것은 지혜를 얻기 위한 가장 높은 수준의 요구인 동시에, 실행은 말과 함께 이루어져야 한다는 지혜의 특징을 보여준다."37

얼마나 많은 시간을 교훈을 배우는 데 쓰고, 배운 이론을 시험해 보는 데 쓰는가? 배움과 시험 사이 관계의 균형을 잡는 것이 중요하며, 더 중요한 것은 실천에 좀 더 중요도를 두는 것이다. 물론 반대가 중요할 때도 있다.

세네카는 '경험을 통한' 시험을 강조하며, 이를 단순히 '기억에 의존'해서 인식하는 데 만족하는 것과 구분 짓는다. 그러나 지혜와 지혜의 근간이 되는 글은 늘 손에 지참하여야 할 행동지침서와도 같다. 나폴레옹과 몽테뉴가 그리스 철학자 플루타르크의 전기를 늘 손에 지녔듯, 헬무트 슈미트가 마르쿠스 아우렐리우스의 『명상록』을 손에 지녔듯 말이다.

세네카는 일종의 '시험'을 통해 인생의 다양한 상황에서 지혜를 적용할 때 개인의 필요에 따라 수정 및 조정이 가해질 수 있고, 또 반드시 가해져야만 한다고 말했다. 인생 학교는 단순히 지식을 풍요롭게 해줄 뿐 아니라 성격, 존재, 삶을 모두 풍요롭게 만들어준다. 인생 학교를 통해 우리는 성격을 변화시키고 계발하며, 내면의 지지할 곳을 얻고, 그럼으로써 어려운 상황을 맞닥뜨린다 해도 불필요한 망설임 없이 극복해 내며 목표를 향해 나아갈 수 있다.

"지혜는 어디에 쓰이는가? 현명한 존재가 되는 데 쓰인다. 그것이 지혜의 가치를 최대한 활용한 결과다. (…) 지혜는 영혼을 온전히 형성한 결과이며, 현명한 존재가 된다는 것은 그러한 영혼의 도야를 이룬 결과다."[38]

이는 이론적인 과정이 아니라 사고 습관, 의지 습관, 살아감의 습관을 변화시키는, 그리고 그럼으로써 우리의 성격을 변화시키는 과정이다.

"나는 실수로부터 자유로워지는 게 아니다. 나를 변화시키는 것이다." 우리에겐 "더 나은 사람이 되기 위한 영혼의 변화"[39]가 필요하다.

세네카에게 철학의 본질은 "말의 깨달음이 아닌 행동의 깨달음에 있다. 그러한 깨달음의 목적은 하루를 편안하게 보내고 지루함의 고통을 없애는 게 아니다. 정신을 형성하고, 삶을 정돈하고, 행동을 규제하고, 우리로 하여금 할 일과 하지 말아야 할 일을 알게 하고, 조타석에 앉아 파도 속에서 배를 조종하게 한다. 행동의 깨달음 없이는 어떤 사람도 두려움 없이, 걱정 없이 살 수 없다. 깨달음의 조언이 필요한 수많은 일이 매 시간 벌어진다".[40]

세네카가 과장한 게 아니다. 일상생활을 면밀히 들여다보면, 행하거나 행하지 않은 모든 일이 결국 우리에게 유익하고, 좋고, 문제를 해결하고, 어려움을 없애고, 고통과 불편함을 덜고, 기쁨과 만족을 가져다주거나 강화시킬 것이라는 확신과 의도 안에서 그렇게 된 것이라는 점을 깨달을 것이다. 예를 들어, 직장과 같이 애쓰는 곳에서만 해도, 우리는 내 자신이 어떤 행동을 왜 하는지 알고 있다. 편안함을 살 수 있는 돈을 벌기 위해, 여행을 즐기기 위해, 편리하고 편안한 삶을 살기 위해 그렇게 한다. 궁극적으로 우리는 살아감의 기쁨을 증진하거나 유지하고자 한다. 그러나 그 과정에서 고려해야 할 것이 많기 때문에 이는 쉬운 일이 아니며, 그래서 세네카가 강조했듯, 매 순간 조언과 실행이 필요하다.

이것이 인생 학교가 수업 내용을 내면의 태도에 집중하는, 즉 더 현명하게 살게 하는 데 집중하는 이유이기도 하다. 교과서에서 어떻게 행동해야 할지 매번 찾아볼 수는 없기 때문이다. 배운 삶의 지혜를 습관으로 내면화해야 한다. 그렇게 해서 그때그때 적절한 행동을 하고 싶은 충동이 들게 해야 한다. 올바른 통찰이 아닌, 올바른 행동이 행복과 충만함을 키워줄 것이다. 행동으로 옮겨야만 철학적 통찰이 비로소 그 목표에 도달한다.

변화를 위한 동기

"더 많이 배우는 것보다는 내면이 강해지는 게 중요하기는 하지만, 하나가 다른 하나 없이 그렇게 될 수는 없다. 자연에 대한 고찰과 공부보다 영혼이 더 힘을 얻는 곳은 없다."[41]

자기 자신과 세상을 잘 이해하고 합리적인 사고를 하는 것도 중요하지만 세네카는 그와 동시에 마음이 강해지지 않으면 그것만으로는 충분하지 않다고 말한다. 지식과 내면의 확신은 행동과 삶의 방식을 변화시키는 동기를 갖는 데 가장 중요한 역할을 할 수 있다.

하지만 인간은 머리와 이성만으로 사는 존재가 아니다. 우리 안의 모든 신체적, 본능적, 무의식적 힘, 즉 몸의 힘도 '확신'을 얻어야 한다. 이건 이성의 도움만으로 되는 게 아니다. 그러므로 다른 동기부여 수단을 추가해서 우리 안에 있는 태만한 장치도 함께 움직이도록 해야 한다. 세네카는 이런 측면에서 종종 '힘을 강화'하는 데 필요한 '영혼의 활력'에 대해 언급했다.[42]

따라서 세네카는 수사적 장치, 권고와 지시, 반복, 특히 이미 성공한 적 있고 기억에 남아 있는 명언이나 속담과 같은 공식들, 또 더 나아가서는 롤모델 사례, 스승의 권위와 명성, 지혜의 가르침이 학생의 개별 상황에 맞도록 하는 개인적인 대화 및 연습과 반복이라는 의식화된 형태에 중요도를 크게 부여했다. 이러한 것들은 이론으로 배우고 깨달은 것을 실천하고자 하는 욕구를 자극하고 의지를 강화하기 위한 수단들이다.

세네카가 생각하는 이상적인 형태는 개별 수업이다. '각자의 성격에 맞춤형으로 진행'[43]될 수 있도록 말이다.

"가장 유익한 것은 대화의 형태다. 대화는 잘게 쪼개어져 내면의 길을 찾아 들어가기 때문이다. 수많은 청중을 대상으로 행해지는 잘 짜인 강의는 전달력은 더 강할지 몰라도 개인적으로 적용 가능한 정도는 약하다. 철학은 좋은 조언이다. 아무도 조언을 날카롭게 소리치며 하지는 않는다. (…) 덜 떠들썩한 소통 방식은 마음에 더 잘 들어오고 오래 남는다. 많은 말이 아닌, 효과적인 말이 필요하기 때문이다. 필요한 말을 마치 씨앗을 심듯 해야 한다. 씨앗은 처음에는 눈에 띄지 않지만, 적절한 토양에 심어지면 그 힘을 발휘하며 크게 성장할 수 있기 때문이다."[44]

인생 학교의 수업은 과정이 중요하다. 궁극적으로 내면의 태도, 사고와 의지와 행동의 습관을 변화시키는 데 그 목표를 두기 때문이다. 이는 성격의 수양이며, 수업이라기보다는 훈련에 가깝다. 우리는 평생에 걸쳐 스스로를 수양해야 한다. 그러지 않으면 발전이 없다. 그 과정에서 대화, 격언 또는 말 한마디가 종종 시간이 지나, 그 사람의 영혼이 일상의 경험을 통해 영양분을 섭취하며 자라나 꽃필 때에야 비로소 효과를 발휘하기도 한다.

롤모델, 그리고 잘 알려진 위대한 사상가가 남긴 말들에는 항상 강력한 동기를 갖게 하는 힘이 있다. "어떤 사람들은 이성적인 이유에 이끌릴 수 있고, 어떤 사람들은 유명한 사람을 들먹이며 접근해 인상적인 롤모델을 제시하는 방식으로 마음을 사로잡아 경탄을 자아내게 하는 데 이끌릴 수 있다."[45]

소크라테스의 삶과 사유 방식을 생각해 보자. 그는 오늘날까지도 꾸준히 각 시대별 추종자를 만들어냈고, 그들이 삶에 대해 많은 것을 배워 그에게 고마워하게 했다.[46]

세네카가 말하는 가장 중요한 동기부여 수단 중 하나는 핵심을 찌르는 말, 즉 문제 또는 관념을 간결하고도 명확하게 정리한 격언이다. 세네카는 일반적인 통찰을 계속해서 압축하고 변형해서 표현했다. 그것이 그를 실천철학에서 가장 자주 인용되는 고대 철학자 중 한 명이 되게 했다.

그러나 이런 그의 스타일은 종종 비판의 대상이 되기도 했다. 그렇지만 그것은 세네카가 철학에서 중요하게 생각한 교육의 의도를 제대로 이해하지 못한 것이다. 그는 철학은 실천적이어야 한다고 말했다. 그에게 이론은 필수적인 것이지, 충분조건은 아니었다.[47] 이론만으로는 좋은 삶을 만들 수 없기 때문이다. 그는 철학자의 교육에 대해 다음과 같이 말했다.

"어떤 이들은 감동적인 격언에 자극을 받고, 강연을 들으며 마치 그 내용과 일치하는 듯한 기분을 느낀다. 물론 그들은 공허한 말이 아닌, 내용의 힘에 매료되고 고무되는 것이다. 그러나 그 기분이 지속되기만 한다면 좋으련만 오로지 소수만이 내면에서 싹튼 마음가짐을 집까지 가져갈 수 있다."[48]

그는 '영혼의 활력'은 계속해서 자극을 받지 않으면 사라져 버린다는 사실을 강조했다.

"그러니 가끔 기억을 자극해야 한다. 방치해서는 안 되며, 항상 손에 쥐고 있어야 한다. 유익한 모든 것은 자주 활용되고 사용되어야 한다. 그래야 단순히 익숙해지는 데 그치지 않고, 계속 유익할 수 있기 때문이다."[49]

지혜를 반복적으로 떠올리고, 다양한 관점에서 생각하며 다시 정리하는 것은 유의미하고도 필요한 일이다. "명백한 것도 다시 들여다보면 더욱 명료해질 수 있기 때문이다."[50]

"좋은 규칙이란, 그것이 자주 생각날 때 좋은 롤모델이 있는 것만큼이나 유익하다. 피타고라스는 신전에 들어가 신들의 그림을 가까이

서 보는 사람들, 또는 신탁을 고대하는 사람들이 일종의 영혼의 변화를 겪는다고 말했다. 그런데 하물며 특정한 경고(격언)가 배움이 없는 사람들에게도 강력한 인상을 남긴다는 사실을 부정하겠는가?"[51]

세네카는 '과하지 말 것'과 같은 몇 가지 예를 들며 말을 이었다. "이 말을 들으면 자기도 모르게 머리를 한 대 맞은 것 같은 기분이 들지, 의심하거나 '왜?'라고 묻게 되지는 않는다. 그렇듯 진실은 그 자체로 논증 없이도 안내자가 된다. 두려움이 혼합된 경외심이 영혼을 기율로서 규제하고 우리의 부도덕함을 차단한다면, 격언으로 그렇게 하지 못할 이유가 또 무엇인가?"[52]

이 모든 수단은 지혜로운 삶의 조언을 깊이 수용해 시간이 흐른 뒤 영혼의 상태가 학습과 연습을 통해 '완전히 개혁'되는 데 도움을 준다.[53] 하지만 많은 사람이 이에 필요한 시간을 못 내거나 안 내는 듯하다. 세네카는 언젠가 바쁜 사람들은 '잘 사는 방법'을 배우기 위해 필요한 시간을 내지 못하기 때문에 잘 살기 어렵거나 불가능하다고 말한 바 있다.

"일이 너무 많은 사람에게 잘 사는 것보다 더 어려운 일은 없다. 다른 일들로 지나치게 바쁜 영혼은 어떤 것도 깊이 수용하지 못하고, 마치 힘으로 밀어 넣은 듯 죄다 다시 토해내기 때문이다."[54]

이 다음에 수없이 많이 인용되는 유명한 세네카의 말이 뒤따른다. "하지만 인생을 배우는 일에는 평생이 걸린다."[55]

영혼의 상태의 중요성

세네카가 무엇을 인생 훈련의 목표로 삼는지는 이미 여러 번 언급했다. 인생의 도전과제, 어려움, 비극에 대처할 수 있도록, 그리고 한편으로 삶이 주는 아름다움, 풍요로움, 기쁨을 온전히 받아들이고 누릴 수 있도록 인격과 마음의 상태를 개선시켜야 한다. 세네카는 스토아학파의 아버지격인 그리스 철학자 아리스톤Ariston의 말을 다음과 같이 인용했다.

"철학은 두 가지로 구성되어 있다. 지식, 그리고 마음의 상태다. 배움의 과정을 모두 마치고 무엇을 해야 하고 하지 말아야 하는지 올바르게 이해한 사람이라 하더라도, 내면의 변화까지 마쳐 자신의 영혼이 배운 것에 완전히 스며들어 일치할 때까지는 현자라고 할 수 없다."[56]

그러한 상태가 되어야만 서로 다른 다양한 삶의 상황 속에서 언제나 적시에 올바른 결정을 내릴 수 있다.

"철저하게 교육 받고 모든 면에서 도덕적 성숙에 이른 사람만이 언제, 얼마나, 누구와 함께, 어떻게, 왜 어떤 행동을 해야 하는지 알아야 할 때 그 요구를 충족할 수 있기 때문이다."[57]

세네카는 자기 자신과 세상에 대한 더 나은 이해에서 시작하여 '잘 정돈되고 건강한 영혼의 상태'[58]를 거쳐 의지와 매우 구체적인 행동으로 이어지는 길을 매우 자세하게 설명한다.

"의지가 오류로부터 자유롭지 못할 때, 행동 역시 오류로부터 자유롭지 못하다. 행동은 의지로부터 나오는 것이기 때문이다. 한편, 영혼의 상태가 올바르지 않다면, 의지는 오류로부터 자유롭지 못하다. 의지는 영혼의 상태에 좌우되기 때문이다.

게다가 영혼이 전체 삶의 법칙을 명확하게 이해하고 각각의 사물을 어떻게 판단할지 검토하지 않았다면, 다시 말해 사물을 그것이 지닌 진정한 가치에 따라 보지 못한다면, 그러한 영혼의 상태는 최상의 상태가 아닐 것이다. 변하지 않는, 안정적인 판단을 내릴 수 있는 사람만이 영혼의 평안을 누릴 수 있다. 그러지 못하는 사람들은 계속해서 실패한다. (…) 마치 나뭇잎이 스스로 푸르러지지 못하고 매달려 영양분을 받을 가지를 필요로 하는 것처럼, 규칙은 혼자서만 존재할 때에는 힘이 없고 효과가 없다. 규칙은 우리의 전체 사고방식을 구성하는 구성요소가 되어야 한다."[59]

우리 내면의 삶은 많은 요소와 힘으로 이루어져 있으면서도, 항상 전체 사고방식과 연결되어 있다. 우리가 어떻게 생각하는지, 어떻게 상상하고 어떻게 평가하는지가 곧 우리의 삶이자 우리의 행동이며 우리의 정신 상태이기 때문이다. 자기 자신과 세상에 대해 더 많이 경험할수록 우리의 사고는 더욱 명확해진다. 우리의 사고가 더 명확해질수록, 우리의 영혼은 더 맑아진다. 우리의 영혼이 더 맑아질수록, 그러니까 부정적인 정서에서 자유로워질수록, 우리 삶은 더 태연해지고 더 만족스러워지고 더 충만해진다.

이는 세네카에 따르면 평생에 걸친 기나긴 과정이다. 우리의 영혼은 인생 학교에 들어가기 전에, 그래서 자기 자신과 세상을 철학적으로 바라보고 평가하고 현명한 원칙에 따라 살기 시작하기 전에, 이미 오래된 견해와 가치와 습관에 묶여 있었기 때문이다.

"이와 달리, 무뎌지거나 안 좋은 습관에 지배당한 정신에 눌어붙은 녹을 제거하는 데는 오랜 시간이 걸린다. (…) 내면에 자리 잡은 특정한 성향은 어떤 일에서는 우리를 너무 게을러지게 하고, 또 어떤 일에서는 너무 성급하게 행동하게 한다. 게으름을 타파하거나 성급함을 억누르는 것은 잘못된 걱정과 두려움이라는 원인을 제거하지 않고는 불가능하다."[60]

우리의 내면에 자리한 끈덕진 힘, 즉 나쁜 습관들은 삶을 내 것으로 만드는 데 진정한 적이다. 세네카는 우리가 인생 학교를 다닐 때 영혼에서 일어나는 일을 다음과 같이 비유했다.

"양모는 어떤 색은 바로 흡수하지만, 어떤 색은 여러 번 물에 담그고 가열해야만 흡수한다. 영혼도 그렇다. (…) 다만 지식이 이미 깊이 새겨져 있어야 하고, 오랜 시간 동안 고착되어 있어야 하며, 영혼에 단지 색을 갖다 대는 것만이 아니라 영혼이 그 색에 푹 적셔져야지만 지식이 약속한 바를 이룰 수 있다."[61]

세네카가 '먼 길'처럼 표현했다고 해서, 잘 정돈된 영혼의 상태의 완벽한 이상향을 그린다고 해서 너무 걱정할 필요는 없다. 우리 중 그 누구도 완벽한 이상향에 도달할 수는 없을 것이기 때문이다. 다만 세네카는 철학적인 삶을 훈련하는 길에 있는 각각의 단계가 모두 발전하는 단계이며, 그 과정에서 삶의 기쁨이 증대된다는 사실을 잘 알고 있었다. 본질적으로 사람이 삶을 배우는 데 끝이란 없다. 완벽이란 신과 성인들만이 가질 수 있는 것이지, 평범한 인간이 가질 수 있는 것이 아니기 때문이다.

"의학도 불치병을 완전히 정복하지는 못한다. 그럼에도 의학은 치료와 완화에 사용된다. 철학 역시 아무리 힘을 다한다 해도 영혼 내부에서 굳어지고 깊게 뿌리박힌 악덕을 완전히 없앨 수 없다. 그러나 비록 모든 것을 완치시키지는 못한다 하더라도, 그것에 치료 능력이 없다고 할 수는 없을 것이다."[62]

철학의 영역들

세네카는 철학이 알려준 삶의 원칙을 구체적으로 실행하는 것이 중요하다는 사실을 강조하기 위해 실행 자체를 철학의 독립적인 부분으로 격상시켰다. 하지만 약 2,000년 동안 이 관점을 따르는 철학자는 거의 없었다. 쇼펜하우어, 키르케고르, 니체, 베르그송 등은 헤겔이 19세기에 체계적인 개념적 사고에 관한 이론을 거의 종결시킨 후에야 비로소 학문으로서의 철학에 대해 불만을 표하기 시작했다. 학문으로서의 철학이 실질적인 삶에서의 행동, 감정, 육체, 존재의 내적 갈등으로부터 너무 멀어져 있었기 때문이다.

그리고 150년이 지난 오늘날, 고대의 실천철학, 특히 스토아학파와 에피쿠로스학파, 세네카, 에픽테토스, 마르쿠스 아우렐리우스와 같은 철학자들이 다시 부흥하고 있다. 여기에는 두 가지 이유가 있다.

하나는 실천철학이 삶의 여러 문제를 해결하는 데 매우 유용하기 때문이다. 또 하나는 실천철학 덕분에 철학이 인생을 살아가면서 사람들을 지지하고, 사람들에게 도움을 주고 조언을 하는 본질적이면서도 올바른 역할을 한다는 통찰이 다시금 일깨워졌기 때문이다.

이는 세네카가 말한 이른바 '철학의 두 번째 영역'으로, 실천철학의 적용을 비롯한 모든 철학적 사유의 목적이다. 즉, 삶의 방향을 찾고 개인과 공동체의 삶을 성공적으로 영위할 수 있도록 우리의 행위를 이끄는 것이다. 그러나 이 영역은 수 세기 동안 간과되었고, 심지어 오랜 시간 동안 완전히 잊혀버렸다.

세네카에 따르면 철학은 단순히 사유하고, 탐구하고, 깨닫는 데 그 목적이 있지 않다. 아무리 명시되어 있지 않다고 하더라도, 철학적 깨달음과 통찰은 결국 실질적으로 실천됨으로써 개인의 내면에서 유익한 영향을 발휘해야 한다. 따라서 실천철학은 조언, 행동지침, 교훈, 가이드라인을 제공한다. 대부분의 사람들에게서 이론적 통찰을 요약, 압축, 처리하는 수사학적 표현은 육체적, 정신적 총체를 움직이게 하고, 영혼에 필요한 '활력'을 제공하는 심리적 충동을 일으킨다.

사실 이러한 철학의 '경고적' 또는 '조언적' 성격은 이미 세네카 시대부터 시작된 오랜 전통이지만, 당시부터 논란이 되곤 했다.[63] 무엇보다 소크라테스의 견해와도 관련이 있었다. 소크라테스는 어떤 사람도 자기 이익에 반하여 행동하지 않으나, 대부분의 사람은 장기적으로 자기에게 좋은 것이 무엇인지 모른다고 생각하는 사람이었다. 따라서 그는 우리가 좋은 삶을 영위하지 못하는 것은 지식의 부족에서 기인한다고 믿었다. 만약 우리가 정말 장기적으로 스스로에게 가장 좋은 것이 무엇인지 잘 알았다면, 특별한 교훈 없이도 좋은 삶을 살 수 있었을 것이다.⁶⁴ 하지만 우리에게 가장 좋은 것이 무엇인지는 오로지 철학을 통해서만 배울 수 있다.

세네카는 아리스톤의 견해에도 반대했다. 아리스톤은 철학이 규칙, 경고, 조언을 주지 않아도 된다고 주장하는 사람이었다.

세네카는 "누구나 스스로 알 수 있는 규칙을 제시하는 것이 무슨 유익이 있는가?"라고 한 아리스톤의 질문을 인용했다. 그러고는 "유익이 많다"라고 답하며 덧붙였다.

"우리는 때때로 무언가를 알고 있어도 거기에 주의를 기울이지 않기 때문이다. 경고는 가르치는 것이 아니라, 주의를 불러일으키고, 격려하고, 기억을 일깨우고, 놓치지 않게 해주는 역할을 한다. 사람들은 종종 코앞의 많은 것을 알아채지 못한다. 경고는 주의를 집중시키는 수단이다. 종종 정신은 마치 일부러라도 그러는 듯, 이미 인지한 것조차도 발견하지 못하는 경우가 많다. 그러나 아무리 잘 알려진 것이더라도 볼 수 있도록 들이밀어야 한다."⁶⁵

여기서 세네카가 말한 '주의'를 '마음챙김'이라고 볼 수도 있다.⁶⁶ 넘쳐나는 의무, 과업, 열정 속에서 너무 자주 지쳐버리는 우리는 현재의 구체적인 시간에 대한 민감성을 잃곤 한다. 따라서 모든 것을 망각할 위험에 빠지지 않도록, 우리를 일깨우고 경고하는 강렬한 호소와 기억에 쉽게 남는 격언이 필요하다. 우리가 놓치게 되는 것들 중에는 인생에서 본질적인 것, 의미 있고 가치 있다고 인식하고 또 그럴 것이라고 결정한 것들도 있다. 마음챙김과 깨어 있음이 부족하면, 이 본질적인 것들을 잊어버리게 된다.

예를 들어, 이미 경험을 통해 적당한 강도의 일과 다양한 노력 사이의 올바른 균형이 장기적으로 편파적이거나 극단적인 과함보다 더 이롭다는 경험을 했다면, 고대의 지혜로운 격언인 '과유불급'이 새로운 깨달음을 주지 않을 수 있다. 그러나 이것이 어떤 적절한 시기에 우리의 의식 속에서 경고 사인처럼 켜진다면, 건강하지 못한 과함에 빠지는 것을 피할 수 있다. 예를 들어 와인을 딱 한 잔만 더 마시는 것, 후식을 딱 하나 더 먹는 것, 작업을 열두 시간째 이어가는 것, 7일째 되는 날에도 연속으로 일하는 것 등에서 빠져나올 수 있다.

세네카는 다른 예시 하나를 더 들었다. 그는 로마의 장군 마르쿠스 아그리파Marcus Agrippa를 인용하며, 그가 말한 "화합하면 작은 것도 성장하고, 불화합하면 큰 것도 붕괴한다"[67]라는 격언에 큰 도움을 받았다고 말했다.

"그(마르쿠스 아그리파)는 이 격언을 통해 최고의 형제와 최고의 벗이 될 수 있었다고 한다. 격언이 이렇듯 정신에 스며들어 친숙해져서 효과를 낸다면, 어째서 그런 격언들로 구성된 철학의 영역이 같은 역할을 한다고 볼 수 없다는 것인가? 미덕의 한 영역은 교육에, 다른 한 영역은 훈련에 있다는 건, 곧 인간은 지식을 배워야 하고 그 배운 것을 반드시 행동으로 강화해야 한다는 뜻이다. 철학의 가르침만이 아니라 규율처럼 욕구를 억제하고 제한하는 규칙도 필요하다는 뜻이다."[68]

압축된 철학적 문구들, 경고, 호소는 정신에 영향을 미친다. 보고 이해한 것 중, 자신에게 옳은 것이라 여긴 것들을 실제 행동으로 옮기도록 우리를 자극한다. 편안한 습관 안에 머무르도록 하는 인간의 끈질기고도 나태한 본능에는 일어나 앞으로 나아가게 하는 명확한 호소, 격려, 또는 잘 다듬어진 조언이 필요하다. 그리고 실천철학에서는 그러한 호소, 격려, 조언을 단지 언어로서 다루는 데 그치지 않고, 오랜 훈련을 통해 그 속에 담긴 지혜를 체화한다. 즉, 그렇게 되면 매번 성공적인 삶에 대해 질문을 던지고 고민할 필요 없이 일상에서 자동으로 길을 찾는 자동화가 되는 것이다. 철학적 지혜는 우리의 사고, 의지, 행동을 변화시켜 하나의 존재 방식, 내면의 태도, 고정적 습관이 된다. 이러한 고대의 실천철학이 단순한 지식이나 학문 분야가 아니라 삶의 형태이자 삶에 대한 태도이기도 했다는 점은 최근 들어서야 밝혀지고 있다.[69]

세네카는 이러한 철학의 두 번째 영역을 다시금 첫 번째 영역, 즉 실천철학 "명제"의 분석, 도출, 근거, 체계적 짜임과 연결 지었다. 이 두 영역이 합쳐진 것이 바로 인생 학교에서 배울 내용이다. 따라서 단순한 규정이나 규율만으로는 충분하지 않다. 철학적으로 파생되는 것이 없다면 그저 허공에 떠 있는 것일 뿐, 뿌리가 없는 셈이다. 깨달음이나 교훈을 구체적인 사례에 올바르게 적용할 수 있도록 해주는 보다 깊은 이해가 필요하다. 삶은 복잡하고, 매 순간 현명한 결정을 내리려면 우리는 많은 것을 고려해야 한다.

"결정을 내릴 때 삶을 항상 부분적으로 고려하고, 전체를 보지 못한다는 것이 모두가 범하곤 하는 실수의 주 원인이다."[70] 세네카는 이렇게 말했다.

삶에 대한 철학적 가르침의 가치원칙은 다양한 긴장 관계에 놓여 있다. 우리가 어떤 상황에서 어느 정도로 어떤 가치를 다른 가치보다 우선순위에 둘지는 많은 경우 쉽게 정해지지 않는다. 올바르게 결정하고 싶을 때, 상이한 가치들과 욕구들을 더욱 심화해서 이해해야 하며, 삶 전체 중에 놓인 각각의 맥락에서 적절하게 그 무게를 가늠해야 한다. 그 과정에서 실천철학이 삶의 기예이자 인생 처세술이 되는 것이다.

"행동을 할 때도, 각각의 상황에서 해야 할 일에 필요한 모든 것을 어떻게 충족시킬 수 있는지에 대한 단단한 지침을 지닌 사람이 아니라면 올바른 길을 찾을 수 없다. 전체적인 가르침이 아니라 오로지 현재 주어진 사실에 대해서만 규칙들을 배운 경우도 그렇다. 오로지 개별 상황에만 적용 가능한 규칙은 그 자체로 약하다. 말하자면 뿌리가 없기 때문이다. 우리를 보호하고, 안전과 평안을 보증해 주고, 삶 전체와 자연 전체를 아우르는 것은 철학적 명제들이다."[71]

예를 들어, 일반적인 경우에는 정도와 중용을 지키는 것이 중요하다. 그러나 어떤 상황에서는 특정 정도를 잠시 넘어서는 게 좋을 때도 있고, 잠시 그에 미치지 못하는 게 좋을 때도 있다. 나중에 가족들과 더 많은 시간을 보내거나 휴가를 더 길게 가지기 위해 지금 당장은 추가 근무를 몇 번쯤 더 하는 것처럼, 혹은 때때로 자녀를 향한 애정을 잠시 누르고 엄격한 훈계를 해야 하는 것처럼 말이다. 어떤 가치가 자신에게 중요한지 알고 있어도, 그것을 가지고 '무엇을, 어떻게 해야 할지'[72]는 별개의 문제다.

세네카는 또 다른 설명에서 실천철학을 세 가지 측면으로 나누었다. 첫째는 가치의 위계를 정하는 것, 둘째는 그렇게 정한 가치를 의지와 노력으로 연결시키는 것, 그리고 셋째는 '정련한' 의지에 행동을 결합시키는 것이다.

"그것(실천철학)은 세 가지 측면으로 나뉘어 있다. 첫째는 모든 사람에게 각자의 몫을 주고 모든 사물에 가치를 부여해 평가하는 작업이다. 매우 유용한 단계다. 이러한 가치 결정보다 더 중요한 일이 있는가? 둘째는 욕구에 관한 것이며, 셋째는 행동에 관한 것이다. 먼저, 사물의 가치에 대해 판단을 내려야 한다. 그 후에, 그것에 대한 욕구를 깨닫고 거기에 순서와 정도를 매겨야 한다. 마지막으로 행동과 추진력을 거기에 조화시켜야 한다. 이 세 측면 중 어느 하나라도 누락되면 나머지 둘도 중단될 수 있다. (…) 삶은 행동이 우리의 의지를 배반하지 않고 의지가 각 사물과 그 가치에 맞는 적절한 관계를 맺을 때, 조화를 이룰 것이다. 그러면 열망할 만한 정도에 따라 태연해지기도, 뜨거워지기도 하는 것이다."[73]

여기서 세네카는 철학의 명제, 이론적 영역을 가치의 결정, 개인의 가치 위계의 정립과 연결 지었다. 이는 곧 우리의 크고 작은 모든 결정의 방향을 안내하는 역할을 한다. 이 가치들로부터 우리가 무엇을 향해 노력을 기울여야 하는지가 나온다. 우리는 자기 자신의 욕구와 갈망을 잘 이끄는 방법을 배움으로써, 스스로 온전한 확신을 가지고 자기 자신에게 안 좋은 것이 아닌 좋은 것을 알고 원하게 된다. 이것이 우리의 가치, 의지, 행동이 조화를 이루는 과정이다.

세네카에 따르면, 이들은 모두 서로 영향을 미치고 서로를 강화한다. 예를 들어, 삶의 본질적인 가치에 대해 지속적으로 생각하다 보면 시간이 지나 그것을 갈망하고 실현하게 된다. 그리고 옳은 일을 하다 보면 내적 가치를 강화하고 촉진하게 된다. 우리는 행위하는 대로 된다. 가령 절제하는 연습을 한다면, 시간이 지남에 따라 그게 얼마나 좋은지, 성공적인 삶을 위해 올바른 정도를 지키는 것에 얼마나 큰 가치가 있는지 점점 깨닫게 된다. 그러다 어느 시점이 되면, 예컨대 규칙적으로 운동하는 사람은 운동이 당연한 일이 되어 매일 신선한 공기를 마시며 운동을 하지 않으면 행복을 느끼지 못하게 된다. 세네카는 이론과 실천이 서로를 풍요롭게 하고 서로에게서 열매를 맺는 현상을 다음과 같이 말했다.

"우리는 이 둘을 결합해야 한다. 뿌리 없이 가지는 쓸모가 없고, 뿌리는 가지가 끌어온 것으로 생존하기 때문이다."[74]

03 _____ 옳다고 믿는 것을 고수하는 끈기의 힘

✳

　인생 학교에서는 개념, 가치, 사물, 관계에 관한 이론적 설명도 다루지만, 한편으로는 이렇게 얻은 이론적 지식을 실제 삶에서 실행하는 법도 다룬다고 설명한 바 있다. 그렇다면 '실행에 옮긴다'는 것은 무엇일까? 우리는 뭘 해야 할까? 무엇을 고려해야 할까? 이 질문들에 대해 '예비 학교'의 마지막 장에서 다루어보겠다.

　세네카가 말하는 것은 인생을 헤쳐나가는 모든 구체적인 개별 문제, 즉 자기와 타인뿐 아니라 불행, 패배, 성공에 어떻게 대처해야 하는지에도 적용된다. 세네카가 제시하는 틀은 동일하다. 이론적으로 교훈을 배웠다면 그것을 실천하라는 것이다.

　이 노력은 외부에 대한 저항뿐 아니라 내부에 대한 저항에도 맞닥뜨릴 수 있다. 이러한 저항은 이론으로 얻은 통찰이 실제로는 아무런 열매도 맺지 못하게 만든다. 이것이 무엇이 유익한지 알아도 잘 실천하지 못하는 이유이기도 하다. 이 저항을 극복해야 한다. 세네카가 이를 어떻게 극복해야 할지 심도 있게 고민했고, 여러 저서들에서 이 문제에 대해 많이 언급해 온 것으로 보아, '어떻게 실천할지'의 문제가 그의 실천철학을 이해하는 데 중요한 질문임은 분명하다.

훈련과 습관

세네카는 말했다.

"배운 것을 두 손으로 꽉 붙잡고 절대로 놓지 않으며 오히려 더욱 꽉 쥐어 자신의 일부로 만들어야 한다. 매일매일 생각함으로써 치유의 생각이 자연스럽게 떠오르고 언제 어디서나 즉각 사용할 수 있는 수준이 되어 실제 상황에서 무엇이 좋을지 나쁠지 망설이지 않고 한 번에 알아차릴 수 있게 해야 한다."[75]

세네카는 현명한 조언, 통찰, 가치관을 머릿속에 저장해 두는 건 아무 도움이 되지 않는다고 강조했다. 이것들은 조언이 필요한 상황에 처했을 때 즉시 떠오를 수 있어야 한다. 즉, 그때마다 '즉각 사용할 수 있는' 상태여야 한다. 그 정도 수준이 되려면 지혜가 곧 우리 자신이 되어야만 한다. 어떻게 이렇게 할 수 있을까? 세네카는 배운 것을 꽉 붙잡고 매일 생각함으로써 할 수 있다고 했다. 그러기 위해서는 지속적으로 훈련하고, 내 것으로 만들고, 사고, 의지, 감정, 행동의 습관으로 만들어야 한다고도 덧붙였다.

"현자는 오랜 시간 동안 끈기 있게 훈련하여 어떠한 적대적 폭력도

견뎌낸다."⁷⁶

우리에게 필요한 것은 훈련을 지속할 인내와 끈기다. 이것이 없으면 원하는 사고 습관과 행동 습관을 자연스러운 내 것으로 만들기가 어렵다.

"꾸준한 끈기를 발휘할 때 모든 장애물을 넘고 인간 정신이 견뎌내는 데 아무 어려움이 없음을 보여주는 수천 가지의 사례가 존재한다. (…) 그토록 훌륭한 보상이 기다리고 있는데, 끈기를 기르지 말아야 할 이유가 있는가? 행복한 영혼의 흔들리지 않는 평온이라는 훌륭한 보상이 기다리고 있는데?"⁷⁷

결단력과 일관성은 모든 장애물을 극복한다. 이는 세네카가 스토아철학에서 말하는 바와 같이, 평온과 흔들리지 않는 영혼의 평정을 통해 행복한 삶으로 가는 길이다. 그러나 그 길은 험난하며 지속적인 노력을 요구한다.

다른 문헌에서 세네카는 이렇게 묻고 답했다.

"행복한 삶이란 무엇인가? 걱정이 없고, 지속적인 마음의 평온이 있는 삶이다. 이는 영혼의 위대함, 즉 옳다고 여긴 것을 고수하는 끈기가 주는 선물이다."⁷⁸

연습을 지속하면 시간이 흐르면서 습관이 되고, 이것이 제2의 본성이 되어 성격을 형성하고, 외부의 영향으로부터 자유로운 내면 깊숙한 곳의 진정한 자아를 만들어준다.

"습관을 자리 잡게 하는 작업에 불평할 필요는 없다. 처음에는 어쩔 수 없이 했던 일이 시간이 지나면서 즐거움으로 변하기 때문이다."⁷⁹

적응의 과정은 규칙적으로 운동하는 과정과 비슷하다. 처음에는 어렵지만, 나중에는 운동이 기쁨의 원천이 된다. 그리고 더 이상 중간에 빠뜨리기 싫어진다. 지혜로운 사고방식과 행동방식을 연습하는 것도 마찬가지다. 세네카는 많은 사람이 몸은 단련하는 반면, 정신은 단련하지 않는다고 한탄한다.

"나는 몸을 단련하는 사람이 많은 데 반해, 정신을 단련하는 사람은 적다고 생각한다. 만약 몸이 연습을 통해 인내력을 기를 수 있다면 영혼도 운명의 타격에 굴복하지 않고 견딜 수 있는 힘을 얻을 수 있지 않을까. 심지어 몸은 힘을 유지하기 위해 다시 에너지를 보충해야 하지만, 정신은 내면에서 자라며 스스로를 양육하고 훈련할 수 있다."[80]

적응을 통한 습득

습득은 단순히 반복하거나 비판 정신 없이 무조건적으로 가르침이나 지혜를 따르는 것이 아니다. 배운 것을 경험과 성격에 맞게 새로운 것으로 융합해야 한다. 이 과정에서 상호 '형성'이 일어난다. 배운 통찰이 행동이나 사고방식을 변화시킬 뿐만 아니라, 개별적인 상황에 맞게 배운 통찰 역시 다시 조정한다. 이런 방식으로 지혜는 개인적인 색깔과 형태를 갖게 되며, 각자의 고유한 특성을 보존하고 심화한다.

인생 학교에서 배우는 것은 자기책임적 사고다. 우리는 "이 사고의 결과를 내 것으로 삼고, 그것에 나만의 도장을 찍듯이 해야 한다."[81]

각자는 독특한 개인이다. 무언가를 진정으로 내면화할 때, 그것은 각자의 경험, 성격, 그리고 지금까지의 사고 및 행동 패턴을 반영하는 전체 속으로 통합된다. 이에 따라 배운 것은 개인마다 조금씩 변하며, 그 내용이 미세하게나마 바뀌게 된다. 세네카는 이 학습과 내면화의 과정을 꿀벌의 활동에 비유했다.

"우리는 꿀벌을 본받아야 한다. 다양한 독서를 통해 모은 지혜를 특정 관점에 따라 나누어야 한다. 그렇게 분리해서 보관하면 더 잘 유지될 것이다. 그다음에는 그 다양한 독서의 열매를 모든 정신적 힘과 능력을 동원해 하나의 균형 잡힌 전체로 융합해야 한다. 그렇게 하면 그것이 어디서 왔는지는 알 수 있지만, 원래 출처와 비교했을 때 그 내용은 전혀 다른 것이 된다."[82]

세네카는 독서를 통해 알게 된 내용을 선택하고 내면화하는 과정을 이렇게 설명한다. 우리는 모든 것을 전부 동일한 깊이로 처리할 수 없다. 마음에 와닿는 특정 문구나 구절이 있기 때문이다. 그 구절들은 사람마다 다를 것이다. 그 구절들을 단순히 읽는 것에 그치지 말고, 그에 대해 더 깊이 생각하고 반복적으로 숙고해야 한다. 이러한 사고 처리 과정이 진정한 지적 학습 과정이다. 그다음 단계부터의 반복은 사실 신체적인 학습 과정이며, 신경 연결이나 뇌의 기능으로 변화되는 내면화의 과정이다. 이와 관련해서 세네카는 다음과 같이 말했다.

"책을 읽으면서 얻은 것을 자신만의 펜으로 새로운, 통합된 전체로 다시 써야 한다."[83]

이 과정은 깊은 생각을 전제로 하며, 각자 가지고 있던 관념과 생각 체계의 통합으로 이어진다. 이는 사고의 내면화와 변형을 거치는 창의적인 과정이다. 이 내면화는 단순히 기억에 남는 것만을 말하는 것이 아니라 실천적인 행동 지침에서 비롯되는 습관적, 신체적 변화를 포함한다.

지속적인 공부와 사고 습관

세네카는 배운 것을 실제 생활에 성공적으로 적용하기 위해서는 인생에 관련된 이론들을 지속적으로 공부해야 한다는 점을 여러 번 강조했다. 사고, 의지, 가치평가의 습관은 바뀌어야 한다. 이러한 습관들이 지혜에서 벗어나면 어려움을 겪게 되기 때문이다. 세네카는 루킬리우스Lucilius에게 보낸 편지에 다음과 같이 썼다.

"내가 알기로는, 나의 루킬리우스여, 그대는 아무도 지혜를 얻기 위한 배움에의 열정 없이는 행복하게, 심지어는 견딜 수 있을 정도로도 살 수 없다는 것을, 그리고 행복한 삶은 완성된 현자에게만 주어지고, 그저 견딜 수 있는 정도의 삶은 일반인에게도 주어진다는 것을 잘 알고 있을 것이다. 그러나 분명히 배운 것이라 해도 매일 생각함으로써 내면에 굳건히 자리 잡고 깊이 뿌리내리게 해야 한다. 좋은 결심을 한 번 하는 것보다 그걸 지속시키는 데 더 많은 노력이 필요하다. (…) 그대 정신의 열정이 식지 않도록 하라. 그대의 열정이 차가워지지 않도록 하라. 열정을 붙들고 유지해 열정이 더욱 단단한 영혼의 일부가 되게 하라."[84]

우리는 종종 영혼의 열정과 상승을 경험한다. 그러나 사고와 행동을 영구적으로 변화시키는 것은 무엇인가? 대부분의 경우, 열정은 일상을 변화시키는 데 성공하지 못한다. 세네카는 일상을 변화시킬 기회를 평소 사고를 통해 증대시킬 수 있다고 강조한다.

세네카는 사고 습관과 행동 습관의 힘을 강조하는데, 인생이 이러한 습관에 의해 지배된다고 생각했기 때문이다. 그러나 무의식적인 습관의 영향이 크다 하더라도, 세네카는 삶은 본질적으로 의식적인 사고가 지배해야 한다고 주장한다.

"따라서 전체 삶에 충분한 확신을 심어야 한다. 이것이 내가 교훈이라고 부르는 것이다. 이 확신이 지닌 본질에 따라 무엇을 하고, 무엇을 생각할지 결정해야 한다. 무엇을 하고, 무엇을 생각하는지에 따라 인생이 그 모양을 갖추게 될 것이다."[85]

이는 삶에서 철학적 성찰이 갖는 중요성을 이해하는 열쇠다. 우리의 삶은 사고와 행동을 따라가며 사고와 행동은 신념, 관점, 태도를 따라가기 때문이다. 또한 인생은 자신, 타인, 그리고 세상에 대한 신념을 세밀하게 다듬고, 구체화하고, 확립할수록 더 나아진다. 따라서 '인간적인 것과 신적인 것'에 대해 얼마나 이해하고 있는지가 중요하다(이는 스토아학파가 정의한 지혜의 개념이다).[86]

세네카는 다른 곳에서 신념과 사고가 감정 상태에 미치는 영향을 예시를 들어 설명했다.

"어떤 이는 가난, 슬픔, 상실을 과하게 크게 느낀다. 이는 어느 정도 그가 습관에 영향을 받았기 때문이며, 또한 그가 두려워할 필요가 없는 것들에 대한 선입견이 그를 약하고 고통을 잘 견디지 못하는 사람으로 만들었기 때문이다."[87]

이 말은 예시를 통해 더 잘 이해할 수 있다. 어떤 물건을 너무 비싸게 사거나 사기 거래로 돈을 잃거나 기계가 고장 난 경우를 생각해 보자. 돈과 재물을 중요하게 여기는 습관이 있다면 바로 분노하게 될 것이다. 이 화의 원인은 결국 물질적 재화에 대한 높은 가치평가다. 이것이 바로 선입견이다.

반대로, 삶의 행복에 물질적 재화보다 건강, 가족, 친구, 직장이나 진정성과 영혼의 조화와 같은 내적 가치가 훨씬 더 중요한 영향을 미친다는 것을 내면화했다면, 돈을 그렇게 잃는 것에 훨씬 덜 화가 나거나 아예 화가 나지 않을 것이다. 여기서 사고 습관은 가치 판단의 형태이며, 세네카가 '선입견'이라고 부르는 것에 의해 행복이 결정된다. 이 예시는 일반화될 수 있으며, 많은 상황에 적용될 수 있다.

"우리는 실제보다는 상상에 의해 고통받는다."[88]

구체적인 훈련

세네카의 저서에는 항상 이해를 돕기 위한 예시가 등장하며, 동시에 구체적인 훈련도 포함되어 있다. 이것들은 더 나은 삶으로 나아가는 길에 필요한 행동 권고로 볼 수 있다. 그는 '견디는 기술'을 칭송하면서 삶을 헤쳐나갈 때 겪는 일반적인 어려움을 언급한다. 자연은 인간을 태어날 때부터 '엄격한 시련'에 노출시켰다고 말한다.

"자연은 우리가 태어날 때 얼마나 엄격한 시련에 처하게 될지 알고 있었으며, 우리의 고통을 완화하기 위한 가장 좋은 방법이라고 하면서 남겨둔 것이 어려운 상황에도 적응하는 습관을 갖게 한 것인 듯하다. (…) 사실 인생은 근본적으로 별게 아니며 노예 제도에 다름 아니다.

그러므로 자신의 처지에 적응하는 것이 중요하며, 그 처지에 대해 가능한 한 적게 불평하고, 상황이 제공하는 어떤 구제책도 방치하지 않는 것이 바람직하다. 어려움에 직면하면 냉철한 이성을 발휘해야 한다. 그러면 단단한 것도 부드럽게 만들 수 있고, 좁은 것도 확장할 수 있으며, 짐도 덜 무겁게 할 수 있다. 다만 짐을 견디는 기술을 익히는 것이 중요하다."[89]

세네카는 인내의 훈련에 대해 언급한다. 변화시킬 수 없는 많은 일이 우리에게 닥친다. 이 점에서 인생의 자유는 세네카가 말하는 '노예 제도'[90]와 같은 삶이라는 한계를 만나게 된다. 인간은 '태어날 때'[91] 처한 불안정한 기본 상황 속에서 삶과 인간 본성이 제공하는 모든 가능성을 활용해 인내하고 이를 완화하는 법을 배워야 한다. 운명의 시련을 견디는 법을 배우고, 그 시련이 우리를 지속적으로 방해하지 않도록 해야 한다. 세네카는 이런 종류의 방법을 많이 알고 있으며, 그것들이 단지 인내를 용이하게 할 뿐만 아니라, 제대로 활용하고 실천한다면 우리를 지속적인 행복으로 이끌 수 있다고 말한다.

세네카는 구체적인 훈련의 예로, 자주 자발적으로 금식하는 것이 자기 통제력을 강화하는 데 도움이 된다고 말했다. 이와 관련해 금식이 다른 요인과 타인에게 의존할 위험으로부터 자유로워지는 데 일조했다며 자신의 경험을 공유했다.

"내 경우도 그러하다. 나는 누구도 나를 지배하게 둔 적이 없으며, 자발적으로 금식을 함으로써 내가 말한 마음가짐이 헛된 것이 아님을 증명해 냈다."[92]

또한 그는 매년 겨울철 가장 추운 날에도 괴테가 그랬듯이 차가운 물에 뛰어들었다고도 말했다.

"나는 찬물에 몸을 담그는 사람이다. 항상 1월 1일마다 물에 들어간다."[93]

분노에 약한 사람에게는 자신의 스승 섹스티우스Sextius를 언급하며 거울을 보기를 추천했다.

"나의 스승 섹스티우스가 말하길, 분노한 이들에게는 거울을 보게 하는 것이 효과가 좋았다고 한다. 그에 따르면, 그들은 자신의 모습이 너무나 변해 있는 것에 화들짝 놀라며 분노한 자신의 상태를 거의 알아보지 못했다."[94]

좋은 훈련이 긍정적인 변화를 이끌어낼 수 있다는 것은 반대로 나쁜 훈련이 부정적인 것을 내면화시킬 수 있다는 것으로도 볼 수 있다. 좋은 습관은 인생을 잘 다루는 법을 가르쳐주고, 나쁜 습관은 인생을 잘못 다루는 법을 가르친다. 불행히도 후자는 굳어지기 너무나 쉽다.

세네카는 호감을 얻으려 자신을 꾸며댔던 실수를 고백하며 이렇게 말했다.

"이 습관이, 사물의 흐름 속에서 일정한 지속성을 만들어내는 이 습관이 나에게 더 깊이 뿌리내릴까 심히 염려된다. 무언가를 반복하면 선과 악 모두에 친숙해진다."[95]

✦ **세네카의 가르침**

- 즐겁고 평온한 삶을 살기 위한 가장 중요한 원칙 중 하나는 항상 자기 자신에게 충실하고, 스스로를 굽히지 않으며, 나쁜 영향에 저항하는 것이다.

- 사람은 자기 생각, 행동, 감정, 욕구를 조화롭게 다루고 보다 개선된 통찰을 지니도록 꾸준히 노력해야 한다.

- 누구도 자기 자신을 회피할 수는 없다. 하지만 많은 이들이 그렇게 하며, 그 결과 고통스러운 상황에 처하게 된다.

"내가 어디에 있든 나는 나의 것이다."

첫 번째 수업

나를 괴롭게 하는 세상과 운명

04 ___ 운명은 어떻게 맞이해야 하는가

✱

 예비 학교를 마쳤으니, 이제는 좀 더 구체적으로 들어가 인생 학교의 첫 번째 수업을 시작해 보도록 하겠다. 바로 세상, 운명, 상황을 다루는 것에 관한 수업이다. 이것들은 모두 우리에게 예고 없이 들이닥치는 것들로, 우리가 영향을 미칠 수 없거나 그저 일부만 영향을 미칠 수 있는 것들이다. 여기에는 유전자, 부모, 형제, 친척, 선생님, 태어나거나 자란 도시와 국가 같은, 우리가 어떤 결정을 하지 않은 채로 던져진 조건들이 포함된다. 더 나아가서는 가까운 이의 죽음, 오래 함께 산 파트너의 질병, 부상, 이별, 실직 등도 있다. 또한 일상에서 만날 수 있는 크고 작은 불행들도 마찬가지다. 취소된 여행, 비 때문에 망친 휴가, 놓쳐버린 기차, 전 재산의 몰락, 소유물의 상실, 깨진 약속, 망친 시험, 실패한 비즈니스, 소득의 감소 등등. 특정한 사람들, 그들과 맺은 관계에서 벌어지는 사건들, 그리고 우리가 운명적 섭리라고 부를 수 있는 일들은 이 말고도 넘쳐난다. 이것들은 두 번째 수업인 '타인과의 관계'에서 다룰 것이다.

이러한 것들은 사람들에게 화, 걱정, 근심, 불안을 가져다주며, 개인적인 위기를 겪게 하고, 나아가 슬픔, 좌절, 우울을 겪게 한다. 물론 때로는 그런 일에서도 좋은 측면을 발견하거나 긍정적인 효과를 얻기도 한다. 하지만 그런 큰 실망으로부터 영향을 받지 않고, 태연하게 그런 일들을 겪어내거나 적절한 시기에 처리해 내고 넘어서는 사람은, 스스로도 행복하다고 여길 뿐 아니라 주변 사람들에게도 행복한 사람이라는 인상을 준다. 그러니 이번 장을 잘 배워두면, 성공적인 삶으로 향하는 중요한 단계를 완료하게 될 것이다.

세네카가 이 질문들을 매우 집중해서 다뤘다는 점은 그리 놀랍지 않다. 이는 그가 스토아철학의 전통에 속해 있음을 보여주는 지점이기 때문이다. 스토아학파의 이상은 현자의 의연함을 표상하는 것에 있다. 이는 우리가 현대에 들어 '회복탄력성'이라고 부르는 개념이다. 즉, 감정적 동요를 겪더라도 곧바로 평정심을 되찾는 능력을 말한다.

현자의 의연함

세네카는 철학, 운명, 삶의 극복, 의연함 간의 관계를 이렇게 말했다.

"철학은 운명이 가하는 온갖 정교한 공격 수단에도 불구하고 결코 제압되지 않는, 아무것도 그 안으로 침투하지 못하는 방벽을 만들어야 한다. 모든 공격에 맞서 싸우는 것은, 외부의 모든 것을 포기하고 요새 안에 굳건히 자리 잡고 방어하는 영혼이다. 어떤 총알도 요새의 장벽을 넘지 못한다. 운명은 많은 이들이 믿는 만큼 긴 사정거리를 갖고 있지 않다. 운명은 자기에게 집착하지 않는 사람은 제압하지 않는다. 그러므로 우리는 가능한 한 운명으로부터 거리를 두어야 한다. 이는 자기 내면에 대한 이해와 자연에 대한 깨달음이 있어야만 가능하다. 인간은 어디를 향해야 하는지, 어디서 왔는지, 자기에게 유익한 것이 무엇인지, 악한 것은 무엇인지, 추구해야 할 것이 무엇인지, 피해야 할 것은 무엇인지, 열망할 가치가 있는 것과 비난받을 만한 것의 차이가 무엇인지 구분하는, 그리하여 욕망의 광란을 가라앉히고 공포의 엄습을 막아설 이성에 관해 알아야 한다."[1]

앞으로 더 자세히 알아볼 많은 주제가 위와 같은 내용을 다룬다. 목표는 명확하며, 이렇게 말할 수 있다. 이른바 '운명' 또는 '세상'이라고 부르는, 우리에게 달려드는 모든 외부의 사건은 우리의 영혼을 다치게 해서도, 상처를 내서도, 내면의 균형을 교란시켜서도 안 된다는 것이다. 인생의 처세술로서의 실천철학은 우리에게 '방벽'이라는 무기가 되어준다. 영혼의 핵은 모든 공격에 맞서는 내부의 요새다. 운명은 그 운명에 집착하는 자만 제압한다. 세네카는 운명을 포기함으로써 운명과 거리를 둘 수 있다고 말한다. 그러려면 한편으로는 지식도 필요하지만, 한편으로는 우리가 중요하다고 여기는 가치들 그리고 피해야 한다고 생각하는 '무가치함'들을 아는 것도 필요하다.

현자의 의연함과 내면의 요새로서 영혼의 표상은 세네카에게 자기만의 중심과 정체성을 지켜내는 것을 뜻했다. 외부 사건들에 의해 쉽게 흔들리고 자기의 모습으로 다시 돌아오지 못하는 사람은, 자기 자신과 이성을 잃어 '정신이 나간' 상태다.

"큰 고난을 겪고 나서 이성을 유지하는 건 쉽지 않다. 평소 단단하지 못한 사람은 더 심한 두려움에 떨며 평정심을 전부 잃어버린다. 이성을 잃지 않은 채로 그러한 일을 두려움 속에서 겪어내는 사람은 없으며, 두려움에 떠는 상태는 곧 제정신이 아닌 상태와도 같다. 다만 어떤 사람은 거기서 신속히 원래의 상태로 되돌아오는 반면, 어떤 사람은 더욱 격렬히 혼란스러워하고 심지어 미쳐버리기까지 하는 것이다."[2]

실제로 흥분, 내면의 불안, 당황스러움은 때로는 일상의 사소한 순간에도 우리로 하여금 이성을 잃게 할 만큼 강렬하게 다가오기도 한다. 그러면 뭘 해야 할지 모르게 되고 더 이상 맑은 생각을 할 수 없게 된다. 이성에 기반한 자기 통제력을 잃으면, 거기에 부정적이고 고통스러운 분노, 화, 짜증, 불안, 흥분과 같은 감정들이 동반되므로 그런 일이 벌어지지 않도록 예방하는 것이 중요하다.

평온함은 '현자의 의연함'의 다른 표현이다. 평온함은 스토아철학이 추구하는 가치의 상위에 있다. 평온함은 우리를 확고부동한 존재로, 거의 신과 가깝게 만들어준다.

"현자는 신들의 이웃이며, 신들과 가까운 옆자리에 자리를 잡은 사람이다. (…) 이들은 운명에 흔들리지 않고, 선으로 가득하며, 인류의 평안을 위해 태어났고, 자신과 타인의 구원을 위해 살며, 저속한 것은

바라지 않고 눈물을 쏟지 않는다."³

현자가 눈물을 쏟지 않는다는 것은 말 그대로 울지 않는다는 게 아닙니다. 세네카는 현자도 인간이며, 인간적인 감정을 지니고 있다고 했다. 다만 그런 감정에 휘둘리거나 그 안에 빠져버리지 않는다는 말이다. 그들은 자기 자신을 지켜내고, 내면의 독립성과 운명의 불행에도 불구하고 자기 삶을 자신이 추구하는 가치와 생각을 따라 계속 영위해 나가는 능력을 지니고 있다. 내면이 자유로우며, 따라서 평온함을 방해받지 않는다.

"현자는 자신의 명예를 상하게 하지 않은 채로 종종 눈물을 흘린다. 이들의 눈물은 절제된 눈물로, 인간성과 존엄성이 결여되어 있는 눈물이 아니다. (…) 고통에도 정도가 있다. 현자는 이 정도를 지켜야 한다. 다른 모든 일과 마찬가지로 눈물에도 역시 '여기까지만, 더 가지 말자'라는 정도가 적용된다. 우매한 자는 고통과 기쁨 모두 한계를 모른다. 평온하게 필요한 일에 집중하라."⁴

운명은 막을 수 없는 흐름이다

세네카는 그러한 평온함에 이르기 위해, 우리가 이해하고 내면화해야 할 다양한 수단을 제시했다. 훈련도 필요하고, 철학적 통찰과 관점도 필요하다. 이들을 사고에 적용시켜 익숙하게 만들어야 한다. 즉, 계속해서 곰곰이 생각하고 눈앞에 그려내야 한다.

세네카에 따르면, 우리가 운명을 피할 수 없음과 운명의 자연스러움을 이해하는 것이 중요하다. 별 뜻 없고 때로는 믿을 수 없는 우연처럼 나타나는 일들조차도 원인이 있으며, 사물의 자연스러운 흐름의 결과다. 운명에 관해 세네카는 이렇게 말했다.

"운명이 무엇이라 생각하는가? 나는 운명이란 만물과 행동의 필연적인 흐름이라고 생각한다. 어떤 힘도 막을 수 없는 흐름 말이다."[5]

어떤 인간도 어떠한 결과를 낳는 데 기여한 수많은 원인과 조건의 관계를 완전히 알 수는 없다. 그럼에도 원인과 조건은 존재한다. 원인 없이 일어나는 일은 없기 때문이다. 세네카에게 운명과 자연은 동의어다. 그는 신앙이 있는 사람으로서 한 발 더 나아가 운명은 마치 자연과도 같이 신의 뜻에 의한 것이라고 주장하기도 했다. 네덜란드 철학자 스피노자가 이 공식을 철학사에 남기기 한참 전에 세네카는 이미 자연과 신을 동일시했다. 여기에 운명이라는 개념을 더함으로써 세네카는 신, 자연, 운명을 합한 하나의 단위를 만들었다.

"자연이 신, 그리고 우주와 신의 일부에 심어진 신성이 아니고 무엇이겠는가?"

다시 말해 자연과 신은 "하나이자 동일한 것"이고, "자연, 천명, 숙명. 이들은 모두 신을 일컫는 이름"이다.[6]

우리가 운명과 어떻게 관계 맺어야 하는지에 대한 질문에서 세네카의 말은 중요한 의미를 갖는다. 우리가 피할 수 없는 일, 불행, 숙명적 사건을 자기 자신과 개인적으로 연관시키지 않는다면, 이런 일들을 더 쉽게 받아들이고 견뎌낼 수 있을 것이기 때문이다. 세네카는 운명이 사물의 자연스러운 흐름이라고 말한다.

즉, 어떤 일이 그 이유는 알 수 없지만 어쨌든 어떤 이유가 있어 일어났다는 것이다. 이는 모든 것이 끊임없이 변화하는 세상의 질서와도 같다. 우리는 그저 이러한 변화에 좋든 나쁘든 노출되어 있고, 이 흐름을 바꿀 수 없다. 세네카에 따르면, 우리는 우주의 이러한 흐름이 필연적으로 우주 자체를 유지할 수 있는 방식으로 흘러간다는 점을 기억해야 한다.

"만일 그를(신을) 운명이라고 부르고자 한다면, 그것이 맞다. 신은 모든 것의 근원이자, 원인들의 원인이다. 그를 섭리라고 부르고자 한다면, 그것도 맞다. 신은 세상이 무사히 흘러가고 세상의 과업을 완수할 수 있기를 원하는 존재이기 때문이다. 그를 자연이라 부르고자 한다면, 그것도 맞다. 모든 것은 자연으로부터 나왔고, 우리 또한 자연 속에서 살아가기 때문이다. 그를 우주라 부르고자 한다면, 그것도 맞다. 신은 당신이 보는 우주이자, 그의 부분들로 우주가 이루어져 있으며, 그 자신의 존재와 그를 이루고 있는 것들을 유지하고 있기 때문이다."[7]

이는 마치 세네카가 운명론을 주장하는 것처럼 들리고, 어떤 면에서는 실제로 운명론적이기도 하다. 하지만 세네카는 개인이 바꿀 수 없는 것에 대해서만 논하고 있다는 점을 기억해야 한다. 절대 아무것도 할 수 없다는 뜻이 아니다. 당연히 영향력을 발휘할 수 있는 영역에서는 항상 어떠한 결과를 낳는 원인이 되고, 주체적인 개입을 통해 변화시킬 수 있는 사건에 개입할 수 있기 때문이다.

모든 사람은 전체의 일부가 되어 자기의 삶과 주변 사람들의 삶이 잘되어 가는 데 기여해야 할 소명을 지니고 있다. 그러나 세상 전체로 보면, 자연과 우주의 법칙을 보면, 그리고 실제 일어나는 거의 모든 일과 관련해서 보면, 그러한 기여가 영향력을 발휘하는 영역은 비교적 작다. 많은 일이 우리가 어떻게 할 수 없는 채로 다가온다. 그렇지 않다고 생각하는 것은 어찌 보면 자기과대평가, 오만, 허영이 될 수 있다.

세네카는 "어떤 것도 우리의 자유의지에 달려 있지 않으며 모든 행동은 운명에 달려 있다"는 말에 반론하며 이렇게 말했다.

"나는 이 문제를 논할 때, 운명이 존재하는데 어떻게 인간의 결정에 여지가 남아 있는지 설명하고자 한다."[8]

무엇보다 우리가 운명을 어떻게 받아들이고 평가하고 처리하는지는 우리의 결정에 달려 있다. 운명은 외부의 사건과 그것을 만난 사람의 정신적 처리 사이의 관계다. 이 관계를 구성하는 양측, 즉 외부의 사건과 자신은 불행이나 사고가 짜증, 화, 불안, 걱정을 유발하는 데 영향을 미친다. 세네카는 자연 내지 운명이 다음과 같이 우리에게 말할 것이라고 이야기했다.

"'그대가 불평하는 것은 누구에게나 똑같다. 그러나 나는 누구의 일도 더 쉽게 만들어줄 수 없다. 하지만 누구나 원한다면 더 쉽게 그 일을 받아들일 수는 있다'고. 그렇다면 그걸 어떻게 하는가? 영혼의 평온한 기분을 통해서 할 수 있다. 더 오래 산다면 고통, 배고픔, 노화 그리고 질병, 상실, 패배를 더 견뎌야 할 것이다."[9]

즉, 세네카는 피할 수 없는 것들에 반항하는 일을 멈춰야 한다고 말한다. 세네카에게 그러한 반항은 자연 자체에 대한 반항이다. 비록 우리가 원하지는 않을지언정 삶의 본질적인 구성 성분이기도 한 것들에 대한 반항, 즉 바꿀 수 없는 것에 너무 휘둘리는 것이다.

"무엇이 위대한가? 불행을 명랑한 마음으로 견뎌낼 수 있는 것이 위대한 것이다. 다가오는 일을 마치 원래 원하기라도 했다는 듯 받아들여라. (…) 울고, 불평하고, 한숨이나 내쉬는 것은 반항에 불과하다."[10]

세네카는 여기서 한 걸음 더 나아간다. 만일 주어진 대로 삶을 살기를 원한다면, 그러한 삶이 동반하는 조건 역시 원해야 한다. 그런 조건에는 필연적으로 사물과 상황의 변화, 예측 불가능하고도 처리 불가능한 운명, 그리고 우리가 행복과 불행이라고 인식하는 것들의 영원한 부침浮沈이 포함된다. 이 모든 걸 기꺼이 받아들여야 한다. 세네카는 스토아철학의 아버지 중 한 명인 그리스의 철학자 클레안테스Kleanthes의 말을 인용하며 이렇게 말했다.

"'운명을 원하는 이는 운명의 친구이고, 원하지 않는 이는 운명의 하인이다.' 우리는 그렇게 살아가고 말하고자 한다. 받아들일 준비가 되어 있고 싫증을 내지 않는다면, 운명이 우리를 찾을 것이다."[11]

우리는 자연이 방향을 이끄는 대로 삶에 조건 없이 '오케이'를 외쳐야 한다. 운명이 찾아오는 대로 받아들이고 그것을 원할 준비가 되어 있어야 한다. 그러면 그 후에 일어나는 어떤 일도 우리의 계획을 방해하지 않을 것이다. 우리는 '방해 사유가 없다'는 전제로 계획을 하기 때문이다."[12]

세네카는 그리스 철학자 에피쿠로스의 말을 인용하며 이렇게 말한다.

"운명이 현자의 길을 막을 순 없다."[13]

이와 관련한 세네카의 최근 의견은, 모든 일에는 원인이 있고 따라서 우리가 이해하지 못하더라도 사실상 어떠한 불행한 사건에는 이해할 만한 사유가 있다는 것이다. 사건은 자연법칙의 지배를 받기 때문이다. 이 법칙에는 인과관계가 있으므로, 근본적으로 이성으로 이해 가능하다. 세네카는 자연과 우주를 신과 동일시했으므로 이렇게 말했다.

"신은 곧 이성이다."[14]

불행이나 숙명적인 재앙을 조금이라도 더 쉽게 견디기 위해서는 그런 일이 어떻게, 그리고 왜 일어났는지 이해해 보는 것이 도움이 될 수 있다. 언뜻 보면 모든 불행에 임의성과 변덕스러움이 내재되어 있는 것 같아 절망할 수 있겠지만, 그래서는 안 된다. 세네카의 시대에는 수많은 자연현상이 설명되지 못했다. 그래서 자연현상을 신의 형벌이나 무작위적인 재앙으로 여기고 두려워하곤 했다.

세네카는 『과학적 탐구Naturales quaestiones』라는 책을 썼다. 자연현상을 설명함으로써 사람들이 이해할 수 없는 것에 대해 느끼는 두려움을 없애주고자 한 목적으로 쓴 책이다. 이는 현대의 우리가 안 좋은 일을 당했을 때 왜, 어떻게 그 일이 일어났는지 궁금해하는 것과도 비슷하다. 물론 모든 일을 이해하기란 어렵고, 세네카가 말한 것처럼 모든 일에는 이유가 있다는 걸 기억하더라도 힘든 상황을 이해하지 못할 수 있다. 하지만 이해해 보려 하는 것 자체가 슬픔과 절망에서 벗어나는 첫걸음일 수 있다.

이는 단지 추상적인 이론이 아니다. 삶의 극복이라는 과업을 수행해 나가는 데 이론과 실천이 어떻게 연관되어 있는지 보여준다. 세네카가 구체적으로 삶을 헤쳐나가는 방법에 대해 말한 명제와 설명으로 미루어볼 때, 그의 결론 중 하나는 우리가 인내하고 포기하는 법도 배워야 한다는 것이다.

"최악의 불행이 주는 압박에 대처하는 유일한 방법은 피할 수 없음을 인내하고 적응하는 것이다."[15]

"운명이 유일하게 싫어하는 것은 태연함이다."[16]

"무엇을 견디는지가 아니라, 어떻게 견디는지가 중요하다."[17]

물론 이런 교훈이 진부하다고 반박할 수도 있고, 이런 교훈을 설명하기 위해 굳이 자연과 운명의 본질까지 거슬러 올라갈 필요가 있느냐고 반박할 수도 있다. 하지만 피할 수 없는 일을 견뎌내야 한다고만 생각하는 것과 삶의 본질과 사물의 자연스러운 흐름에 대한 보다 깊은 성찰 뒤에 이를 수용하는 것은 마음의 평안에 큰 차이를 만들어낸다. 이러한 성찰이 더 일찍 수행되고 내면화되어 마음 상태로 자리 잡았다면, 불운이나 사고에 대한 감정적 반응은 그 전과 달라질 것이다. 마음이 자잘한 걱정에서 벗어나 불행이나 사고를 자연의 법칙에 따른 필연적인 것으로 이해하고 수용하는 수준이 되면, 우리는 항상 평정심을 유지할 수 있게 된다. 그러면 사랑하는 사람의 죽음과 같은 거대한 숙명적 재앙을 만난다 하더라도 필요한 정도까지만 애도하고 슬퍼하며, 너무 깊이 절망하지 않을 수 있다.

세네카의 모든 글은 이렇듯 조언과 철학적 성찰의 긴밀한 상호작용으로 가득하다. 이것이 바로 그가 말하는 실천철학이다. 세네카는 운명을 다루는 것과 관련해 존경받는 위인인 카토Cato를 인용하며 이렇게 말하기도 했다.

"모든 운명의 타격을 받아들여야 한다는 것이 그의 흔들리지 않는 생각이었다."

이후에 성찰에 관한 내용으로 이어갔다.

"모든 것은 그것이 지닌, 정해진 시간의 흐름에 따라 움직인다. 생겨나고, 자라나고, 소멸한다. 그대 눈으로 보는 머리 위 움직이는 것들(천체)과 우리가 뿌리내리고 있는 것, 서 있는 곳은 마치 절대 흔들리지 않을 것처럼 보이지만, 결국 점차 힘을 잃어가다가 소멸할 것이다. 모든 것에는 정해진 시간이 있다. 모든 것은 생겨나고, 자라나고, 소멸한다."[18]

이와 관련해서 조금 더 설명하자면, 여기서 말한 운명의 타격이란 옥타비아누스(아우구스투스)에 맞선 폼페이우스 전쟁에서의 패배였다. 그 전쟁에서 카토는 공화정 체제를 유지하기 위해 폼페이우스 편에서 싸웠다. 전쟁에서 패배하자, 성정이 곧았던 카토는 로마인들이 독재자의 통치 아래서 자유를 누리지 못하는 걸 용납할 수 없어 스스로 목숨을 끊었다. 그는 운명을 받아들이지 못해서 스스로 목숨을 끊은 것이 아니다. 자신의 생명을 유지하는 것보다는 자기가 어떻게 살고자 하는지가 더 중요했던 것이다. 따라서 카토가 받아들인 운명의 타격에는 그의 생명을 끝내는 것도 포함되어 있었다.

강인한 내면의 가치

외부의 사고, 상실, 크고 작은 불행에 대처하는 가장 효과적인 수단 중 하나로는 내부와 외부의 가치를 구분하는 것, 그리고 그다음에 내부의 가치에 생각을 집중시키는 것이 있다.

"행운도 현자를 오만하게 만들지 못하며, 불운도 현자를 무릎 꿇릴 수 없다. 현자의 애씀은 오로지 자기 자신의 가치를 최대한 높이고 그것이 모든 기쁨의 근원이 되게 하기 위한 것이기 때문이다."[19]

세네카와 다른 스토아 철학자들이 말하는 애씀이라 함은 성공적인 삶, 인간의 지속적인 행복과 평안을 운 좋은 상황이라는 우연에 맡기지 않고, 견고한 기반 위에 두는 것이다. 그리고 그 기반은 원칙적으로는 모든 사람이 스스로 만들어낼 수 있다. 또한 그 기반은 외부의 사물과 상황이 아닌, 자기 영혼에서 찾아야 한다. 외부의 사물과 상황은 우연한 상황, 사건, 일어나는 일들의 흐름에 따라 달라지기 때문이다.

우리는 행복을 자기 자신 안에서, 내부의 균형에서, 쾌활하고 평온한 기본 기분에서 찾아야 한다. 그러나 이것은 외부 사건이 쥐여주는 선물이 아니다. 또한 외부에서 오지 않기 때문에, 외부에 빼앗기지도 않는다. 세네카는 "운명이 준 것이 아닌 것은 운명이 빼앗아 갈 수도 없다"[20]라고 말했다.

그렇게 되려면 우리는 생각하고, 원하고, 평가할 때 외부적인 것에 가능한 한 초점을 두지 않으려 노력해야 한다. 외부의 사건에 어떻게 반응하고 그것을 어떻게 처리할 것인지에 집중해야 한다. 가능한 한 외부의 사물로부터 분리되고, 모든 기쁨과 만족을 자기 자신 안에서 찾도록 노력을 기울여야 한다. 그렇게 해서 내면에 안정감 그리고 안정적인 자신감이 생겨나면 영혼, 성격, 인성은 외부의 어떤 공격에도 흔들리지 않는 내부의 요새가 된다.

"영혼은 모든 외부의 것에서 분리된 채 내면으로 집중되어야 하며, 온전한 확신을 가져야 하며, 내부에서 기쁨을 찾고, 자기 영혼에 속한 것과 본성에 어긋나는 것을 잘 구분해야 하며, 가능한 한 스스로와 거리를 유지하는 동시에 사이좋게 지내야 한다. 또한 상실을 너무 무겁게 느끼지 않아도 되며, 불쾌도 가능한 한 최선을 다해 이해해야 한다."[21]

우리를 둘러싼 많은 것은 우리의 욕망을 일깨우며, 우리가 지속적으로 사물을 원하고 소비하는 데 신경을 쓰게 만든다. 사람들은 사물을 소유하는 것에, 특정한 외부의 관계나 상황에 행복이 달려 있다고 학습한다. 과거부터 행복은 주로 그런 외적인 것들과 동일시되어 왔다. 다만 데모크리토스와 소크라테스는 지속적인 행복과 평안의 요소 중 외부의 사물에 달려 있는 부분은 극히 일부이며, 대부분은 좋은 정신 상태에 달려 있다고 말했다. 그러나 스토아 철학자, 특히 스토아 철학을 대표하는 철학자 중 한 명인 세네카만큼 이를 극단적으로 표현한 사람은 없었다.

"인간은 외부의 파괴적인 영향에 접근 불가능하며 그를 극복 불가능하다. 인간은 타인이 아닌 자기에게 충실해야 하며, 자기 자신을 믿어야 하며, 모든 것에 대비해야 하며, 자기 삶을 지배해야 한다."[22]

이는 세상으로부터 고립되어야 한다는 뜻이 아니다. 오히려 그 반대다. 진정한 부, 행복, 강함은 외부에 달려 있지 않고 자기 안에 있다는 사실을 알게 되면, 우리는 두려움 없이 외부적인 것과 상황을 다루는 힘, 자유, 안정감을 갖게 된다. 자기의 내면이 방해, 좌절, 패배에 강하다는 것을 알면 계획과 욕구를 실현하는 데 더욱 적극적으로 참여할 수 있다.

세네카도 태평함과 무관심을 주장한 것은 아니다. 불운의 사고를 예방할 수 있다면 예방해야 한다. 외부적인 계획, 과업, 소망을 목적 지향적이면서도 신중하게 추진해야 한다. 다만 그렇게 추진하는 외부의 것들은 상대적 가치를 지니고 있으며 진정한 부는 우리 안에 있으므로 과업이 실패하더라도 내부에 존재하는 우리의 가치가 줄어들거나 영향을 받지 않는다는 사실을 잊지 않는 것이 중요하다.

"내가 태평함을 권하는 것은 아니다. 오히려 모든 가능한 해악을 만나지 않도록 해야 한다. 신중함으로 무엇을 예방할 수 있을지 생각해야 한다. 어떤 것이 그대에게 손해를 입힐지, 그 일이 일어나기 훨씬 전에 살펴보고 피해야 한다. 그 과정에서 그대가 지닌 자신감과 내면의 강한 회복력이 큰 도움이 될 것이다. 운명을 견딜 수 있는 이는 운명이 닥치더라도 자신을 보호할 수 있다. 차분하고 침착한 영혼에는 폭풍우가 일지 않는다. 미리 두려워하는 것보다 더 불행하고 어리석은 일이 없다."[23]

내부의 강한 요새와 외부 가치의 상대화는 행운이 머리를 어지럽히고 내부의 균형을 깨뜨리는 일을 막아준다. 그런 일은 결코 드물지 않으며, 그 시간이 짧든 길든 결국 고통으로 이어진다.

"누군가는 공직에 앉는 것에 실패했다고 해서 완전히 정신이 나가버리고, 누군가는 행복하게 얻은 자리 때문에 삶의 모든 기쁨을 빼앗긴다."[24]

실패 내다보기

"미래에 닥칠 불행에 집중해 미리 내다보는 사람은 그 불행이 현실로 닥쳤을 때 그 힘을 꺾을 수 있다."[25]

운명을 다루는 데 매우 좋은 방법을 하나 더 말하자면, 세네카도 항상 반복적으로 강조했던 것으로, 바로 일의 실패, 방해, 어려움, 좋지 않은 일의 흐름, 불운에 미리 마음의 준비를 하는 것이다. 로마의 스토아 철학자들은 이것을 "프레메디타치오 말로룸premeditatio malorum", 즉 나쁜 일에 대한 정신적 대비라고 불렀다. 여기에는 우리의 의도와 목표를 방해하거나 수포로 돌아가게 하는 외부적인 일의 흐름을 미리 생각해 두는 것도 포함된다. 세네카는 이렇게 말했다.

"현자는 항상 '이 길에 아무런 방해물이 없을 경우에 한하여'라며 모든 일을 유보적으로 본다. 따라서 모든 게 그가 원하던 대로 진행되고 기대했던 바에 반하는 일이 일어나지 않았다면 그 이유는, 그가 자신의 의도를 방해하는 일이 일어날 수 있다고 정신적으로 예상해 두었기 때문이다. 일이 잘 풀릴 거라고 확신하는 건 현명하지 못하다.

현자는 다른 결과에 이를 것도 생각해 둔다. 실수하기 얼마나 쉬운지, 사람이 하는 일이 얼마나 불확실한지, 얼마나 많은 요소가 계획을 방해할 수 있는지 알고 있다. 또한 현자는 불확실하고 어찌 보면 기만적인 운명도 긴장감을 가지고 따르며, 정해둔 계획에도 불구하고 불확실한 결과를 받아들인다. 현자가 시작하기 전에 항상 전제하는 유보 상황이 이럴 때 그를 보호한다."[26]

모든 일, 목표, 소원이 이루어지는 게 온전히 나에게만 달려 있지는 않기 때문에 성공하지 않을 수도 있다는 것을 일찍이 알고 있음으로써, 이에 대비하고 마음으로도 준비를 한다. 그러니 일이 계획대로 되지 않더라도 침착하고 여유로운 태도를 지닌다.

준비가 되어 있지 않으면 균형을 잃어버리고 분노, 화, 실망을 겪으며, 장기간 좌절에 빠질 수 있다. 그러나 나쁜 결과로 이어질 수 있다고 미리 생각하면 실망은 훨씬 줄어들고, 실제로 나쁜 결과로 이어지더라도 실망을 덜 할 수 있다. 나쁜 결과에 대비해 정신적으로 준비하는 것의 장점은, 일을 하는 동안에 불안과 걱정이 줄어든다는 것이다. 불안과 걱정은 절대적인 성공에 이르고자 할 때 생기기 때문이다.

우리가 그러한 유보적인 태도 없이 그리고 무조건적으로 해내고야 말겠다는 의지를 가지고 추구해야만 목표를 달성할 수 있을 거라는,

흔히 들리는 주장은 여기에 맞지 않다. 그 이유를 들면, 첫째로 그러기에는 희생되어야 하는 것이 너무 크다. 그들이 말하는 '목표'란 외부적인 목표일 뿐이다. 그러나 세네카는 외부적인 목표는 내부적인 가치보다 중요하지 않다고 말했다. 외부적인 목표를 너무 강력하게 추구하다가는 내면적 가치가 손상될 수 있다. 외부적인 성공을 더 강렬하게 갈망할수록 내면적으로는 더 불안해지고 중심과 평정심을 잃게 된다. 불안과 걱정이 생겨나고, 그 강도와 지속 시간에 따라 신체적인 병이 생길 수도 있다.

유보적인 태도 없이 목표를 강렬히 추구한다면, 그 과정에서 종종 자기 자신에게 너무 과한 부담을 지우고, 편파적인 삶을 영위하며, 인생의 다른 가치나 영역을 소홀히 여기기 쉽다. 그러니 결과적으로 무언가를 강렬히 추구해 이루어내려는 무조건적 욕구가 실제 장기적으로 더 나은 결과를 낳을지는 모르는 일이다. 신중하게 세운 전략을 꾸준하게, 그리고 내면의 평정심을 가지고 추진해 나간다면, 완강하게 밀어붙이는 것보다 더욱 빠르게 외부의 목표를 달성할 수도 있을 것이다. 우리는 코앞의 성공 목표 하나만을 바라보는 게 아니라, 미래에 이루고자 하고 또 이룰 수 있는 수많은 성공 옵션을 생각해야 한다.

부정적인 사건과 흐름을 미리 예상해 두는 것은, 세네카에 따르면 구체적인 모든 일 및 외부적인 문제와 관련된 모든 계획의 단계에서 수행되어야 하는 정신적인 훈련이다. 그러면 실제로 운명이 일격을 가했을 때, 크고 작은 사고에 대비되어 있는 내면의 안정된 태도로 대처할 수 있다.

"우리는 모든 가능성을 생각하고, 일어날 수 있는 모든 일을 내면에서 준비하고 있어야 한다. 질병, 전쟁, 난파……. 상상할 수 있는 모든 상황을 상상하고, 그게 발생할 수 있는 빈도가 아닌, 최악의 경우를 상정해서 대비해야 한다. 마치 한 번도 들어보지도 못했던 일인 듯 갑작스러운 일에 굴복하고 무감각해지는 것을 막으려면 말이다. 온 힘을 다해 운명을 눈앞에 현실처럼 그려보아야 한다. 그렇게 운명의 방문에 맞서 싸울 준비를 해야 한다."[27]

무엇보다 두려움과 걱정이야말로 이런 태도를 취함으로써 억제하거나 완전히 멀리할 수 있는 것들이다.

"그대는 항상 많은 일을 견뎌낼 준비가 되어 있어야 한다. 모든 것을 맞이할 준비가 되어 있는 영혼은 두려움을 모른다."[28]

훈련을 하면 두려움과 걱정을 없애는 데 도움이 되므로, 이는 전혀 비관적인 접근 방식이 아니며 우울하거나 비관적인 기분으로 이어지지도 않는다. 오히려 평정심이 생기고 맑은 기분이 된다. 이런 태도는 사건이 무작위적으로 벌어진다는 점을 미리 알면 지닐 수 있다. 현명한 삶은 미래를 예측할 수 없다는 점을 인지한 삶이다. 반면, 무조건적인 자신감을 갖는 것은 오만이다. 자신의 강점을 과대평가하는 오류를 범하는 셈이다. 말하자면 처리 불가능한 것까지도 본인이 처리할 수 있다고 믿는 것이기 때문이다.

"이는 곧, 현자는 예상치 못한 일을 겪을 일이 없다는 주장과 연결된다. 우리는 그러한 현자를 인간의 우연성을 극복한 사람이 아니라, 인간의 실수를 극복한 사람이라고 생각한다. 즉, 모든 것이 자신의 의지와 소원한 바대로 되지 않을지라도 그의 영혼이 이전에 늘 그가 하고자 하는 일에 방해가 있을 수 있다고 스스로 말해왔기 때문에 항상 모든 것에 대비하고 있었던 것이다."[29]

우리가 행하고 계획하는 모든 일에서 최대한의 평온함과, 불안 없는 상태를 이룬 내면의 태도를 갖추기 위해서는 외부적인 것을 향한 우리의 욕망과 소망을 자제하고 통제하는 것이 중요하다. 욕망과 소망은 우리로 하여금 외부의 목표에 내적으로 강하게 결박되게 하는 경향이 있다. 좋은 결과에 의존하고, 실패와 예상치 못한 상황에 취약하게 만든다. 목표 지향적인 행위를 포기해서는 안 되지만 지나친 욕망과 소망은 억제해야 한다.

"절제하는 법을 배우자. 억제 불가능한 소망과 먼 미래에 대한 계획을 세우는 중독을 절제하고, (외부의) 행복이 아닌 우리 자신으로부터 더 많은 풍요로움을 기대하자. 운명의 타격이 가져오는 수없이 다양한 시련 속에서 만일 우리가 거대한 돛을 펼친다면, 폭풍우가 그만큼 거대한 마찰을 일으킬 수밖에 없다. 그러니 돛을 오히려 접고 운명에게 공격할 만한 목표를 제공하지 말아야 한다."[30]

'절제한다'는 것은 단지 욕망과 소망을 줄이라는 것이지, 세상에서의 목표와 하고자 하는 일을 포기하라는 뜻은 아니다. 세네카는 자신이 설파하는 내면의 태도와 정신 상태에 대해 잘 설명하는 이미지를 찾아냈다. 의지와 소망의 돛을 오히려 걷어내야 한다는 것이다. 물론 돛을 있는 대로 활짝 펼쳐 항해하는 사람만큼 빠르게 앞으로 나아가지는 못할지 모른다.

하지만 우리는 분명 최종 목적지에 다다를 것이다. 다른 사람들은 다다르지 못할 수 있다. 그들은 다다르더라도, 그 목적지에서 즉각 다시 새로운 목표를 세우고 또다시 불안과 조급함 속에서 다음 목표로 돌진하게 될 것이다. 그러다 보면 언젠가는 폭풍우가 돛대를 부러뜨리고, 그들을 바다 밑으로 추락시킬 것이다. 반면에 우리는 오히려 돛을 걷어내고 바다 위를 침착하게 미끄러지듯 천천히 나아가는 것이다.[31]

욕망을 절제하는 데 성공하는 만큼, 미래에 대한 부풀려진 희망과 끝없는 계획으로 인해 생겨나는 불안으로부터 자유로워질 수 있다. 세네카는 그리스의 철학자 헤카톤Hekaton의 말을 인용하며 이렇게 말했다.

"'그대가 희망하기를 멈추면 두려움도 사라질 것이다.' (…) 희망에는 두려움이 동반된다. 희망과 두려움은 모두 미래를 바라보면서 불안해지는 마음의 동요다. 미래에 올 것을 가지고 스스로를 괴롭히는 것이다."[32]

희망에 온몸을 내던지는 사람은 운명에 맞서 싸울 만큼 안정적이고 독립적이고 단단한 정신 상태가 아닌, 흔들리고 불안정하고 취약한 정신 상태를 지니고 있다. 물론 희망은 어려울 때 끈기를 가지고 상황을 극복할 힘을 주기도 한다. 세네카도 그 점을 잘 알고 있었지만, 그것을 희망이라기보다는 '자신감', 즉 자기에 대한, 그리고 자기의 강점에 대한 신뢰라고 부르고자 했다. 그는 영혼은 "외부의 모든 것과 상관없이, 전적으로 자기 자신에게 집중하고 자기 자신에 대한 완전한 확신을 얻어야 한다"[33]고 말했다. 그러면 그러한 영혼은 "그 어느 것으로부터도 정복될 수 없는 것"이 될 것이라고 말이다.

희망과 자신감은 매우 가까운 개념이다. 그럼에도 세네카는 자신감이라는 단어를 선호했다. 자신감은 외부적인 것과 무관하고, 영혼의 힘과 관련이 있다고 생각했기 때문이다.

감사하는 태도가 주는 기쁨

세네카는 삶이 지금까지 우리에게 준 것에 대해 감사하는 마음과 같이 운명의 타격을 다루는 것을 쉽게 만들어줄 다른 요소들을 언급했다. 감사하기는 바로 전에 나온 내용과 반대되는 측면이다. 미래를 희망하는 것 대신, 현재에 더 집중하고 현재에 감사하는 것이기 때문이다.

현자는 "현재에 기뻐하고 미래에 목매지 않는다. 불확실성에 한눈팔린 사람은 아무것도 단단히 소유하지 못한다. 현재에 기뻐하는 자는 영혼을 괴롭히는 큰 걱정으로부터 자유롭고, 아무것도 욕망하거나 희망하거나 의구심을 품지 않으며, 자신이 가진 것에 만족한다".[34]

세네카는 우리가 주어진 것과 주어지지 않은 것에 상이한 기준을 적용하면서 운명을 불공정하게 다룬다고 지적했다. 그에 따르면, 우리는 주어진 것은 과소평가하면서 주어지지 않은 너무나 많은 것을 갖길 원한다.

"보라. 사람들이 신이 내린 선물을 평가할 때 얼마나 정당하지 못한지……. 그들은 자신들이 코끼리보다 크지 않다고, 사슴보다 빠르지 않다고, 새보다 가볍지 않다고 불평한다."[35]

"현자 외에는 감사할 줄 아는 자가 없느니라."[36]

우리는 현재의 좋은 것을 누리고, 돌아보고, 기쁨을 느끼는 대신, 갖지 못한 좋은 것들을 끊임없이 떠올리는 잘못된 방향으로 생각한다. 세네카는 진정한 기쁨으로 가득한 삶에 대해 설파한 그리스의 학자 에피쿠로스를 인용하며 이렇게 말했다.

"그(에피쿠로스)는 우리가 지나간 것에 감사하지 않고, 좋은 걸 받은 것을 기억하지도 않으며 기쁨으로 여기지도 않는다고 지적했다. 우리에게서 더 이상 빼앗을 수 없는 그러한 기쁨이야말로 무엇보다 확실한 기쁨인데도 그러하다."[37]

이는 많은 부분에 적용할 수 있는 중요하고도 일반적인 삶의 교훈으로 들린다. 어디서 기쁨을 느끼는지는 결코 고정적이지 않다. 따라서 일정 정도까지는 무엇에 기뻐하고 기뻐하지 말아야 할지 정신적으로, 신체적으로 배울 수 있다. 예를 들어 우리가 아름다운 경험을 반복적으로 떠올리고 그 경험이 얼마나 감사한지 생각하게 되면, 주어져 있는 좋은 것에 대한 민감성이 높아진다.

인생이 우리에게 주는 아름다운 순간들도 마찬가지다. 그런 순간을 보지 못하거나 당연하게 여기지 않고 늘 명확히 인식한다면, 그런 순간들을 대하는 우리의 태도가 시간이 지날수록 달라질 것이다. 하루 중 좋은 순간을 알아차리고 즐길 수 있을 것이다. 이런 식으로 운명이 주는 선물을 늘려나갈 수 있다. 그러면 불운이 가하는 심리적인 타격도 줄어들 것이다. 더 이상 두려움과 불투명한 희망으로 가득한 미래에 집착하지 않게 될 것이다.

불행을 행운으로 바꾸다

만일 우리가 우연적인 사건이나 불행으로부터 필요한 거리를 두어, 그것들이 어느 정도 다루기 쉬워지고 그에 흔들리지 않게 된다면, 불행 속에서도 좋은 것을 찾아내는 힘과 마음가짐을 기를 수 있다. 일어난 일이 오로지 좋기만 하거나 오로지 나쁘기만 한 경우는 드물다. 그러나 어떤 일이 우리를 쓰러뜨리고 평정심을 잃게 하면 그 안에서 좋은 것, 유익한 것, 또는 배움직한 것을 찾아내는 능력과 생각하는 힘을 잃어버리게 된다. 세네카는 이에 대해 이렇게 말했다.

"누군가에게는 불행으로 보이는 모든 것도 그대가 그걸 극복하는 방법을 알고 있다면 그 불행이 완화되고 좋은 것으로 바뀔 것이다."[38]

우리는 "운명을 불평하지 말고 다가올 모든 일을 우아한 평정심으로 감내해야 한다. 그러면서 나쁜 일은 가장 좋게 해석할 준비가 되어 있어야 한다."[39]

불행에 감정적으로 흔들리지 않고 불행과 내면적 거리를 유지한다면, 그리고 불행이 너무 깊이 뒤흔들지 못하게 침착과 평정심을 유지한다면, 충분히 불행을 극복할 수 있다. 결국 어떠한 일을 나쁘거나 좋은 일로, 사고를 재앙이나 기회로 바꾸는 것은 우리의 생각에 달렸다. 어떠한 일이 그것 자체로 좋다, 또는 나쁘다고 하는 것은 다소 올바르지 않은 말이다.

스토아 철학자는 사실이나 사건 자체에는 아무런 평가적 가치가 실려 있지 않다고 본다. 그러한 사실이나 사건을 우리의 목적, 의지, 가치와 관련지어 좋거나 나쁜 성질로 만드는 것은 오로지 그것을 어떻게 인식하고 해석하고 세상에 대한 나의 이해 안으로 통합시키느냐에 달려 있다. 이러한 개인적인 평가와 해석은 대체로 매우 찰나에 이루어지며, 긍정적이거나 부정적인 감정을 촉발한다. 그 결과로 기분이 좋거나 나쁘다고 느끼게 된다. 철학적 사고, 세상에 대한 인식, 가치에 대한 비판적 성찰을 통해 이러한 과정을 변화시킬 수 있다.

따라서 사물과 사건에 대한 우리의 생각은 운명을 잘 다루는 데 매우 중요하다. 이 문제를 세네카는 반복해서 언급했다.

"그러므로 우리를 괴롭게 하는 것은 우리의 생각이며, 모든 불행은 우리가 평가하는 만큼만 불행하다."[40]

또 다른 문헌에서 그는 아마 누구나 경험했을 만한 예시를 들며 이렇게 말했다.

"어떠한 일이 시작하면 쉬워지지 않는가? 어렵기 때문에 감히 건드려보지 못하는 것이 아니라, 감히 건드려보지 못하기 때문에 어려운 것이다."[41]

이 문제는 매우 광범위하게 적용될 수 있다. 불안, 갈망, 걱정과 같은 모든 욕망은 궁극적으로 가치관에서 생겨나는 것이기 때문이다. 뭔가를 원하는 것은 그것의 가치를 높이 평가하기 때문이며, 궁극적으로 주로 사람이나 사물, 관계, 상황에 해당하는 그 '뭔가'가 행복을 증진시켜 주기 때문이다. 반대로 불안해하고 걱정하는 이유는 그 '뭔가'가 삶의 기쁨을 감소시키고, 그에 따라 결국 행복이 감소할 거라고 생각하기 때문이다.

"모든 것은 생각하기에 달려 있다. 야망, 사치, 탐욕이 거기서 시작될 뿐 아니라, 정신적 고통 역시 그러하다."

세네카는 또한 매우 중요한 결론에 도달한다.

"모든 사람은 자기가 믿는 만큼만 불행하다."[42]

세네카에 따르면 많은 것이 우리가 어느 방향으로 생각하는지, 무엇에 집중하는지, 어떤 생각과 믿음을 가지고 사는지에 달려 있다.

"과거에 대한 불평과 '나만큼 불행한 사람은 없어. 나는 얼마나 큰 고난과 화를 견뎌내야 했는지!'와 같은 생각으로부터 멀어져야 한다. (…) 또한 우릴 약하게 만드는 두 가지로부터 벗어나야 한다. 바로 미래에 대한 두려움과 과거에 겪은 고통의 복기다. 후자는 더 이상 나에게 영향을 미치지 않지만, 전자는 영향을 미칠 수 있다. 누가 어려움의 한가운데에 있다면, 시인처럼 이렇게 말해줘라. '언젠가, 이 고통마저 웃으며 기억할 것이다'라고."[43]

세네카는 사랑하는 형제를 잃은 사람에게 생각의 관점을 돌려보기를 권고하며 말했다.

"그대를 괴롭게 하는 고통에서 잠시 눈을 들어, 그대 주위에 존재하는 수많은 위로를 바라보라. 그대의 훌륭한 다른 형제들과 그대의 아내와 아들을 바라보라. 운명이 생각보다 그대를 자비롭게 대했음을 바라보라."[44]

분노 또는 슬픔과 같은 감정의 발생과 그 강도는 우리의 생각으로부터 꽤나 많은 영향을 받는다.

"분노는 이성적인 생각과 경각심으로 불식시킬 수 있다. 분노는 의지의 영향을 받는 부분으로, 정신적인 오류이지 인간의 불가피한 숙명으로 받아들여야만 하는 것이 아니어서 위대한 현자들에게도 그런 일은 충분히 일어날 수 있기 때문이다."[45]

분노는 의지와 상관없이 생겨난다. 하지만 그것이 영혼에 잔류하는 경우는 오로지 우리가 그 분노에 먹이를 주거나 분노를 유지하기로 결정했을 때뿐이다. 분노하게 만든 대상을 화를 내며 공격하는 것이 하등 도움이 되지 않는다는 걸 깨닫고 나면 분노의 감정은 점차 사라지다가 완전히 없어져 버리게 될 것이다. 분노에 차서 하는 행동은 불에 기름을 붓는 행위에 불과하다.

운명을 잘 다루기 위한 다른 방법들

세네카는 또 다른 유용한 방법들도 제시했는데, 아주 핵심적인 방법은 아니므로 여기서는 짧게만 언급하고자 한다. 각자의 성격에 따라 지금 소개할 방법들도 지속적인 영향을 미치는 방법이 될 수 있다. 세네카에 따르면 불행을 관용, 절제, 용기의 훈련으로 이해하고 받아들이는 것이 도움이 될 수 있다.

"불행은 미덕을 배우는 학교다. 경험이 없는 사람은 운명의 일격을 더욱 강하게 느낄 것이다."[46]

우리는 "'너는 약하지 않다. 이길 수 있는 상대를 찾아라'라고 말하는 운명에 맞서야 한다."[47]

"철학은 우연이 가하는 모든 폭력을 무력화시키는 놀라운 힘을 지니고 있다. (…) 철학은 어떠한 발사체는 그 힘을 취해 푹신한 직물로 손쉽게 잡아내기도 하고, 어떠한 발사체는 흐트러뜨려 발사된 곳으로 되돌려 보내기도 한다."[48]

불운과 불행은 행운과 인생의 좋은 시기만큼 언제든 변화할 수 있고 무상한 것이라는 사실을 기억하는 것이 도움이 될 수 있다.

"불운 또한 변덕스럽다."[49]

그리고 불운으로부터 예외가 될 수 있는 이는 아무도 없다.

"지인을 비롯한 주변 사람들을 찬찬히 둘러보라. 어디서든 그대보다 더 힘든 일을 견뎌내고 있는 이들을 만날 수 있을 것이니……. 가족들을 모두 그대의 눈에 담아보라고 말하고 싶다. 누가 더 불행하다 하지 못할 만큼 그 정도를 잴 수 없을 것이다."[50]

슬플 때는 이런 말이 위안이 될 수도 있을 것이다.

"운명은 오로지 그대만을 선택해 그토록 무거운 불운을 겪게 한 게 아니다. 세상 어느 집도 슬픔을 겪지 않은 집은 없다."[51]

건강할 때 병을 예방하는 게 최선이듯이, 모든 게 잘 되어가고 인생이 좋은 시기에 있을 때 불행을 견디는 훈련을 해보는 것도 도움이 된다.

"완전히 안전할 때조차도 영혼은 중대한 시험에 들 것을 대비해야 하며, 은혜로운 운명의 시기에도 고난의 시기를 대비해 단단해져야 한다. 군인은 전쟁이 없을 때 행군 훈련을 한다."[52]

"가끔 며칠간 시간을 내어 가장 별 볼 일 없고 저렴한 음식과 거칠고 조악한 옷으로 지내며 '이것이 그것(빈곤)이구나. 그동안 뭘 두려워했는가?'라고 스스로에게 물어보라. 그리고 그 상태를 사나흘간 혹은 그 이상 지속하라. 이것은 게임이 아니라 진지한 훈련이다. (…) 운명이 준비되지 않았을 때 닥치도록 두어서는 안 된다. 그래서 빈곤에 미리 익숙해지고자 하는 것이다."[53]

불운이 닥쳤을 때 그것의 결과로 무엇이 따라올지 알 수 없으므로, 세네카는 우리가 숙명론적 사고로 회피할 수 있다고 말했다.

운명의 일격이 닥쳤을 때, 우리는 로마의 시인 베르길리우스Publius Vergilius Maro의 말을 기억해야 한다.

"신의 의도는 다른 데 있다."

그러나 전혀 예상치 못한 일이 일어났을 때 우리를 내적으로 더 단단하게 만들기 위해 생각해 볼 만한 더 힘 있고 분명한 다른 말을 소개하자면, 다음과 같다.

"신의 의도는 더 좋은 데 있다."[54]

지금까지 말한 모든 훈련과 방법은 우리의 사고방식과 개인적인 철학과 관련이 있다. 또한 이것들은 다시금 삶에 대해 우리가 지닌 이해와 관점과도 관련이 있다. 가장 넓은 의미에서의 철학적 성찰에 뿌리를 두고 있으며, 내면의 태도의 표현이자 반영이다.

"그러므로 현자는 미래에 도래할 불행에 놀라지 않으며, 다른 이들이 오랫동안 견딘 후에야 쉬워지는 일을 오랜 성찰로써 쉬워지게 한다."[55]

✦ 세네카의 가르침

- 변화시킬 수 없는 운명과 사건은 평온하게 받아들이고 용감하게 견뎌야 한다. 피할 수 없는 것에 대한 저항은 무의미하다.

- 운명을 앞두고 우리가 바꿀 수 있는 건 아무것도 없다. 하지만 그 운명을 어떻게 받아들이고, 처리하고, 그 운명을 통해 무엇을 하고 어떤 감정을 가질 것인지는 오롯이 우리에게 달려 있다.

- 휘둘리지 않는 사람은 자기 안에서 만족을 찾는다.

- 자기 자신 안에 외부의 사건이 공격하지 못하는 '내면의 요새'를 만들라.

- 당신이 행동하고 계획하는 모든 일에서 항상 생각과 다른 일이 벌어질 수 있음을 대비하라. 불행이 닥칠 수도 있음을 각오하라. 무리해서 관철시키지 마라.

- 모든 것에 각오가 되어 있는 사람은 인생의 모든 상황에서 맑고 평온할 수 있다.

- 모든 것에 각오가 되어 있는 사람은 인생의 모든 상황에서 맑고 평온할 수 있다.

- 겸허하고, 겸손하고, 있는 것에 감사하고 없는 것에 기분 나빠하지 않는 사람은 평온함을 유지하고 행복한 삶을 산다.

- 나의 생각은 내가 만드는 것이다. 관점의 변화로 부정적인 것을 긍정적인 것으로 바꾸는 능력은 운명을 다룰 힘, 즉 운명이 우리에게 가하는 일을 다룰 힘을 우리에게 준다.

"무엇이 위대한가?
불행을 명랑한 마음으로 견뎌낼 수 있는 것이 위대한 것이다.
다가오는 일을 마치 원래 원하기라도 했다는 듯 받아들여라."

05 _____ 죽음과 덧없음에 대하여

✳

"잘 죽는 법을 모르는 사람은 결코 바람직한 삶을 살 수 없다."[56]

"죽을 수밖에 없다는 사실을 생각 없이 무시하다니, 이 얼마나 어리석은가."[57]

세상, 즉 나를 둘러싼 것들과 나와 관련되어 일어나는 일을 어떻게 하면 가장 잘 다룰 수 있는지에 관한 문제에서 죽음과 덧없음에 대한 태도는 무엇보다 중요하다. 세네카는 이 문제를 특히 집중적이고도 포괄적으로 다루었다. 우리는 어떻게 하면 세상과 좋은 관계를 맺고 세상 속에서 평온함을 느낄 수 있을까? 세네카에 따르면 이는 죽음과 덧없음, 나의 죽음과 내 주변 사람들의 죽음을 깊숙이 성찰해 보지 않고는 불가능하다. 세네카는 인생을 잘 살려면 죽음을 배워야 한다고 말했다.

"삶을 배우는 데는 평생이 걸리는 것이 맞다. 다만 그대가 놀랄 만한 사실은, 그렇게 평생에 걸쳐 배우게 되는 것이 다름 아닌 죽음이라는 것이다."[58]

세네카의 비극 『아가멤논』에서 그는 합창단에게 이렇게 외치게 했다.

"죽음에 대해 모른다는 것은, 아, 얼마나 비참한가!"[59]

여기서의 '죽음'은 광범위하게 이해해야 한다. 자기가 죽을 순간, 시간 또는 날짜에 대해 안다는 뜻이 아니다. 죽음을 배운다는 건, 삶의 모든 순간, 생명이 있거나 있지 않은 모든 것이 만들어내는 끊임없는 변화를 인식하는 것을 말한다. 모든 것은 새로이 생겨나고, 다시 소멸하며, 변화하고, 영원히 변치 않는 건 없다는 걸 인지하는 것을 말한다. 오늘은 내일의 과거다. 사물은 왔다가, 간다. 눈에 보이지 않는 곳에서도 끊임없이 우리는 변화하고 있다. 생명을 얻는 동시에 노화가 시작된다. 변화는 어떤 상태가 종결되고 소멸된 후 다시 새로운 상태로 들어가는 것을 말한다. 그리고 삶은 본질적으로 변화하며, 따라서 끊임없이 죽고 끊임없이 탄생한다.

변화와 덧없음은 우리의 인생을 고통스럽고 좌절스럽고 공허하고 쓸쓸하게 하는 수많은 문제의 원인이 된다. 자기 자신의 죽음은 두려움을 느끼게 하고, 사랑하는 사람의 죽음은 견디기 힘든 슬픔을 안겨주며, 누군가에게는 이 슬픔이 죽을 때까지 계속된다. 사랑과 우정, 인간관계는 모두 지나가는 것이다. 재산, 성공, 명예는 왔다가, 가는 것들이다. 인생에는 좋은 시기와 좋지 않은 시기가 번갈아 도래한다.

건강, 평온함, 자신감과 같은 모든 것은 결코 영원히 지속되지 않는다. 변화는 계속된다.

좋은 삶을 살기를 원한다면, 이런 사실에 눈감아서는 안 된다. 세네카에 따르면, 오히려 이러한 덧없음을 인간 존재의 기본 조건으로 보고 수용해야 한다. 자신의 존재의 무상함을 적극적으로, 진지하게, 능동적으로, 용감하게 직면하고 수용해야 한다. 그러면 죽음을 피할 수 없다는 사실을 인정할 뿐 아니라 심지어 환영하게 된다. 우리는 모든 죽음을 삶의 동반자로, 친구로 삼아야 한다. 그러면 정작 죽음과 덧없음은 우리에게, 그리고 행복에 휘두르던 힘을 잃게 된다. 그렇게 되면 좋은 삶을 살기 어렵게 하는 수많은 문제로부터 멀어질 수 있다.

세네카는 이 관점을 고수했다. 그는 자신이 인생을 극복하는 데 하나의 중요한, 또는 어쩌면 가장 중요할 수 있는 문제를 중점적으로 다루고 있다는 사실을 스스로도 알고 있었다.

세네카가 이 주제를 많이 다루기는 했지만, 이는 그리 간단하지만은 않다. 그는 이 주제를 반복적으로 다루고, 연구하고, 끊임없이 관점을 검토했다. 그가 남긴 훌륭한 구절과 지혜의 격언이 많아 한 측면만 선택하기는 어렵다. 세네카가 철학을 이론과 실천이라는 두 부분으로 나누었듯, 그가 다룬 다양한 측면을 먼저 분류하는 것이 도움이 될 수 있다. 즉, 정신적인 준비와 이해에 더 관련이 있는 측면과 실제적인 실행, 실천, 내재화에 더 관련이 있는 측면을 나누는 것이다.

죽음이 불러오는 불안과 걱정

세네카는 죽음과 덧없음이라는 현상이 여러 방식으로 우리에게 정신적 고통을 주고 삶을 어렵게 만들 수 있다고 하면서, 죽음과 덧없음이 두려움과 걱정을 불러일으키는 것이 그 이유라고 했다.

"무엇보다 죽음의 두려움으로부터 자유로워지라. 우리에게 재갈을 물리는 것이 바로 그것이니……."[60]

죽음과 덧없음은 어깨에 무거운 짐으로 자리 잡을 수 있다. 우리는 사람, 사물, 관계에 집착하고, 그래서 종종 두려움을 느끼고 걱정에 휩싸인다. 두려움, 불안, 걱정은 죽음과 덧없음이 상존한다는 사실에 그 뿌리를 두고 있다.[61]

"그러니 용기를 내라. (…) 죽음의 두려움에 맞서라! 우리를 겁쟁이로 만드는 것이 바로 이것이니. 죽음의 두려움은 그것이 원래는 보호하고자 했던 삶을 오히려 방해하고 망쳐버릴 수 있다."[62]

세네카에 따르면 우리는 죽음과의 관계를 바꿈으로써 죽음이 더 이상 두려움을 불러일으키지 않게 하고 대부분의 걱정으로부터 자유로워질 수 있다.

"두려움은 감히 그대의 마음에 침투하지 못할 것이니, 이는 그대가 죽음을 향한 두려움을 마음에서 몰아냈기 때문이다."[63]

죽음을 준비하고 언젠가는 더 이상 이곳에 존재하지 않게 된다는 사실을 견딜 수 있다면, 우리는 절망하지 않고 사물과 관계는 물론 가장 가까운 사람들을 잃는 것 역시 견딜 수 있을 것이다. 자기 자신의 죽음을 차분히 마주하고, 두려움 없이 죽음을 상상하며 죽음에 대해 이야기할 수 있게 되면, 다른 이들의 죽음에도 평정심을 유지할 수 있다.

"세상에 작별을 고하는 것은 무언가를 잃어버리는 것처럼 그저 일어나는 일이며, 이를 올바르게 이해할 때 비로소 위로가 찾아들 것이다. 죽음을 앞둔 사람은 평정심을 유지하며 작별할 수 있어야 한다."[64]

물론 세네카도 이런 생각을 하는 게 얼마나 어려운지는 잘 알고 있었다. 죽음과 덧없음에 대한 생각과 말은 대체로 이론적인 차원에 그친다. 실제로 우리는 이런 현상에 진정으로 공감하지 못한 채, 사랑하는 사람, 자기 자신, 소유물이 언제든 상실될 수 있다는 사실을 깨닫지 못한다.

"그들(사람들)은 자신들이 어디를 향하여 가는지, 일상의 변화가 그들을 어디로 향하도록 몰고 가는지 망각하고 살아가거나 기존의 생각을 발전시키지 못한다. 하루아침에 모든 걸 잃어버릴 운명에 처한 (죽을 운명에 처한) 사람들이 외려 뭔가 한 가지만 상실해도 깜짝 놀라는 형국이라니."[65]

우리는 죽음에 대해 필요한 만큼 생각을 기울이지 않으며, 현실에서 죽음을 보게 되면 이를 피하려 한다. 인생의 무상함이 그야말로 자연스럽고 일상적이며 정상적인 것이라는 사실을 깨닫지 못한다.

"이들(쾌락을 추구하는 사람들) 중 누구도 임종의 침상 위에 누운 친구를 보려 하지 않고, 아버지의 임종을 지켜보려 하지 않는다. 이들에게는 어쩌면 아버지의 죽음마저도 즐거울 것이다(유산이 상속될 것이므로). 이들 중 거의 아무도 가족의 시신이 화장될 때까지 그 길을 동행하려 하지 않는다."[66]

우리는 상실과 죽음이 멀리 떨어져 있고, 남의 이야기이지 내 이야기는 아니라고 스스로를 속이며 그에 대해 굳이 생각하지 않으려 한다. 그래서 삶에서 죽음과 덧없음이 자명하다는 사실에 익숙해질 기회를 좀처럼 갖지 못하는 것이다.

"사람들은 다들 자기의 가장 소중한 소망과 관련되면 죽음을 애써 못 본 척하고 믿고 싶은 대로 믿는다. (…) 그러니 이는 운명의 불공정함이 아니라 인간의 잘못된 사고방식이다. 이러한 사고방식에 따르면 인간은 결코 어느 것에도 충분히 만족하지 못하며, 자신에게 무언가를 되돌릴 수 있는 능력이 없다는 사실과 상실을 겪어야만 한다는 사실을 참을 수 없어 한다."[67]

죽음과 덧없음에 대해 충분히 깊이 숙고하지 않는 사람은 불안, 두려움, 걱정 등의 정신적 고통에 시달리기 쉽다. 그리고 이는 평안함에 지속적인 영향을 미친다. 세네카가 지적했듯, 이러한 현상은 의지, 갈망, 집착과 많은 관련이 있다. 죽음과 덧없음을 내면화하고 자연스럽게 받아들이며 그것을 태도에 반영하는 과정이 모두 학습의 과정이다. 그러면 마지막에는 모든 것을 언제든 놓아줄 수 있는 상태가 될 수 있다.

이러한 평온함과 가벼워진 마음을 얻은 뒤에야 비로소 우리는 삶이 죽음과 얼마나 깊고도 불가분한 관계로 연결되어 있는지 진정으로 이해하게 된다. 죽음과 덧없음의 현상을 직면할 때, 감정과 마음도 변화한다. 불안, 두려움, 걱정은 줄어들고 삶의 기쁨은 증가하는 것이다.

자연의 공평함과 덧없음

세네카가 죽음과 소멸의 자연스러움과 불가피함을 지속적으로 인식해야 한다고 설파하는 것은 여러 기록에서 찾아볼 수 있다. 그는 "철저하게 이해되지 않은 것은 자주 말하지 말 것"[68]이라는 본인의 말을 지키는 사람이었다. 그는 다양한 형태로 다음과 같이 표현했다.

"인간사 모든 일은 덧없음을 전제한다. 인간이 살아가는 환경이 영원히 지속될 수 없기 때문이다."[69]

우리가 가지고 있는 모든 건 단지 빌린 것에 불과하다. 어느 시점이 도래하면 빌린 것을 모두 돌려줘야 하고, 가장 마지막에는 생명마저 돌려줘야 한다.

"그것이 무엇이든 간에, 자녀, 명예로운 지위, 부, 사람들이 들어오도록 헛되이 외치는 너른 거실과 안뜰, 유명세, 좋은 가문 출신의 아름다운 아내 그리고 그 외에 불확실하고 변덕스러운 행복의 다른 모든 선물과 같이 우리에게 외적인 영광을 안겨주는 모든 것……. 이것들은 모두 외부에서 빌려온 영광에 불과하다. 이것들 중 어느 것도 영구적이지 않다."[70]

그러니 우리는 빌린 걸 손에 쥐고 있는 동안 그걸 즐기고 감사해야 할 뿐, 손에서 빠져나갔을 때 없어졌다고 슬퍼하면 안 되는 것이다. 세네카는 사랑하는 아우를 잃은 고위 관리 폴리비우스Polybius를 다음과 같이 위로했다.

"그대에게 훌륭한 아우가 있었다는 사실이 얼마나 고귀한 선물인가! 그가 얼마나 더 살 수 있었을까를 생각하지 말고, 얼마나 오랫동안 함께할 수 있었는지를 생각하시오. 그대의 아우 또한 자연이 그대에게 빌려준 것이오. 자연이 그럴 만한 좋은 때라고 생각했을 때, 자연은 그대의 소망을 고려하지는 않소(자연이 어떤 것을 빠르게 되찾아가는 경우를 말하오). 이는 자연의 문제가 아니오. 자연의 법칙은 이미 잘 알려져 있지 않소. 오히려 죽음은 인간 영혼의 탐욕적인 요구에 따른 결과요. 인간은 종종 자연의 법칙이 어떻게 작용하는지 완전히 잊고, 외부로부터 상기되지 않는 한 자기의 숙명을 전혀 인식하지 못하오. 그러니 훌륭한 아우가 있었음을 기뻐하시오. 비록 아우의 생이 그대의 바람보다는 너무 짧았더라도, 그와 함께했던 기쁨이 좋았다고 여기시오."[71]

이는 자기 자신의 죽음과 그에 대한 생각에도 적용된다. 자신의 죽음을 불평하거나 두려워하는 대신, 삶이라는 선물에 감사해야 한다. 현자는 삶에 대해 이렇게 말한다.

"내가 소유하고, 또 소유했던 것에 감사한다. 삶이 나에게 빌려준 것에 높은 이자를 쳐서 이익을 보았으나, 이제는 삶이 나에게 오라 명령하였으니, 나는 이것들을 포기하고 감사와 함께 기꺼이 내려놓겠다. 삶, 당신이 준 영혼을 거두어가라. 재산을 정리하여 다시 가져가

라. 나는 저항하거나 거부하지 않을 것이다. (…) 탄생과 함께 이미 종말의 운명이 정해져 있었음을 인식한다면 누구라도 그 명령에 따라 살 것이며, 이러한 정신력을 갖는다면 무엇이 들이닥치든 준비 없이 당하는 일은 없을 것이다."[72]

일어나는 모든 일에 정신적으로 대비할 수 있다는 점은 회복력과 평정심을 높이는 데 도움이 된다. 죽음 또한 운명이다. 그저 온 곳으로 되돌아가는 것에 불과하다.

"용감하게, 그리고 즐거이 가라! 망설이지 말고! 그대는 자연으로 돌아갈 뿐이다. 그대가 해야 할 일을 하라. 구걸하지 말고, 두려움에 떨지 말고, 재앙이 도래할 듯 뒷걸음치지 마라! 그대를 기다리는 것은 다름 아닌 자연, 그대의 모태이며 위험에서 자유로운 더 나은 그대의 고향이니."[73]

"큰 영혼은 하늘의 뜻에 순종하고 세상의 법칙이 명령하는 바를 주저 없이 따른다. 그러면 보다 나은 삶으로 해방되고 신성한 환경에서 보다 밝고 평안한 존재가 된다. 또한 역경에서 자유로워지고 자연과 다시 하나가 되어 전체로 돌아가게 된다."[74]

"나의 뒤에 도래할 일은 나의 앞에 있었던 일과 다름없다."[75]

죽음 뒤에 일어날 일은 누구에게나 일어난다. 자연은 그런 점에서 공평하다. 세네카는 죽음이 모든 이의 운명이라는 사실을 아는 것보다 더 큰 위안이 어디 있겠느냐고 물었다.

"우리는 모든 것을 죽음을 위해 쌓아둔다. 그대 눈에 보이는 모든 인간은 곧 자연이 되찾아가 땅에 묻힐 것이다. 그것은 '만약'의 문제가 아닌, '언제'의 문제다. 우리는 모두 이 순간을 맞이한다. (…) 모두에게 이미 죽음의 선고가 내려졌으며, 이 선고는 모두에게 공정하다. 따라서 죽음이 약속된 인간에게는 모두가 동일한 숙명을 겪는다는 사실이 위안이 된다."[76]

무생물의 자연이 가진 숙명 또한 끊임없이 변화한다. 기존의 형태를 잃고 새로운 형태를 취할 뿐이다. 아무것도 완전히 없어지지 않으며, 그저 모양만 변화한다.

"무無로 돌아가는 일은 일어나지 않는다. 모든 물질은 번갈아 교체된다. 누군가가 잃어버린 것은 다른 사람에게서 생겨나고, 자연은 마치 저울로 모든 것을 균형 잡듯 조절하고 점검하여 세상이 평형을 유지하고 모든 비율이 균형을 이루도록 한다. 모든 것은 모든 것 안에 담겨 있다."[77]

위의 격언들은 세네카가 죽음과 덧없음에 대해 지닌 수많은 말 중 일부일 뿐이다. 일부 독자들은 어쩌면 지겨울 수도 있겠지만, 반복은 세네카의 철학에서 중요하다. 세네카는 우리가 대체로 죽음과 덧없음을 알고 있는 데에서 만족하고 그것을 그대로 영혼의 방 안에 가두어 잠가버린다는 것을 알고 있었기 때문이다. 그러면 죽음과 덧없음에 대한 것은 우리의 생각과 감정에 더 이상 영향을 미치지 않은 채 잠긴 방 안에 그대로 남겨진다.

이것이 바로 '억압'이다. 생각은 지식의 수준을 넘어서서 신체로 전달되고 내면화되어 감정적으로도 변형되며, 세계관, 사고방식, 욕구, 행동의 패턴에 영향을 주어야 한다. 마치 백그라운드에서 실행되는 컴퓨터 프로그램처럼, 이런 지식들은 실제로 우리가 상실을 마주했을 때 내면의 태도로 발현된다. 상실을 마주한 현실에서 나오는 감정적 반응은 지식과는 또 다르다. 물론 돌처럼 미동 없는 사람은 없을 것이다. 하지만 두려움, 걱정, 슬픔, 절망, 분노와 같은 감정을 줄이고 마음의 짐을 줄일 수는 있다. 정신적 균형이 깨지지 않을 수 있고, 깨지더라도 빨리 되돌아올 수 있다. 이러한 능력을 현대에서는 '회복 탄력성'이라고 부른다.

특정한 본질적인 깨달음을 항상 인식하고 자각하는 것이 중요하다. 그래야 지속적인 효과를 낼 수 있고, 항상 준비된 방어 시스템처럼 부정적인 공격으로부터 정신 상태를 보호할 수 있다.

철학적 지혜를 반복적으로 탐구하는 것은 비록 스트레스를 유발하는 감정의 출현 자체를 늘 막지는 못할지라도, 신속하게 극복하고 다시 균형 잡힌 상태로 되돌아올 수 있는, 즉 선하고 편안한 심신으로 되돌아올 수 있는 영혼의 면역 체계를 만드는 데에는 도움이 된다.

각자가 죽음과 덧없음에 대한 성찰을 얼마나 집중적으로, 얼마나 자주 하는 것이 좋은지는 평소에 다양한 형태의 덧없음에 어느 정도로 불편함을 느껴왔는지, 그리고 상실에 대한 두려움이 본인의 평온함에 얼마큼의 해를 끼치는지에 따라 다르다. 현명한 격언을 적용하고 실천하는 데 과하거나 부족함이 있을 수는 있다. 모두에게 일괄 적용되는 기준은 없다. 모두가 자기 자신에 대한 관찰, 탐구, 실험을 통해 각자에게 맞는 올바른 균형을 찾는 것이 바람직하다.

매일의 죽음

이와 같은 생각과 밀접하게 연관된 세네카의 생각 중 하나는, 마찬가지로 그가 반복해서 강조하는 것으로, 죽음이 엄밀히 말하면 하나의 사건으로서 단 한 번만 일어나는 것이 아니라 인생의 모든 순간에 매일같이 일어난다는 것이다.

"우리는 매일 죽는다. 매일 삶의 일부를 빼앗기고, 여전히 성장 중이라 하더라도 삶은 계속해서 조금씩 소멸해 가고 있다."[78]

"죽음은 하루하루 다가오지, 갑자기 들이닥치지 않는다."[79]

"그대의 삶은 곧 죽음이 아니고 무엇인가?"[80]

신체만이 지속적인 신진대사를 겪는 게 아니다. 마음 역시 지속적으로 움직이고 끊임없이 변해가며, 새로운 경험으로 오래된 경험을 덮어쓰고 새로운 것을 배우고 오류를 바로잡는다.

"우리가 보는 모든 것은 영원히 지속되지 않는다. 이 말을 하는 지금 이 순간조차 나는 바로 전과는 다른 사람이다."[81]

세네카는 한 서신에서 다음과 같은 극단적인 예를 들었다.

"잎사귀 한 장이 나무에서 떨어지는 것이 나무에게는 큰 상실이 아니다. 잎은 다시 자란다. 그대가 사랑하는 사람들, 그리고 그대와 삶의 기쁨을 나누는 사람들도 마찬가지다. 그들이 다시 태어나지 않는다고 하더라도 그들의 죽음은 다른 탄생으로 대체될 수 있다. '물론 같은 사람인 것은 아니다.' 그대 역시 같은 사람이 아니다. 매일, 매시간 그대도 변화하기 때문이다."[82]

이런 주장은 받아들이기 어려울 수도 있다. 하지만 여러 번의 사랑을 하고, 좋은 친구를 잃었다가 다시 새로운 친구를 얻는 경험은 누구나 해봤을 것이다. 사랑이 끝나면 마치 결코 대체할 수 없는 대상을 잃은 듯한 느낌이다. 다시는 그런 사랑을 할 수 없을 거라고 생각하곤 한다. 하지만 다음 사랑이 찾아오면 그 전의 사랑은 모두 잊어버린다. 모든 새로운 사랑, 관계, 경험은 대체 가능하고, 모든 풍요는 상실과 연결되어 있으며, 모든 이득은 손해와 연결되어 있다.

"성장조차 자세히 들여다보면 쇠퇴의 과정이다."[83]

죽음의 좋은 면이 있다

삶을 매일의 죽음으로 보는 시각은 세네카가 말했듯 죽음의 공포로부터 자유로워지고 죽음과 긍정적인 관계를 맺을 수 있게 한다. 세네카는 죽음이 '악처럼 보일지라도 실제로는 악이 아니다'[84]라고 자주 강조했다.

죽음에도 좋은 면이 있다는 말이 자칫 이상하게 들릴 수도 있다. 하지만 이것을 인식하면 죽음이 더 이상 공포스럽지 않고 더 이상 억압적이지도, 위협적이지도 않을 것이다.

그렇다면 죽음의 좋은 면이란 대체 무엇일까? 비관주의자들의 가치관에 따르면 삶은 기쁨보다는 고통을 더 많이 가져다주며, 죽음은 곧 고통으로부터의 해방이자 오랜 고난 후에 맞이하는 특별한 휴식이다. 물론 대부분은 이 정도로 비관주의적이지는 않지만, 이렇게까지 비관적으로 보지 않더라도 고통, 힘듦, 절망, 우울, 세상에 지치는 감정이 밀려드는 때가 있다는 건 알고 있다. 어쩌면 이 사실을 기억하기만 해도 죽음이 자신을 불안하게 할 때 도움이 될 수 있다. 죽음은 해방이 될 수 있기 때문이다. 더 나은 무언가로 이어질지 누가 알겠는가. 세네카는 비관주의자는 아니었지만 인간의 고통을 자주 경험했던 보통의 사람으로서 누군가를 위로할 때, 다음과 같이 말하곤 했다.

"자연이 우리에게 어떤 종류의 삶을 부과했는지 아직도 모르겠는가? 자연의 뜻에 따라 인간이 탄생의 순간에 세상을 만나 행하는 최초의 표현이 다름 아닌 울음 아닌가? 그것이야말로 인간의 현세로의 출현이며, 그 이후 길게 이어지는 세월 역시 이를 따른다."[85]

"얼마나 오랫동안 계속 반복될 것인가? 잠에서 깨어났다가 잠에 들고, 배가 고파 먹고, 추위에 떨었다가 땀을 흘리고……."[86]

세네카는 폴리비우스에게 보낸 위로의 서신에서 형제의 죽음과 관련해 이를 더 자세히 설명했다.

"우리를 눈멀게 하고 속이는 돈, 위엄, 권력과 같은 모든 재화, 그리고 사람들의 놀라움과 맹목적 탐욕을 불러일으키는 모든 다른 것은 짐과 같은 소유물이자, 다른 축복받은 듯 보이는 사람들의 질투의 대상이며, 억압적인 부담이오. 유용하기보다는 위협적이고, 위태롭고 불확실하며, 결코 단단한 보호가 되어주지 못하오. 미래에 두려워할 것이 아무것도 없다고 하더라도 주어진 축복을 유지하는 것 자체가 이미 걱정거리가 되기 때문이지. 진실을 더 깊이 들여다보는 사람들의 말에 귀를 기울여 보면, 삶 자체가 이미 하나의 형벌이오. (…) 그러니 형제의 복(죽음)을 오인하지 마시오. 이 길은 모두가 가야 할 길이오. 왜 정해진 운명을 두고 눈물을 흘립니까? 그대의 형제는 우릴 버리지 않았소. 그는 그저 앞으로 계속 간 것뿐이오."[87]

그는 죽음을 피할 수 없으며 결국 맞이해야 한다는 점, 즉 죽음의 운명을 두고 애도하거나 슬퍼할 필요가 없다고 말한다.

"피할 수 없는 일을 두려워 말고, 오히려 항상 준비되어 있으라."[88]

죽음이 우리를 일련의 고통에서 해방시켜 준다는 생각은 고대부터 존재했으며, 모든 문화권에, 그리고 모든 구원 철학과 구원의 메시지를 던지는 종교에 존재한다. 삶을 사랑하고 즐기는 법을 아는 사람들에게는 낯선 표현일지 모른다. 그런 사람들에게는 때때로 삶의 다른 측면들을 생각해 보는 것이 도움이 될 수 있다. 특히 죽음과 덧없음에 불현듯 두려움이 생겨 우울한 기분이 들 때 더욱 그렇다. 기쁨과 고통, 삶과 죽음은 필연적으로 연결되어 있다. 한쪽에 눈을 감거나 무시해 버리는 것은 도움이 되지 않는다.

세네카는 이런 생각을 더 멀리 확장해, 다음과 같이 놀라운 문장으로 표현했다.

"내가 그대를 사랑하는 것은, 내 삶을 사랑하는 것은, 죽음 덕분이오!"[89]

이 말은 세네카와 가까운 사이였던 마르시아 Marcia 에게 보낸 위로의 서신에 쓰여 있었다. 마르시아는 사랑하는 남편을 잃었을 뿐 아니라 얼마 지나지 않아 재능 많은 아들까지 잃었다. 그녀에게 죽음이란,

견딜 수 없는 운명을 스스로 끝내는 선택을 할 수 있다는 측면에서 생의 고통을 덜어주는 방법이 될 수 있다. 그러나 세네카는 반대로 언제든 찾아올 수 있는 죽음의 예측 불가능성이 오히려 우리로 하여금 '지금, 그리고 여기'의 삶을 즐기고, 삶의 충만함을 위해 노력하며, 해야 할 일을 내일로 미루지 않게 한다고 생각했다.

"나는 하루하루를 각각 한 번 한 번의 인생을 사는 것처럼 살고자 한다. 매일 탄생할 준비가 되어 있는 것은 인생을 즐기는 데 도움이 된다. 그러면 인생이 얼마나 길게 지속될 수 있을지에 신경 쓰지 않을 수 있기 때문이다."[90]

죽음을 대비하는 것은 삶을 즐기는 데 도움이 된다. 하루하루를 중요히 여기고, 선물처럼 감사히 받아들이게 되기 때문이다.

"나의 루킬리우스여, 살아가기를 서둘러라. 하루를 하나의 인생처럼 여겨라. 그렇게 매일을 하나의 온전한 삶처럼 살아가는 사람에게는 걱정이 있을 수 없다. 희망(미래에 대한 희망)에 의존하는 사람은 항상 주어진 지금의 시간을 흘려보내게 되고, 일종의 강렬한 갈증이 생기며, 모든 것을 지옥으로 만들어버리는 가장 안타까운 두려움, 즉 죽음에 대한 두려움이 생기게 되기 때문이다."[91]

이전에 세네카는 이런 말을 하기도 했다.

"미루지 말지어다! 매일매일 삶을 돌아보라! 인생의 가장 중대한 실수는 항상 끝내지 않는다는 것, 항상 미룰 일이 있다는 것이다."[92]

인생은 언젠가 끝나고 그 끝나는 시점을 알 수 없다는 사실을 지속적으로 인식한다면, 중요한 일을 놓치는 일이 줄어들 것이다. 세네카는 많은 사람에게서 발견되는 일반적인 성격 특성 중 하나가 미루는 경향이라고 말했다.

"사람들은 더 나은 삶을 살기 위해 일을 한다. 하지만 현재의 삶을 희생해 가면서 일한다. 이들은 먼 미래를 계획하는 데 집중한다. 살면서 하는 가장 큰 실수는 '나중에 하는 것'이다. 이는 항상 시작할 날과 현재를 앗아가고 먼 미래만을 기대하게 만든다. 인생의 가장 큰 방해물은 내일에 대한 기대감이다. 오늘을 놓치게 하기 때문이다. (…) 지금 이 순간의 삶을 붙잡으라! 가장 위대하고도 신성한 정신을 갖춘 시인이 그대에게 도움이 되는 말을 한다면, '인간의 삶에서, 빈곤한 이들의 삶에서 가장 좋은 날은 언제나 먼저 도망간다'는 말이다."[93]

우리는 오늘을 항상 가장 소중히 해야 한다. 우리가 사는 것은 언제나 '지금, 여기'이기 때문이다. 세네카에 따르면 삶의 충만, 기쁨, 즐거움, 그리고 자신이 가진 가능한 옵션들을 거머쥐는 것은 죽음과 덧없음이 주는 선물이기도 하다. 죽음은 살아가는 데 중요한 기능을 한다. 죽음이 존재하지 않았더라면, 우리는 죽음과 같은 존재를 만들어내기라도 했을 것이다. 불멸의 신은 인간의 덧없음을 부러워했다. 생의 무상함이 인간의 기쁨과 행복의 근원이기 때문이다.

죽음을 무관심하게 바라보라

세네카는 죽음과 덧없음에 대한 두려움을 극복하는 방법의 하나로 죽음을 무관심하게 바라보고 아무런 가치평가도 내리지 않는 정신적인 습관을 기르라고 권고했다. 이는 인생에서 유일하게 가치 있는 것은 오로지 덕이라는 스토아학파의 가르침과도 일치한다. 여기서 말하는 덕이란 지혜, 내면의 가치, 내면의 평화, 그리고 선의다. 반면 재산, 사회적 지위, 인맥, 생활 여건 등과 같이 외부적인 모든 것은 내면의 행복과는 무관한 사소한 것으로 여겨야 하는데, 여기에 죽음도 포함시키는 것이다. 그렇게 우리는 자기 자신과 자신의 정신적 평안을 외부의 우연, 타인의 의지, 바꿀 수 없는 운명으로부터 자유롭게 할 수 있다.

"나는 메트로도로스Metrodorus가 훌륭한 아들을 잃은 누이를 위로하는 서신에서 쓴 다음과 같은 말들이 매우 훌륭하다고 본다. 그는 이렇게 썼다. '필멸자가 가진 모든 것은 필멸한다.' 여기서 그가 말하고자 한 '모든 것'은 사람들이 갈망하는 대상을 말한다. 반면에 참된 선, 지혜, 덕은 필멸하지 않고 모든 변동성과 변덕스러움으로부터 벗어나 있다. 이 세 가지만이 필멸자에게 주어진 불멸의 것이다."[94]

이러한 가르침은 세상을 외면해 버리고 내면으로 도피하라는 뜻이 아니다. 외부적으로 하던 일들은 계속해야 한다. 하고 싶어 하고 해야만 하는 일을 해내며, 만들고, 조직하고, 싸우고, 노력하고, 즐기고, 소원하고 추구해야 한다. 다만 세상에서 행하는 일에 성공해야만 행복해질 거라는 생각에서 벗어나야 한다는 뜻이다. 외부적인 모든 요소는 기본적으로 가치평가를 내릴 대상이 아니며, 부차적이다. 중요한 것은 가고자 하는 길, 행동, 노력 그리고 질서 있고 평화롭고도 균형이 잘 잡혀 있는 정신 상태다. 이게 되어 있어야 모든 외부적인 상황에 대처하며 최선을 다할 수 있다. 이러한 외적 가치의 상대화 측면에서 보면, 죽음도 중요한 것이 아니게 된다.

"죽음을 아무것도 아닌 것처럼 여기면 전쟁이나 배의 난파, 야생동물에게 물리는 일, 무거운 물건의 파편이 갑자기 떨어지는 일 등, 죽음으로 이어지는 모든 것을 두려워하지 않을 수 있다. 그런 것들이 육체와 영혼을 분리시키는 것 외에 뭘 더 하겠는가? 게다가 그런 일들은 미리 주의를 기울인다고 피할 수 있는 것도, 운이 좋다고 피할 수 있는 것도, 세상의 권력이 있다고 피할 수 있는 것도 아니다. 죽음으로 가는 다양하고도 끔찍한 사건은 우연에 의해 벌어진다. 죽음 자체가 모든 사람을 같은 방식으로 불러들이며, 우리는 신이 노하든 자비롭든 죽어야 하는 운명이다."[95]

위의 문장 중 "죽음을 아무것도 아닌 것처럼 여기다"라는 표현은 '죽음을 별것 아닌 것으로 무시하다'로 번역되기도 한다. '무시'한다는 말에는 부정적인 느낌과 거부하는 의미가 담겨 있지만, 세네카는 그런 뜻으로 읽히길 의도하지 않았을 것이다. 라틴어 단어 'contemnere'는 '무시하다', '경시하다'를 의미할 수 있지만, 주로 중요하지 않거나 주의를 기울일 가치가 없어서 관심을 기울이지 않는 것을 뜻한다.[96] '무시하다'에는 우리가 내리지 않아야 할 부정적인 평가가 포함되어 있으므로 뜻을 명확히 구분하는 것이 중요하다.

죽음뿐 아니라 다른 모든 외부적인 대상이 모두 그러하다. 스토아학파에게 그 대상들은 선이 아니지만 악도 아니었고, 단지 관심을 기울일 존재가 아니었다(그리스어로 '아디아포라adiaphora'는 어떤 기준으로도 구분되거나 구별되지 않음을 뜻한다). 우리는 어떤 대상을 주관적인 기준에 따라 좋은 것, 나쁜 것, 사건, 상황 등으로 평가한다. 죽음을 미워하면 죽음을 부정적으로 여기고 죽음에 두려움을 갖게 된다. 세네카에 따르면 이를 피하기 위해서는 죽음을 마치 외부의 재화를 바라보듯 중요치 않고 무의미한 것으로 여겨야 한다.

"나는 이 질병뿐 아니라 인생 전반에 적용할 수 있는 치료 방법을 권하고자 한다. 죽음을 대수롭지 않은 것으로 여겨라. 죽음에 대한 두려움을 극복하고 나면 더 이상 아무것도 슬프지 않을 것이다."[97]

만일 우리가 죽음을 대수롭지 않은 것으로 여기게 된다면, 두려움을 유발하는 모든 것으로부터 자유로워질 수 있는 가장 좋은 치료법을 알게 된 것이라고 세네카는 말했다. 세네카는 우리가 어떻게 생각해야 하는지 묻고는 다음과 같이 답했다.

"어떤 무기에 대해서든 어떤 적에 대해서든 가장 유익한 대처 방법은 죽음을 대수롭지 않게 여기는 것이다. 죽음이 그 자체로 두려움을 유발한다는 데에는 의심의 여지가 없다. 그렇기 때문에 본질적으로 자기애로 기울어져 있는 마음에 불안과 근심을 갖게 하는 것이다. 인간이 자기 보존에 이끌리는 것처럼 만일 자연적으로 (죽음에의) 충동에 이끌린다면, 거기에는 아무런 준비나 (죽음이 유발하는 불안을 극복하기 위한) 명확한 훈련이 필요하지 않을 것이기 때문이다."[98]

세네카는 죽음에 대한 불안은 자연스러운 본성 때문이라는 점을 인정한다. 다른 모든 생물과 마찬가지로 인간 역시 본능적으로 살고 싶어 하고 자기보존의 욕구를 지니고 있기 때문이다. 세네카는 이를 '자기애'라고 부른다. 하지만 그 욕구가 우리가 선하고 충만하고 행복한 삶을 사는 것을 방해한다면, 그 욕구도 억제하고 제한해야 한다. 세네카에게는 단순히 살아 있는 것을 넘어서서 잘 사는 것이 중요했다. 그는 불행하게 사느니 차라리 살지 않는 게 낫다고 생각했다. 그러나 생에 대한 의구심이 드는 순간, 자기보존의 본성을 극복해야 하는 자기 자신과의 싸움은 다음과 같은 이유에서 어렵다.

"자기애는 내면에 심겨 있는 것이다. 따라서 자기보존과 영속에의 욕구뿐 아니라 소멸에 대한 거부감도 있다. 많은 이들은 소멸이 결국 우리에게서 수많은 재화를 앗아가고 익숙한 편안함의 풍요를 포기하게 한다고 믿는다. (…) 따라서 죽음은 대수롭지 않은 대상이기는 하나, 쉬이 받아들일 수 있는 대상도 아니다. 영혼이 죽음의 광경과 죽음에의 직접적인 접근을 견딜 수 있는 단단함을 갖추게 하기 위해서는 많은 훈련이 필요하다. 통상적인 수준 이상으로 죽음을 대수롭지 않은 것으로 여기는 데 익숙해져야 한다."[99]

위와 관련해서 세네카는 우리가 이런 사고를 통해 '지금, 여기'에서 벗어나 보다 영속적인 것에 대해 숙고하게 된다고 말했다. 즉, 영속적이고 어쩌면 영원히 지속될 대상에 대한 사고와 인식을 통해 인간 존재의 유한성과 공허함, 일상의 근심 걱정에서 벗어나고 죽음의 불안을 포함한 여러 불안으로부터 자유로워질 수 있다는 것이다. 그럴 때 인간의 죽음과 삶은 작고 무의미하게 느껴진다. 인생을 대수롭지 않게 여긴다는 말은 여러 관점에서 보면 바람직한 권고가 아닐 수 있다.

다만 죽음과 무상함이라는 맥락에서는 이러한 성찰이 도움이 될 수 있다.

"이(본성)를 숙고하고 인식하고 심층적으로 들여다본다는 것은 곧 인간의 유한성을 초월하여 보다 나은 세상으로 간다는 것을 의미하지 않겠는가? 그대는 어쩌면 '이 모든 것에 무슨 유익이 있느냐'고 물을 수도 있다. 다른 얻을 것은 없더라도 이것만은 분명하다. 신들의 위대함을 가늠해 볼 때, 만물이 유한하다는 사실을 알게 될 것이다."[100]

세네카는 서양에서 가장 중요한, 고대부터 전해 내려오던 격언 하나를 인용한다. 델포이의 아폴로 신전에 새겨져 있는, "너 자신을 알라!"라는 유명한 격언이다. 이 말은 인간이 무한하고 영원한 신을 보면서 자신에게 주어진 필멸의 운명과 한계를 항상 인식해야 함을 의미한다. 이러한 겸허하고 절제하는 태도는 오만과 과신을 예방하며, 성공적인 삶을 만드는 데 여러 가지로 도움이 되고, 영혼의 영위함에도 유익한 효과로 작용한다.

"인간의 생은 미미할 뿐이나, 그 미미함을 아는 것은 위대하다. 생을 미미하다 여기는 이는 바다의 폭풍우도 잠잠히 바라볼 수 있다."[101]

세네카는 이러한 태도가 자연의 힘에 대한 불안을 극복하고, 죽음에 대한 불안까지도 극복하는 데 도움이 된다고 말했다. 불안을 극복하기 위한 이러한 힘은 우리가 사유 속에서 영원을 인식할 때, 마치 그 영원에 참여하는 듯한 느낌을 받는 데서 비롯된다. 영원을 생각하고 이해할 수 있다는 말은 곧 우리가 우리 안에 이미 영원한 것을 가지고 있다는 뜻이 아니겠는가?

늘 죽음을 준비하는 삶

삶에 철학적인 가치를 크게 부여하지 않는 것이 어떤 결과를 초래하는지에 관한 세네카의 남다른 생각이 있는데, 이는 일상의 문제를 극복하는 데 도움이 될 수 있다. 바로 우리가 정신적으로 죽음에 준비되어 있는 것이 좋다는 생각이다.

"죽음이란 그 자체로 대단한 것이 아니다. 우리가 행복하고 싶고, 인간, 신, 세상에 대한 두려움으로부터 고통받지 않고 싶다면, 그리고 공허한 약속과 헛된 위협으로 가득한 무작위적 행복에 집중하지 않고 차분하게 살아가며 신성함 속에서 내면의 행복을 쟁취하려 한다면, 인생은 항상 (언제든 내놓을) 준비가 되어 있어야 한다."[102]

위의 말을 통해 우리는 세네카가 죽음에 대한 내면의 준비를 얼마나 중요하게 생각했는지 알 수 있다. 세네카에게 죽음에 준비된 상태는 곧 행복으로 가는 길이나 마찬가지였다. 그럴 때 인간은 죽음에 대한 두려움뿐 아니라 다른 사람의 행동, 말, 신, 세상에 대한 두려움을 극복할 수 있고, 외부 사건이나 우연한 일에 영향을 받지 않을 수 있기 때문이다.

"모든 인간사는 부침을 반복하므로, 일어날 수 있는 모든 일이 실제로 언제라도 일어날 수 있다고 믿어야 한다. 그러지 않으면 불행이 그대를 지배할 힘을 갖게 되며, 그 힘은 적절한 시기에 대비해 둔 사람만이 깨뜨릴 수 있다."[103]

언젠가 죽는다는 사실을 깨달은 사람은 심지어 신체의 상태로부터

도 독립될 수 있다. 세네카는 불교의 가르침에서 말하는 고통으로부터의 자유를 연상시키는, 일종의 구원의 가르침을 설파하며 이렇게 말했다.

"그대는 신체로부터 독립하고 싶은가?"

그리고 다시 이렇게 답했다.

"그렇다면 언제라도 몸을 떠날 사람처럼 그 안에 거주하면 된다. 속해 있던 공동체를 언젠가는 떠나야만 한다고 상상해 보라. 그러면 실제로 떠나야 할 때 더 용감해질 것이다."[104]

세네카는 테르모필레Thermopylen 전투에서 페르시아 대군을 막아야 했던 300명의 용감한 스파르타군의 지휘관이던 레오니다스왕의 말을 즐겨 인용했다.

"그대들이여, 아침을 잘 먹어두어라. 저녁은 저승에서 먹는다."[105]

스파르타인들은 죽음을 목전에 두고 배신 없이는 결코 패배할 수 없을 정도로 용감하게 싸웠다. 위의 인용문에 나타난, 그들의 죽고자 하는 의지는 다소 낯설게 느껴질 수 있다. 하지만 그 바탕에 깔려 있는 생각은 우리에게도 적용될 수 있고, 충분히 훈련하면 죽음에 대한 생각을 억압하는 대신 삶을 가벼운 마음으로 즐길 수 있다. 이를 의식한다면, 단지 무상함 속에서 살아가고 있다는 자명한 사실을 깨닫고 현실적으로 살아갈 수 있을 것이다.

죽음을 대비함으로써 신체의 민감성, 상태, 고통으로부터 독립하여 마음의 평온을 지키려는 의지는 육체와 쾌락에 반대하는 것으로 오해하기 쉽다. 또한 멜랑콜리함, 소외감, 비관주의로 쉽게 빠질 수 있다. 그러니 내면을 돌아볼 때 올바른 기준을 지니고 있는 것이 중요하다. 그러면 삶의 기쁨은 증가하고, 내면은 평화와 균형을 이룰 수 있으며, 고통스러운 불안으로부터 안정을 찾고 그 상태를 유지할 수 있게 될 것이다.

죽음과 덧없음이라는, 모든 인간에게 적용되는 사실을 두려워하지 않고 직면하며, 그것이 자연스럽고도 불가피한 조건이라는 점을 인정하고, 죽음에 대한 생각을 평화와 연결해 죽음에 익숙해져야 한다. 그러기 위해서는 가끔 우리 인간의 삶이 지닌 미미함과 피상성과 비교해 영원함에 대해 생각해 보는 것이 도움이 될 수 있다. 기독교 사상가들이 왜 그리 세네카를 언급하는 것을 좋아하는지 이해할 만하다.

세네카가 상실, 덧없음, 죽음과 관련해서 한 "적절한 때에 미리 조심하라"라는 표현에서 이것이 현명한 생각과 관련된 문제임을 알 수 있다. 라틴어에서 지혜는 'prudentia'인데 이는 'providere'에서 파생된 것으로, 미래를 앞서 내다보는 것을 의미한다.[106] 즉, 지혜는 행동과 결정의 단기적 및 장기적 결과를 미리 평가해 보는 것이다.

세네카가 죽음에 대해 갖는 내적인 태도가 인생의 행복에 대한 열쇠라고 생각했다는 점은 강조하고 또 강조할 만하다. 또한 그렇게 얻은 행복은 세네카가 말했듯 신들의 행복과도 견줄 수 있으며, 이를 다른 말로 하면 더 이상 그보다 상위의 또는 그를 능가하는 행복은 없음을 뜻한다. 즉, 이 행복은 세상의 행복이자 내면 가장 깊은 곳에 자리한 욕구의 충만함이다.

죽음을 훈련하라

세네카는 죽음에 대해 내면적으로 준비된 상태에 이르러 행복으로 향하는 길을 가기 위해서는 우리가 죽음에 대해 배워야 한다고 말했다. 세네카는 '죽음에 대한 생각'을 언급하면서 에피쿠로스의 유명한 격언인 "죽음을 훈련하라"를 인용했다.

우리는 죽음과 죽어간다는 것을 생각하는 법을 훈련해야 한다. 그렇게 해야 죽음과 덧없음을 향한 평온함이 내면의 태도로 자리 잡을 수 있다. 그리고 그 평온함은 사고, 감정, 가치, 행동을 만드는 방식으로 굳어진다. 그러면 불안, 걱정, 좌절로 고통받을 상황에서도 그러지 않을 수 있다. 세네카는 에피쿠로스의 말을 다음과 같이 인용했다.

"에피쿠로스는 이렇게 말했다. '죽음을 생각하라.' 이 말의 의미는 명확하다. 죽어간다는 것을 배우라는 뜻이다. 이는 자유를 기억하라는 말과도 같다. 죽는다는 것을 배운 사람은 노예가 되지 않을 수 있기 때문이다. (…) 우리를 옥죄는 유일한 쇠사슬이 있다면 그것은 생에 대한 사랑이다. 생을 향한 사랑을 단호히 거부할 수는 없다고 하더라도 그것이 주는 압박은 줄여야 한다."[107]

세네카는 앞서 언급한, 죽음에 준비된 상태와 삶에 대한 의지라는, 양립할 수 없는 대립 관계를 말하고 있다. 삶에 대한 의지를 부정하라는 것이 아니라 상대화함으로써 고통과 불안에 찬 얽매임에 빠지지 말라는 뜻이다.

세네카에 따르면, 죽음을 훈련하는 것은 그 외에도 우리가 올바른 기준에 따라 삶을 영위하는 것을 전체적으로 민감하게 만드는 데 도움이 된다. 자신의 유한함과 제한됨을 알고 있는 사람은 불가능한 것을 관철하려고 하거나 그것을 위해 노력하지 않을 것이다. 달성 가능한 것에 초점을 맞추고, 가능한 것을 달성하는 데 만족할 것이다. 삶에서 올바른 기준이란 무엇인가, 라는 질문은 성공적인 삶에서 매우 중요하므로 죽음에 대해 생각하는 것과 죽음에 대한 명상은 세네카에게 근본적이고도 보편적인 성격을 띠었다.

"나의 루킬리우스여, 우리 중 누구도 언젠가 죽을 것이라고 생각하지 못하거나, 자신이 연약한 인간에 불과하다고 생각하지 못한다면 그것은 완전 정신이 나간 것이 아닌가? (…) 모든 일에서 인생의 짧음과 불확실함을 자주 상기하는 것보다 중용을 지키는 데 더 유익한 것은 없다. 무슨 일을 하든, 끝을 생각하라!"[108]

이를 볼 때 세네카에 따르면, 죽음을 배우는 것은 인생을 배우는 데 필수 불가결하다.

"그러니 슬퍼하지 않고 죽음을 생각할 수 있는…… 그런 기분을 갖도록 노력하자. 우리는 삶보다는 죽음에 준비되어 있어야 한다."[109]

이는 세네카에 대해 공부할 때 반복적으로 등장하는 많은 주장 중 하나다. 세네카는 진실을 인상적이고도 기억에 남도록 압축해서 숙고에 대한 호소, 경고, 격려로 다가가 독자로 하여금 필요한 변화의 과정을 시작할 수 있도록 했다. 세네카가 강조하고자 한 진실은 우리가 삶에 대해서는 끊임없이 관심을 갖는 반면, 죽음에 대해서는 사실상 거의 관심을 갖지 않는다는 것이다. 죽음에 대한 학습의 부족은 삶에 대한 학습의 부족보다 그 정도가 훨씬 심하다.

"죽음을 훈련하라"라는 말을 주기적으로, 그러나 올바른 정도로 실천한다면, 죽음을 훈련하면서도 우울하거나 침울해지지 않으며, 오히려 더 명랑해지고 삶을 긍정적으로 바라보게 된다. 또한 삶의 기쁨을 앗아가는 두려움, 걱정, 내면의 불안, 과한 슬픔, 고통스러운 집착을 줄이거나 없앨 수 있다.

"철학을 아는 자들은 죽음을 앞두고서도 평온하다. 이것은 오랜 시간에 걸쳐 배우게 되는 사실이다."[110]

"죽고 싶지 않은 자는 살고 싶었던 게 아닌 것과 같다. 삶은 죽음이라는 전제를 달고 우리에게 주어졌기 때문이다. 죽음이 바로 삶의 목적지다. (…) 오랫동안 죽음을 준비해 온 사람이 아니라면 아무도 점점 다가오는 죽음을 평온하게 맞이하지 못한다."[111]

우리가 죽음의 순간이 가까워올 때, 과연 죽음을 진짜로 밝고 평온하게 맞이할 수 있을지, 그렇다면 얼마나 그럴 수 있을지는 그때가 되어야 알 수 있을 것이다. 그 순간이 어떻게 올지는 중요하지 않다. 그 순간을 귀하게 그리고 평온하게 보내고, 그때에 가능한 한 충만한 마음과 잘 살았다는 만족스러운 느낌을 갖기 위해 최선을 다해 준비할 뿐이다. 중요한 것은 그 순간 이전의 시간들이다. 인생을 밝고 평온하고 기쁘게 살아가고 싶다면, 죽음과 미리 친숙해지고 죽음을 삶의 필수적인 일부로 이해하는 것이 도움이 될 것이다. 잘 사는 법을 배우려면 잘 죽는 법을 배워야 한다.

> ✦ **세네카의 가르침**
>
> · 죽음은 삶의 자연스러운 일부이기 때문에, 우리는 죽음과 친해짐으로써 죽음과 덧없음에 대한 불안을 극복할 수 있다.
>
> · 죽음을 대수롭지 않은 것으로 여기는 훈련을 해야 한다. 죽음을 준비하면서 인간은 성숙해진다.
>
> · 죽음은 모두에게 일어나는 일이다.
>
> · 사랑하는 모든 것, 심지어 자신까지 사라진다는 사실은 기쁨을 느끼는 데 필요한 전제 조건이다.

"인간의 생은 미미할 뿐이나,
그 미미함을 아는 것은 위대하다.
생을 미미하다 여기는 이는
바다의 폭풍우도 잠잠히 바라볼 수 있다."

06 _____ 소유의 진정한 의미

※

"자기 자신을 소유한 자는 아무것도 잃을 게 없다. 하지만 그런 이가 얼마나 드문지!"[112]

성공한 삶과 소유의 관계

세상과 현실을 잘 다루는 법을 배움으로써 외부로부터 방해받지 않고 내면을 성장시키며, 성숙하고 풍요로워지고 운명의 타격으로부터 저항성을 기르고자 한다면, 그것은 본질적으로 우리가 소유물, 돈, 자산에 대해 어떤 태도를 고수하는지에 달려 있다. 고도로 산업화되고 경제적으로 부유한 국가에서는 특히나 소유의 정도가 매우 높은 가치를 띠며 많은 사람에게 무엇보다 중요한 최상의 가치로 꼽히곤 하는데, 이런 곳에서는 물질에 대한 대처가 평안을 결정하는 중요한 요소로 작용한다.

정신적 문제 및 잘 사는 데 발생하는 어려움의 대부분은 소유에 대한 생각에서 비롯되는 경우가 많다. 가진 것은 우리를 만족시키지 못하며, 사람들은 보통 얻기 힘든 것을 가지기를 꿈꾼다. 갈증과 계획을 모두 실현시키기에는 돈이 부족하다. 걱정과 불안은 많은 경우에 재정적인 기대와 소망에 기반한다. 많은 화와 싸움이 물질의 상실 또는 바랐던 소득이 실현되지 않음에서 비롯된다. 질투는 아주 많은 경우에 소유로부터 발생하며, 아주 드문 경우에만 내면 또는 정신적 가치로 인해 발생한다. 욕심은 대체로 물질에 대한 탐욕이다. 명예와 공동체 안에서의 지위는 많은 경우에 가진 정도에 따라 결정된다. 한 사람의 가치는 많은 사람이 그가 가진 자산으로 판단한다. 이렇게 만연하고도 뿌리깊은 인간에 대한 생각, 평가, 의지에서 발생하는 강박이라니!

이 문제는 옛날이라고 해서 다르지 않았다. 세네카가 살던 시대에도 로마의 특권층과 로마제국 대도시의 빌라, 궁, 시골 영지의 부, 사치, 화려함, 지나침은 상상 이상의 수준이었다. 낙원과도 같은 이러한 광경을 매일같이 본 사람들에게는 오늘날과 같은 물질적 부에 대한 환상이 있었다. 오늘날 우리가 매일같이 매우 부유한 사람들의 엄청난 부, 소유물, 최고의 경영자와 운동선수들의 엄청난 연봉, 성공적인 재벌 가문의 기업 이야기를 듣는 것처럼, 당시에도 한계를 모르는 사치와 죄스러울 정도로 값비싼 것들을 소비하는 무절제함이 모든 사회 계급 사이에서 화제가 되었고, 사람들에게 그에 대한 욕망, 질투,

소유욕을 촉발했다.

당시 로마의 부유한 사람들은 연회를 열었는데, 그중 가장 호화로운 파티에 들어간 비용은 요즘 돈으로 수백만 유로에 달했다. 이들은 수천 킬로미터 떨어진 이국에서 온 별미를 신선한 얼음에 담아 즐겼다. 로마 광장Forum Romanum은 그 자체로 대리석으로 만들어진 기념비적인 보석이었다. 백만 명 인구가 사는 로마에서 빵은 무료였다. 로마인들은 즐거움을 위해 25만 명을 수용할 수 있는 경기장에 모여들었다. 누구든 공개 행사에 자유롭게 입장할 수 있었다. 이런 사회가 되면서 물질적 가치, 돈, 재산은 오늘날처럼 사람들의 머리와 가슴속에 항상 존재하는, 지배적인 의미로 자리 잡았다.

그래서 이들은 21세기 현대인이 겪는 것과 동일한 심리적 스트레스와 압박감을 느꼈다. 그러니 세네카가 소유욕을 "인류의 가장 파괴적인 전염병"[113]이라고 묘사한 것도 놀랍지 않다. 세네카는 우리에게 "소유욕과 작별하라"고, 그러면 "야망에 대해 두려워할 필요도 없어진다"고 권고했다. 그의 이러한 말은 그가 살던 당시에도 많은 사람이 사회적, 물질적 성공에 대한 압박으로 힘들어했다는 것을 보여준다.[114]

고대 인도와 중국의 문헌을 보면, 감각적 인상이 욕심을 일깨우기 때문에 감각을 차단하면 비로소 편안한 삶이 시작된다고 한다. 고대 로마에서도 같은 문제가 있었고 오늘날에도 같은 문제가 있다. 오늘날에는 더 심각하다. 글로벌 네트워킹, 미디어와 광고의 만연으로 우리의 감각은 끊임없이 자극에 휩싸인다. 이 문제를 어떻게 풀어야 할까? 물질적인 것, 소유, 자산, 부와 빈곤에 대해 어떻게 처신해야 할까?

소유 자체는 선도 악도 아니다

세네카는 이에 대해 매우 명확한 입장을 취했다. 소유에 대해서도 스토아학파의 기본적인 이해를 바탕으로 접근했는데, 물질 자체는 선하지도 악하지도 않으며 그것을 둘러싼 우리의 생각을 통해 비로소 선하거나 악해진다고 여겼다. 선하거나 나쁘거나, 유익하거나 해가 되거나, 영양분이 되거나 소모적인 것은 그 물질적 재화 자체의 특성이 아니라, 그에 대한 우리의 사고, 의지, 평가에 따라 정해진다. 우리의 생각과 그 안에서 내리는 의식적이거나 무의식적인 가치 판단이 그에 대한 우리의 태도를 결정한다.

소유물, 자산, 부 또는 빈곤을 잘 다루는 문제에서 중요한 것은 우리가 얼마나 많이 가지거나 적게 가졌느냐가 아니라 '많이 가짐' 또는 '적게 가짐'에 대해 지닌 내면의 태도다. 이는 삶에서 소유에 어떤 가치와 의미를 부여하는지에 달려 있는데, 그것은 각자의 정신적, 감정적 상태와 그 안에 있는 다양하고도 서로 다른 욕구들을 전체적으로 살펴야 알 수 있다.

세네카는 우선 소유 그 자체에 아무런 가치도 부여하지 말고 우리의 궁극적인 삶의 목표에서 그것이 무의미하다고 여기라고 강조한다.[115] 비록 많은 사람이 다르게 생각할지라도 말이다. 세네카는 그의 스승인 아탈루스Attalus로부터 진정으로 행복해지기 위해서는 "부를 보이는 대로 볼 것이 아니라 부가 지닌 무의미함과 공허함을 끊임없이 떠올려야 한다"[116]는 것을 배웠다.

세네카는 또한 다음과 같이 말했다.

"부를 무의미한 것으로 여기는 사람이 아니고서는 아무도 신께 합당한 자가 없느니라."[117]

'무의미하게 본다'는 것은 곧 행복과 평안에 중립적인 태도를 취한다는 것이지, 소유와 부를 악한 것으로 본다거나 그것을 우연히든 애써서든 얻기를 거부해야 한다는 뜻이 아니다. 세네카는 이와 관련해서 다음과 같이 말했다.

"나는 부를 깎아내릴 생각이 없다. 다만 그대가 부 때문에 불안과 걱정에 휩싸이지 않도록 돕고자 할 뿐이다. 그러기 위한 방법은 하나밖에 없다. 그 부가 없어도 행복하게 살 수 있다고 내적으로 확신하는 것이다. 부가 언제고 그대에게서 사라져 버릴 수 있는 것이라는 사실을 알아야 한다."[118]

소유물이 많을 때도 행복하게 살 수 있지만, 없을 때도 행복하게 살 수 있다. 평안은 부가 있을 때도 없을 때도 마찬가지여야 한다. 다만 『행복한 삶에 관하여 De Vita Beata』라는 그의 저서에서 세네카는 고대 스토아철학이 대표한, 부와 모든 외적인 재화가 지닌 엄격한 가치중립성이나 무가치함에서 살짝 벗어났다. 세네카는 그 책으로부터 400년 전에 있었던 아리스토텔레스의 주장과 유사한 주장을 하며 부의 상대적 가치를 언급했다. 세네카는 생활에 꼭 필요한 정도를 넘어서는 소유는 행복한 삶의 조건이 아닌 것이 맞지만, 부가 그 소유자에게 더 많은 선을 행할 기회를 제공한다면 '공리'에 기여할 수 있다고 했다.[119] 이와 관련해서 세네카는 다음과 같이 썼다.

"현자가 부유하다면, 그 부가 그로 하여금 가난할 때보다 정신을 더 다방면으로 펼칠 기회를 주는 것이 아니고 무엇이겠는가? (…) 이 경우 부는 무절제로부터의 보호, 자선 베풂, 마음챙김, 관대함을 줄 수 있다."[120]

세네카는 현자가 신체적 약함이나 결함을 밝은 마음으로 견디지만, 그도 그러면서 강해지고 다치지 않기를 바랄 것이라고 했다. 이를 일반화해서 다음과 같이 말했다.

"비록 부가 문제의 핵심과는 대부분 관련이 없고 주요 선(미덕)을 포기하지 않고도 제거될 수 있는 것일지라도, 그럼에도 부에는 '미덕'에서, 즉 올바른 내면의 태도에서 나오는 지속적인 기쁨에 기여할 수 있는 측면이 있다. 부는 마치 바다 여행자의 돛을 부풀려 주는 바람처럼 또는 겨울과 서리 속 맑은 날과 햇볕이 잘 드는 자리처럼 현자에게 자극을 주고 그의 기분을 맑아지게 한다."[121]

성공적인 삶에 외부의 재화가 필수적인 건 아니지만, 외부의 재화를 올바른 태도로 취급함으로써 다양한 선한 부수적인 효과를 가져오거나 사회에서 선한 행동을 할 기회를 늘릴 수 있다. 여기서 우리는 세네카의 철학에 담긴 명백한 모순을 발견하게 된다. 그의 표현들을 맥락과 상관없이, 설명 없이 단순히 비교한다면, 이는 서로 양립할 수 없는 주장들이다. 세네카는 종종 부를 무시하고, 거부하고, 무가치한 것으로 여기고 멸시하라고 조언하기 때문이다.[122] 그러나 이러한 주장이 서로 다른 층위, 서로 다른 관계성에서 주장된 점들이라는 것을 고려하면 모순은 해결된다.[123]

행복과 불행이 우리의 영혼에 있고, 영혼의 삶에서 이루는 내적 균형에 있다면, 선하고 충만한 삶을 위해 노력하는 데 외부적인 것들은 무의미하다. 그러나 우리가 신체를 가지고 외부 세계에 존재하는 한, 우리는 외부적인 것들과도 좋은 관계를 맺고자 한다. 그리고 외부 세계에서만 충족되는 인간으로서의 실존적 욕구도 있다. 따라서 현자라 하더라도 세상의 모든 타인과 같은 세상에서 같은 삶을 산다. 현자도 목표와 목적을 추구하며, 욕구와 신념을 가지고 그것을 얻고자 노력한다. 이 과정에서 외부적으로 존재하는 사물, 사건, 상황에도 특정한 가치를 부여한다. 그러나 정신적 균형과 내면의 삶을 영위하는 데에는 여전히 가치중립적이다.[124] 세네카가 어떤 층위를 말하는지 그 맥락에 따라 서로 모순되어 보이기도 하고 때로는 서로 상이해 보이기도 하는 진술이 발견되지만, 이들은 사실 모순되지 않는다.

이와 관련해서 이전에도 종종 인용되었던 그의 다른 글을 추가하자면, 다음과 같다.

"미덕을 유일한 선으로 여기는 우리 측(스토아학파)의 어떤 철학자라 해도 우리가 중요하지 않다고 부르는 것들이 그럼에도 특정한 가치를 지니고 있고, 그 가치는 점진적으로 변화할 수 있다는 것을 누가 부인하겠는가? 그중 일부는 일정 정도까지만 가치가 있으며, 일부는 매우 높은 가치가 있다. 그러니 그대, 혼동하지 말지어다. 부는 (이 맥락에서는) 매우 높은 가치를 지닌 것 중 하나다."[125]

세네카는 부에 다른 많은 사람과 동일한 가치를 부여한다는 점에서 이의가 제기될 것이라 예상하고 그것은 아니라고 설명했다.

"왜 나는 아닌지, 그 이유를 알고 싶은가? 부가 나에게서 사라질 때, 나로부터 아무것도 빼앗을 수 없으며, 그저 부만이 사라진다. 그러나 그대는 부가 사라지면 정신이 나갈 것 같고 길을 잃은 듯한 기분이 들 것이다. 나에게서는 부가 아무런 지위를 차지하지 못하나, 그대에게서는 가장 높은 지위에 올라 있다. 나는 부가 맨 마지막 순위에 있지만, 그대는 부의 노예다."[126]

세네카의 경우, 소유는 그의 실제 삶과 내면의 가치에 아무런 영향을 미치지 않았다.[127] 세네카에게서 부가 사라졌을 때, 그는 아무것도 잃지 않았다. 따라서 이 층위에서 소유는 그에게 무의미했다. 반면에 외부의 삶이라는 층위에서는 상대적인 의미를 띠었을 것이다.

이러한 개념상의 긴장 관계와 외적으로 볼 때의 모순은 세네카에게 문제가 되지 않았다. 세네카는 지혜의 명제 또는 도덕적 지침이 모든 삶의 상황에 일대일로 적용될 수 없다는 것을 알았다. 또한 이는 오로지 하나의 원칙 또는 하나의 가치만을 놓고 주의를 기울이기보다는 다수의 것을 동시에 고려해야 하는 경우가 많기 때문이기도 하다. 세네카에 따르면 우리는 어떤 행동을 하든 가능한 한 서로 다른 상태에 처해 있는 총체적 삶을 고려해야 한다.

한번은 세네카가 이렇게 말했다.

"결정을 내릴 때, 삶을 항상 부분적으로만 고려하고 전체적으로는 고려하지 않는다는 것이 우리가 저지르는 오류들의 주 원인이다."[128]

특정한 상황에서 우리는 다수의 가치를 나란히 놓고 비교할 때가 있는데, 그럴 때 하나의 지혜를 다른 원칙과 맞도록 하기 위해 다소 수정해서 적용할 수 있다는 것이다. 그래서 소유가 내면의 조화와 행복한 정신이라는 측면에서는 무의미할 수 있다. 그러나 우리에게는 가족이 있으므로, 충분한 재정적 여건은 자녀들이 적절한 교육을 받을 수 있게 해준다. 이런 경우 소유물은 바람직하고 도움이 되지만, 삶에 필수적인 요소는 아니다. 그게 없더라도 자녀들을 행복한 사람으로 키우거나 최소한 살아가는 데 필요한 내면의 여건들을 만들어 줄 수는 있기 때문이다.

도덕적 명제와 지혜를 실제 삶에서 다루는 데서 나타나는 이러한 부드러움과 적용성은 세네카의 철학을 전체적으로 살아 있게 하고 풍요롭게 만든다. 부드러움과 적용성은 철학적 통찰의 응용과 실행을 다루는 그의 실천철학의 두 번째 영역과 관련이 있다. 즉, 이들은 원칙과의 불일치나 자의적 해석이 아니다. 지혜의 교훈과 도덕에서는 다른 정도의 정밀성이 적용되며, 이는 이미 아리스토텔레스가 지적한 바 있다.[129] 그러한 철학을 '처세술'이라고 부르는 것이 이러한 부드러움과 개념적 모호함을 객관적으로 정당화한다. 지혜로운 삶의 영위를 표현한 '아름다운 영혼'이라는 고대의 관념과 미학적 삶의 형성에 관한 니체의 생각 또한 실천철학과 예술적 디자인의 상호 근접성, 그리고 도덕과 미학의 상호 근접성을 보여준다.

문제의 복잡성과 사실관계 구성의 다양성으로 인해 발생하는 이러한 불분명함은 소유라는 문제를 다루는 데 어려움을 야기하는 원인이 된다. 문제는 우리가 상대적 가치를 절대적 가치로 여기고 삶의 기준으로 삼으며, 내면의 평안과 정신적 평화의 기준으로 삼아버리는 데서 시작된다고 세네카는 말했다. 이는 세네카가 '에피쿠로스학파'인 친구 루킬리우스에게 한 말에도 잘 드러나 있다. 세네카는 부를 잃은 것에 전혀 영향을 받지 않았던 반면, 루킬리우스는 "정신을 차리지 못하고 자신을 잃은 것 같은 상태"[130]가 되었기 때문이다.

루킬리우스는 자기 자신과 소유물을 내적으로 동일시하고, 소유물을 곧 사고, 욕구, 행동의 일부로 만들었으며, 그것을 대수롭지 않거나 가치중립적인 대상으로 보는 대신에 거기에 자신의 자아와 관련된 가치를 입혔기 때문에 그렇게 정신을 차리지 못한 것이다. 의식적으로든 무의식적으로든 소유물에 대한 가치를 너무나 높이 평가했기 때문에, 그것을 잃었을 때 사실은 단지 외적인 것이 사라졌을 뿐인데도 자기 자신, 즉 자신의 정신과 정체성을 잃었다는 느낌을 받은 것이다.

이러한 심리적 메커니즘은 많은 사람에게서 나타나는데, 심지어는 대부분의 사람이 소유물에 손실이 발생하자마자 또는 기대했던 이익이 발생하지 않으면 바로 이러한 느낌을 받는다. 그 결과, 정신적 상태에 부정적인 영향이 가해지고 삶의 기쁨이 상실된다. 따라서 우리는 이러한 메커니즘을 겪지 않기 위해 최선을 다하고, 가능한 한 이를 완전히 없애버려야 한다고 세네카는 말한다.

그저 빌리는 것에 불과하다

앞의 내용은 큰 소유 없이도 행복하게 살아갈 수 있다고 '내면에서 깊이 확신해야 한다'는 촉구가 강했다.[131] 세네카는 이러한 내면화 과정이 구체적으로 어떻게 일어나야 하는지에 대해 다음과 같이 말했다.

"소유한 것이 언제든 사라질 수 있다고 여겨야 한다."

세네카는 여기서 우리가 그리스 철학에서 이미 자주 접한 생각을 언급한다. 이 생각은 외부적인 것과 우리와의 관계에서 매우 중요하다. 바로 우리는 그 외부적인 것들을 '빌린' 것으로 보는 데 익숙해져야 한다는 것이다. 우리가 외부의 것에 당연하게 주장할 수 있는 권리는 없다. 그것들은 우리에게 오기도, 우리로부터 가기도 하는 것이며, 그저 언제 그리고 얼마나 오래 그걸 소유할 수 있는지에만 영향을 미칠 수 있고 그마저도 제한적이다. 언제든지 잃을 수 있기 때문이다.

항상 그래왔고, 앞으로도 그럴 것이다. 매일같이 우리는 뭔가를 잃어버리고, 매일같이 뭔가를 얻는다. 이러한 사물의 오고 가는 성질을 사고 속에 내면화할수록 물질적 가치에 대한 내면의 집착이 옅어지고, 보다 자유로워지며, 소유물에 대한 걱정과 불안에서 비롯되는 많은 짐이 덜어질 것이다. 세네카는 현자가 소유한 유일한 것은 지혜뿐, "그 밖의 모든 것은 빌린 것에 불과하다"[132]라고 말했다. 세네카는 올바른 태도는 곧 생각과 말 속에서 '손실'과 '이득'이라는 단어를 지워버리는 것이라고 했다. "이미 오래전부터 나는 아무것도 잃지 않고 있고, 아무것도 얻지 않고 있다."[133]

온전하게 손에 쥐고 있는 유일한 것은 생각과 의지이며, 이것만이 실질적으로 우리에게 속해 있다. 그 밖의 모든 것은 정도의 차이만 있을 뿐 우연히 주어졌다가도 다시 없어진다. 세네카는 친구인 루킬리우스가 한 두 격언을 인용하며 이렇게 말했다.

"운명이 그대의 것에 영향을 미쳤다면 그것은 그대의 것이 아니다. 이는 그대가 더 잘 표현하였는데, 바로 주어질 수 있다는 것은 곧 빼앗길 수 있다는 것이다."[134]

그러나 자신이 가진 것에 너무 익숙해져 있고 단 한 번도 그것을 빼앗길 수 있다는 생각을 진지하게 한 적이 없는 사람이라면, 소유물과 자산에 대한 내면의 집착을 없애기가, 또 낡은 사고방식과 평가방식을 극복하기가 어려울 것이다. 수년간, 수십 년간 우리는 소유에 높은 가치를 매기고 그 가치를 키워왔다. 우리의 경제 시스템은 물질적 재화에 엄청난 가치를 부여하는 데 기초한다. 매일같이 광고에 셀 수 없이 많은 돈이 투자되고, 그 광고는 섬세하고도 다채로운 방식으로 우리의 욕망을 일깨우며 특정한 상품을 소유해야만 행복을 얻을 것이라고 설득하느라 애쓴다. 그렇게 소유의 상태가 우리에게 계속해서 중요해져 간다.

"그대는 마치 누군가가 그것(부)의 영원한 소유를 약속이라도 한 듯 행동한다. 그대는 그것에 익숙해지고, 그것과 하나가 된다. 그러나 현자는 소위 부에 젖어 있을 때일수록 부가 없을 때의 삶을 더 생각한다."[135]

상황이 잘 흘러갈 때조차도 항상 그 상황이 얼마나 빠르게 뒤바뀔 수 있을지에 대해 자주 생각해야 한다.

가난을 향한 찬사

소유물을 단지 빌린 것이며 언제나 잃어버릴 수 있는 것으로 생각하라는 격언은 소유 없는 삶 또는, 세네카의 문헌에서 번역된 바에 따르면 '빈곤한 삶'이라는 다른 생각으로 이어진다. 실제로 세네카는 "빈곤을 잘 아는 사람만이 부유하다"[136]라고 주장하기도 했다.

어찌 보면 이상한 표현이다. 아마도 '빈곤'이라는 용어 때문일 것이다. 우리는 '빈곤'이라고 하면 가장 기본적인 생활필수품조차 부족해서 고통스럽고 불안하게 살아가는 상태를 떠올린다. 그러나 이 라틴어 단어를 '빈곤'이 아닌 '무소유'*로 번역하면 더 정확한 의미에 가깝다.[137] 세네카는 일상생활이 불가능한 사람이 아니라 필요 이상으로 소유하지 않는 사람을 가리켜 그렇게 말했다. 오늘날로 생각해 보면, 가난으로 고통받는 사람보다는 자산을 가지고 있지 않은 사람이다. 세네카는 위의 문장 앞에서 다음과 같이 서술했다.

"우리를 땀 흘리게 하는 것은 오로지 필요 이상의 것들이다. 필요한 것은 이미 충분하다."[138]

우리는 빈곤과도 잘 지낼 수 있고, 충분한 것에 만족할 줄 알아야 한다. 세네카는 우리가 내면에서 얽매이지 말아야 할 것은 필요 이상의 것, 즉 기본적인 욕구를 충족시키는 데 필요하지 않은 것이라고 했

• 독일어로는 자산이 없는 상태를 말한다.

다. 따라서 세네카는 소유가 많은 사람은 가끔 소유함이 없는 삶을 상상해 보고, 그런 상태가 결코 불행이 아니라는 것을 깨달아야 한다고 권고했다.

세네카는 심지어 한 걸음 더 나아가, 오히려 가난한 사람들이 부유한 사람들보다 더 만족스럽고 근심 걱정이 없어 보인다고 강조했다.

"수많은 가난한 사람을 보라. 그들 대부분이 부유한 자들보다 더 슬퍼하거나 더 괴로워하지 않는다는 것을 알게 될 것이다."[139]

"가난한 사람의 심장만이 근심 걱정 없이 뛴다. 이들은 멀찍이 뻗어 있는 너도밤나무 그늘 아래서 나무로 만든 컵을 들고 있지만, 컵을 든 손에는 흔들림이 없다. 가볍고 값싼 메뉴를 고르기는 했지만, 그 뒤에 칼을 빼 들고 있지는 않다. 큰 황금빛 잔은 피로 물들어 있다."[140]

또 다른 문헌에서는 이렇게 말했다.

"가난에 대한 두려움에서 자유로워져라. 가난하다고 해서 마음 아파할 필요가 없다는 것은 그대가 가난한 사람과 부유한 사람의 얼굴을 비교해 보면 알 수 있다. 가난한 사람들은 더 자주, 더 진정으로 웃는다. 이들의 슬픔은 깊지 않다. 걱정이 찾아온다고 하더라도 가벼운 구름처럼 지나가 버린다. 반면에 소위 행운아(부자)들의 쾌활함은 겉으로는 그럴듯해 보이나 실상은 표피 아래의 곪은 상처처럼 무거운 우울함이 존재하며, 본인을 세상 사람들에게 불행한 사람처럼 보이게 하지 않으려고 고민에 속이 썩어도 행복한 사람처럼 행동해야 한다."[141]

세네카가 말한 내용은 오늘날에도 관찰된다. 현대 사회의 행복을 연구한 광범위한 통계조사에서 전 세계 사람들에게 행복한지 물은 결과, 부유한 나라가 상위권을 차지하지 않았다. 오히려 수많은 가난한 나라의 사람들이 행복하다고 느끼고 있었다.

자족은 곧 삶의 즐거움이다

세네카가 말하는 가난의 또 다른 말은 자족이다. 세네카에게 자족은 가난이 아니라 부유함의 개념이다. 세네카에게 셀 수도, 잃어버릴 수도 없는 소유물은 정신의 균형과 평화 그리고 내면의 힘과 가치의 조화에서 발생하는 기쁨과 충만함이다.

"많은 사람에게 부유함은 철학을 하는 데 장애물이 되었다. 정신을 자유롭게 하고 싶다면 가난해지거나 가난한 사람과 비슷해져야 한다. 지혜를 얻기 위한 노력은 만족이 동반될 때에만 비로소 성공에 이를 수 있다. (…) 여기서 기대해 볼 수 있는 보상은 얼마나 더 많을까? 영원한 자유, 인간과 신 앞에서의 두려움 없음이 바로 그것이다."[142]

돈으로 많은 즐거움을 누릴 수 있지만, 자유로운 삶과 두려움 없는 삶이 아니라면 그 모든 게 무슨 의미가 있겠는가? 가장 귀중한 보물을 자기 안에 가지고 있는 사람에게 외부의 재화는 필요 없다. 외부의 재화는 행복이 아니라 즐기는 데에만 사용된다.

"운명이 줄 만한 선물을 생각해 내지 못하는 사람보다 더 부유한 사람은 없다."[143]

세네카는 걱정과 불안으로 비싼 값을 치르고 사는 즐거움이란 대체 무엇인지 묻는다.

"아무리 좋은 것이라 하더라도 그것으로 인해 걱정을 하게 된다면 온전히 즐길 수 없다. 그런 사람은 항상 거기서 뭘 더 하려고 하거나 더 가지려고 한다. 그리고 더 늘리기 위한 생각과 노력에 빠져 정작 잘 사용할 생각은 하지 못한다. 그는 계산서를 받아 들고 거의 항상 시장에 매여 있으며, 이자 장부를 바삐 넘긴다. 그는 주인에서 관리자가 되어간다."[144]

내면의 가치와 현재 나에게 주어진 것에 대한 기쁨에 해당하는 자족을 먼저 할 줄 알아야 한다. 자족은 저절로 할 수 있게 되는 것이 아니라, 지혜를 추구하는 노력의 결과로 가능해진다. 자기 자신에 대해 알고, 자기 자신의 주인이 되고, 자기 자신을 소유한다면, 더 이상 잃어버릴 것이 없게 된다.

"자기 자신을 소유한 자는 아무것도 잃을 게 없다. 하지만 그런 이가 얼마나 드문지!"[145]

왜 그럴까? 세네카는 널리 퍼져 있는 생각과 분리될 수 없기 때문에 그것이 어렵다고 말한다. 어디서나 물질적 가치가 인생 최고의 즐거움이자 행복으로 여겨지고 있다. 거기에 반대하는 사람, 다르게 생각하고 행동하는 사람은 분명 엄청난 내면의 힘과 독립성을 지녔을 것이다. 만일 그런 사람이 외부적인 소유물이 얼마나 무의미하며 내면을 더 들여다보는 게 얼마나 중요한지 계속해서 사람들에게 상기시켜 주는 스승이 된다면 더욱 바람직할 것이다.

"우리는 도시의 혼란스러운 소음 한가운데에 무방비하게 노출되어 있으므로, 이럴 때일수록 우리 주변에서 경고자가 되어 엄청난 부를 찬양하는 자들에게 반대하는 목소리를 내고 필요에 따른 소유만 하는 적게 가진 자들을 칭송하는 사람이 필요하다. 영향력과 권력을 내세우는 사람들에 반대하여, 지식의 탐구에 헌신하고 모든 외부 요소로부터 눈을 돌려 자기 안의 내면을 들여다보는 데 몰두하는 정신 상태를 지닌 사람을 열렬히 옹호하는 변호인이 있어야 한다."[146]

마지막 문장은 마치 속세를 등지고 살아가는 인도인의 사상처럼 들릴 수 있지만, 그것과는 다르다.[147] 세네카는 통찰의 내용을 명확하게 표현함으로써 읽는 이로 하여금 그 문장 말고는 다른 의미로 오해하지 않도록, 그리고 엉뚱한 방향으로 영향력을 미치지 않도록 극단적이고 극적인 문장을 자주 구사했다. 세네카는 이 문제와 관련해서 사람들을 일깨우고 사람들에게 호소하고자 노력했다. 그는 고통스러운 소유욕과 깊이 내면화된 행동 패턴을 버리고 소유물과 부에 대해 독립적이고 자유로우면서 여유로운 생각을 하는 것이 얼마나 어려운지 너무나 잘 알고 있었기 때문이다.

탐욕, 기쁨과 행복의 방해물

외부의 것을 좇지 않고 자기 자신 안에서 삶의 기쁨을 찾는 일을 방해하는 건 무엇일까? 만족과 행복을 만들어내는 가치를 우리 안에서 계발하는 걸 방해하는 건 무엇일까? 자족하며 사는 건 왜 이리도 어려울까? 세네카는 우리와 사회가 계속해서 키우고 부추기는 것은 다름 아닌 탐욕이며, 우리는 이미 그것의 노예이므로 주인이 될 수 없다고 말했다. 우리는 탐욕을 저지해야 한다.

"만족하고 있는 사람을 찾을 수 있겠는가? (…) 자기 안에서 모든 것을 찾을 수 있고 그 모든 것을 또한 보호하기를 어려워하지 않는 자만이 오로지 현자라고 할 수 있다."

현자는 이렇게 말한다.

"'모든 것은 내 것이다!' 현자는 아무것도 갈망하지 않는다. 모든 것이 자기 안에 있기 때문이다."[148]

"현자는 정신 안에서 모든 것을 소유하고 있다."[149]

자족은, 생활의 유지와 별개로 행복을 실현시키는 데 외부로부터는 더 필요한 것이 없고 따라서 아무것도 탐하지 않는 상태를 말한다. 우리의 지식과 생각 속에는 진정한 존재, 즉 내면의 가치에 해당하는 모든 것이 이미 들어 있다. 외적인 것들은 현자를 포함한 모든 인간이 환영하고 즐기는 단순히 부차적인 것에 불과하며, 없더라도 한탄할 것이 아니다. 따라서 사람은 외적인 것들을 탐닉할 필요가 없다.

여기서 세네카의 말이 고대 인도 철학의 핵심 사상과 매우 유사하다는 것을 알 수 있다. 힌두교 베다 경전의 철학 문헌에 해당하는 우파니샤드에 적혀 있는 "Tat twam asi"라는 말과 유사하다. 이 말은 '그것이 그대이다'라는 뜻으로, 온 세상이 당신 안에, 당신의 사고와 생각 안에 있다는 뜻이다. 외부 세상은 현실에서 아무것도 아니다. 말 그대로 공허하고 무의미한, 단순한 현상과 환상, 마법, 인디언들이 부르는

"마야Maya"에 불과하다. 당신의 진정한 존재는 당신 안에 있다. 따라서 외적인 것들을 향한 탐욕에서 돌아서서 내면에서 기쁨과 행복을 끌어내야 한다. 고대 인도의 현자들이 한 말을 한데 모아둔 바가바드기타Bhagavad Gita에서는 이렇게 말한다.

"자기를 기뻐하는 사람,

자기의 있는 그대로에 만족하는 사람,

그에겐 더 이상 할 일이 없다,

자기 하나로 이미 충분하기 때문이다."

이 역시 속세와 등지라는 말은 아니다. 사람은 세상에 대하여 의무를 다해야 한다는 뜻이다. 이는 스토아철학과도 유사하다. 몇 구절 뒤에 이런 구절도 나온다.

"그러므로 침착하게 행동하라,

해야 할 일을 하라,

욕망(탐욕) 없이 행동하는 이는,

최고의 행복에 다다를 것이니."150

"해야 할 일을 하라"는 말은 로마 스토아학파도 했을 법한 표현이다. 이는 인간이 운명이 어떻게 하든 주어진 일을 최선을 다해 완수한다는 가장 중요한 임무를 지녔음을 말한다.

세네카는 물질에 대한 모든 탐욕 뒤에는 아무것도 아닌 것과 "헛된 것"을 향한 욕심과 소유욕, "소유에 대한 공허한 꿈", "자발적인 악덕"이 있다고 보았다. 우리가 그것들을 여과되지 않은 소망으로 만들고, 키우고, 커지게 하기 때문이다. 이것들은 우리 삶에 짐을 지우고, 무거운 추와 같이 우리에게 들러붙어 부의 심연으로 끌어내리고, 행복한 삶 대신 걱정 가득한 삶을 살아가게 만든다. 세네카는 자신이 존경하던 철학자 데메트리우스Demetrius를 인용하며 다음과 같이 경고했다.

"나는 벗어날 수 없는 추에 나 자신을 달지 않으며, 자유로운 인간으로 부의 깊은 수렁에 빠지지 않겠노라.[151] (…) 나는 거기서 문서와 채권과 보증을 본다. 이것들은 소유를 나타내는 공허한 상징이며, 소유욕의 그림자로, 사람들의 정신을 기만하여 그들로 하여금 무의미한 것을 좋은 것으로 여기고 기뻐하게 만든다. 이자 수익, 채무 장부, 수익, 이것들이 인간이 자연 밖에서 찾고자 하는 욕심의 이름이 아니고 무엇이겠는가? 우리의 정신 상태로 인해 발생하는 자발적인 악덕은 눈앞에 가져오거나 손에 쥘 수 있는 것이 아무것도 없는 공허한 소유욕의 꿈이다. (…) 나를 자유롭게 하고 나의 부(정신적 가치)를 다시 회복시켜 달라. 나는 위대하고 걱정 없는 지혜의 제국을 알고 있다. 나는 모든 것을 소유하고 있으며 그 모든 것이 모두에게 속하도록 한다."[152]

만일 우리가 외부의 것을 향한 탐욕에 눈이 멀어 세속적인 것의 소비와 쾌락에 몰두한다면, 본성과 진정한 자아, 성격과 존재의 핵심에서 멀어지게 된다. 자기 자신을 잃어버리고, 공허해지며, 불안정해지고, 흔들린다. 하나의 즐거움에서 다른 즐거움으로 옮겨 가며 오직 '하이라이트'와 '킥'*만 찾고, 그러는 동안 내면은 말라간다.

우리는 물질적 재화와 쾌락이 주는 행복에 '질식한다'. 내면의 활력을 상실해 '걸어다니는 시체'가 되어간다. 소유물에 얽매여 자기 자신을 잃어버리고, 소유물에 완전히 의존하며, 더 이상 삶의 주인이 되지 못하고 외부로부터 휘둘리고, 자기 삶을 영위하는 자유를 상실한다.

"이들(철학을 공부하지 않는 이들)은 결코 자기의 본모습을 찾을 수 없으며, 우연히 욕망함을 쉬고 고요해진다 하더라도 폭풍우가 지나간 뒤에도 여전히 휘몰아치는 깊은 바다와 같이 출렁인다. 다시 말해, 이들의 욕망은 결코 이들이 평화로워지게 두고 보지 않는다. 이들은 자기들만의 '행복' 속에서 질식해 죽어간다. 얼마나 많은 이들이 소유로 인한 짐을 짊어지는가! 얼마나 많은 이들이 끊임없는 감각적 쾌락에 눈멀어 걸어다니는 시체가 되어 살아가는가! (…) 아무도 자신에 대한 권리를 주장하지 못한다. 누구는 이것을 섬기고, 누구는 저것을 섬기지, 아무도 자기 자신을 섬기지 않는다. (…) 그대는 그대 자신을 들여다보고 마음의 소리를 들을 만한 가치가 있는 존재로 그대 자신을 상정하지 않았구나."[153]

진정한 재산

"자신에 대한 권리를 확보"하는 것은 칸트가 말한 자유이자, 그의 실천철학의 본질적 사상의 일부가 그러하듯 고대의 지혜로부터

• kick, 쾌감을 주는 콘텐츠를 말한다.

전해 내려온 자유다.[154] 독립성이라고도 할 수 있는 "어떤 것으로부터의 자유"가 있는 반면, 스스로 책임을 지고 삶을 꾸려가는 능력을 일컫는 "어떤 것을 할 수 있는 자유"도 있다.

세네카의 격언들을 보면, 이 두 자유가 얼마나 밀접하게 연결되어 있으며, 자기 자신의 탐욕을 내려놓고, 극복하고, 스스로를 통제하는 것에서 공통점을 갖고 있는지 알 수 있다. 자유, 특히 탐욕과 관련된 자유는 스토아철학과 세네카의 지혜가 다루는 포괄적인 주제 중 하나다. 자기의 정체성, 본질을 확보하기 위한 투쟁에서 이 자유는 힘들게 싸워 얻어내야 하기 때문이다. 자기 자신의 탐욕을 포기하고 통제함으로써, 우리는 가장 깊은 욕구를 충족시키고 우리의 진정한 목적, 즉 온전한 나 자신이 되는 것을 실현시킬 수 있다.

"더욱이 부는 멸시받아야 마땅하다. 부는 노예의 처지가 되기 위해 낸 보증금이나 마찬가지이기 때문이다. 금, 은, 그리고 궁을 무겁게 짓누르는 것들은 포기해야 한다. 자유는 공짜로 얻어지지 않는다. 만일 그대가 이것들을 높이 평가한다면, 그 밖의 모든 것은 그보다 낮게 평가될 수밖에 없다."[155]

자유는 귀한 것이지, 공짜로 얻을 수 있는 게 아니다.

"무언가 위대한 것을 얻으려면 대가를 지불해야 한다. 자신을 포기할 것인지, 아니면 자신의 소유물을 포기할 것인지 잘 생각해 보라."[156]

세네카는 부와 그것에 내재된 역학이 영혼에 혼란을 초래한다고 경고했다. 이와 관련해서 그는 이렇게 말했다.

"오! 그대가 탄생한 겸허한 환경에서 늙어가는 특권을 누렸더라면.

오! 운명이 고지대에서 벌어지는 경주에서 그대를 구해주었더라면! 그대는 비참함과 노예의 처지를 스스로 끝낼 수 없는 삶으로 휘말려 들어가고야 말았도다."[157]

세네카는 우리가 생각, 의지, 행동의 공간에 외부의 재화를 향한 갈망과 탐욕을 위한 공간을 더 많이 할당하면 할수록 악순환에 빠진다고 경고했다. 그 바퀴는 스스로 멈추지 않는다. 따라서 우리가 직접 바퀴를 멈추고 주문에서 벗어나야 하며, 억지로라도 늪에서 빠져나와야 한다. 여기에 성공한다면, 우리는 비로소 뿌리, 즉 자연으로 돌아갈 수 있다. 자연은 우리의 정체성만큼이나 소중하며, 사실상 본질적으로 정체성이나 마찬가지다.

"우리가 발걸음을 내딛고 나아가는 곳마다 상호 비교가 불가능한 두 가지 중요한 선善이 우리의 곁에 함께한다. 어디에서나 발견할 수 있는 자연이라는 선과 우리 안에 가지고 있는 개인적인 선이다.[158] (…) 인간에게 가장 높은 가치를 지닌 모든 것은 인간의 자유의지를 초월하며, 따라서 인간에게 주어질 수도, 인간에게서 다시 앗아갈 수도 있다. 자연에 의해 형성된 모든 것 중 가장 위대하고 가장 아름다운 이 세상, 그리고 그러한 세상을 바라보고 경탄하는 정신, 곧 세상에서 가장 숭고한 일부인 정신은 우리에게 속해 있고, 우리에게 충실하게 머물러 있으며, 우리가 존재하는 한 우리와 함께할 것이다."[159]

세네카는 현자가 "모든 것을 정신적으로 소유한다"는 말에 대해 설명했다. 즉, 현자는 무엇보다 세상을 바라보고 경탄하는 것을 즐긴다. 또한 현자는 사물에서 기쁨을 느끼기 위해 그것을 소유하려고 하지 않는다. 이는 아리스토텔레스가 존재는 자신의 본질이 무엇인지 깨달았을 때, 비로소 자신의 운명을 받아들이고 행복에 도달한다고 말한 것과 일치한다. 인간에게 이는 이성이다. 인간은 인간적인 것과 신적인 것에 대해 깊이 묵상하는 과정에서 가장 큰 행복을 경험한다.

세네카에게는 자연, 자연이 가진 보물 그리고 그것을 바라보고 인식할 수 있는 능력이 진정한 재산이다. 그리고 이 재산은 항상 우리 안에 존재하며, 우연히 공짜로 주어지는 것도 아니지만, 그렇다고 해서 임의로 빼앗아갈 수도 없다. 따라서 우리는 서두르거나 안절부절 못할 필요가 없으며, 그저 즐기기만 하면 된다. 이러한 내면의 부, 소유물이나 자산과는 아무 관련이 없는 이러한 내적인 부가 우리를 풍요롭게 만들어줄 것이다.

"현자는 자연을 향해 있다. (…) 완전한 정신적 고요와 밝음 속에서 부자들의 바쁨을 보며 웃음 짓고, 재산을 얻으려는 자들의 서두름과 안절부절을 보며 웃음 지으면서 이렇게 말한다. 그대는 왜 그리 힘들게 시간을 낭비하는가? 빌린 돈으로 이자를 얻고자, 거래를 통한 이익과 부유한 노인의 유산을 얻고자 기대하는 이유가 무엇인가? 그대는 이미 그대의 자리에서 충분히 부유해질 수 있다. 지혜(자신만의 보물을 지닌 지혜)는 필요하면 가질 수 있다. 만일 그대가 지닌 보물이 무용하게 느껴졌다면, 비로소 지혜의 보물이 그대에게 주어진 것이다."[160]

스토아 철학자에게 지혜는 세네카에게 그랬듯 무엇보다 자연을 따르는 삶을 말한다. 외적인 부와 자산을 향한 갈망은 자연스러운 것이 아니며, 인위적인 것이고 소외의 한 형태다.

✦ **세네카의 가르침**

- 소유는 선하지도 악하지도 않으며, 선과 악은 그것을 어떻게 사용하느냐에 달려 있다.

- 생활에 필수적인 것 이상의 소유는 인생을 더 즐겁게 할 수 있을지언정 행복한 삶의 조건은 되지 못한다. 행복과 불행은 자기의 영혼 안에 있기 때문이다.

- 현자가 소유한 유일한 것은 지혜뿐이다. 따라서 현자는 잃을 것도, 얻을 것도 없다.

- 소유에 대한 내면의 집착이 있는 사람은 항상 침착함을 유지하기 어려울 것이다. 집착에는 고통이 따른다.

- 자족하고, 자연을 따라 살며, 아무것도 바라지 않고 집착하지 않는 사람이 가장 행복하고 자유로운 사람이다.

"얼마나 많은 이들이 소유로 인한 짐을 짊어지는가!
얼마나 많은 이들이 끊임없는 감각적 쾌락에 눈멀어
걸어다니는 시체가 되어 살아가는가!"

07 ＿＿＿ 자유, 모든 것에서 독립하는 능력

✳

"자유는 싸워 얻어내는 것이다. 싸움의 대가로 주어지는 것이다. 그렇다면 자유란 무엇인가? 어떠한 강박도, 우연도 그대를 지배하도록 허용하지 않고 운명이 그대의 머리 위에서 그대를 지배하도록 허용하지 않는 것이 바로 자유다."[161]

세상과의 관계를 다루는 세네카의 인생 철학의 마지막 장이다. '자유'라는 주제는 좋은 삶을 만드는 동기와 밀접하게 연관되어 있어 여러 번 다루어졌다. 위의 격언은 인생 학교에서 자유의 가치가 무엇인지 분명히 보여주고 있다. 세네카는 우리가 자유를 위해 인생과 싸운다고 말했다.

무슨 뜻일까? 세네카는 자유란 우리에게 일어나는 모든 일로부터 내적으로 독립할 수 있는 능력이라고 말했다. 이를 통해 우연의 지배에서 자유로워지기 때문이다. 세네카는 일어나는 일을 바꿀 수는 없지만, 어떤 사건이 어떤 영향을 미치게 할지는 결정할 수 있다고 했다. 즉, 우리는 우리에게 미칠 영향을 보고 거기에 참여한다는 것이다.

우리는 운명의 펜이 아무렇게나 쓰게 두는 수동적인 칠판이 아니다. 각자의 운명을 만들 수 있다. 소크라테스 이전 철학자 헤라클레이토스는 이렇게 말했다. "성격이 바로 그 사람의 운명이다."[162] 성격을 어떻게 만들고 개발하느냐에 따라 운명이 결정된다는 말이다. 비록 운명의 일격을 피할 수는 없을지라도 그것이 정신적, 감정적 상태와 평안에 얼마나 영향을 미치느냐는 우리에게 달려 있다. 즉, 중요한 것은 바로 이 영향이다.

지혜가 곧 자유다

내면의 자유는 세네카에게 "최고로 가치 있는 것"이다. 내면의 자유는 세네카에게 지혜와 철학적 사상, 인간적 행복을 구현하는 것이다. 세네카보다 약 500년 전에 살았고 세네카는 거의 알지 못했던 중국의 공자는 현자는 불행을 행복으로 바꾸는 법을 안다고 말했다고 전한다. 두 사상가가 모두 같은 이야기를 하고 있다. 사고, 생각, 의지, 행동을 통해 운명이 평안함에 미치는 영향을 크게 바꿀 수 있다면, 그게 바로 행복의 열쇠일 것이다. 세네카와 공자에게 이러한 정신적 힘은 이성, 즉 철학적 사고다. 세네카는 루킬리우스에게 보낸 편지의 중심 문단에서 이렇게 말했다.

"우리의 발은 무자비하게 인생길을 내디디게 된다. (…) 필연성을 벗어날 수는 없을지라도 그것을 극복할 수는 있다. 그럴 수 있는 길을 철학이 가르쳐줄 것이다. 두려움 없이, 걱정 없이 행복해지고 싶다면, 궁극적으로 최고의 상태인 자유를 얻고 싶다면 철학과 친구가 되어라. 그 외의 것으로는 불가능하다.

우둔한 자는 비참하다. 우둔함에는 경멸스럽고 비열하고 굴욕적이며 미쳐 날뛰는 듯한 열정에 무방비하게 노출되어 있는 무언가가 있다. 때로는 번갈아 가며, 또 때로는 동시에 그대를 지배하는 이 가혹한 주인들을 쫓아낼 방법은 오로지 하나, 지혜뿐이다. 지혜만이 곧 자유다. 지혜로 가는 길 역시 오로지 하나이며, 직접 이어진 길이다. 이를 놓쳐서는 안 된다. 발걸음을 단단히 내딛으라. 모든 것을 지배하고 싶다면, 그대 자신을 이성에게 복종시키라. 이성이 그대를 인도한다면, 그대는 많은 것을 인도하게 될 것이다."[163]

지혜만이 자유라는 말은 세네카와 스토아학파 전체, 그리고 고대 동서양에서 지혜를 다루던 다른 학파들의 핵심 명제다. 변함없는 삶의 사실들, 세상에 내던져짐으로 태어나는 우리의 존재 방식, 사회화의 구체적인 상황들, 운명(세네카가 '무자비한 삶' 또는 '필연성'이라고 부른)과 실제 자기 자신을 세상 속에서 주관적으로 느끼는 상태 사이에는 인식, 평가, 처리가 있다. 이 셋은 불안, 실망, 슬픔, 기쁨, 만족과 같은 감정들을 불러일으키기 전에 외부 사건의 사실이 거쳐 가는 필터다.

이 필터는 특정 사건이 어떤 감정을 유발하는지 결정짓는다. 철학, 지혜, 이성(세네카에게 지혜와 이성은 동일한 개념이다)이 이 필터를 형성한다. 이들은 외부 사건이 부정적인 영향을 미칠 수 없도록 성격을 훈련시킨다. 이 훈련은 외부 사건과 우리의 생각, 부정적인 감정 사이에 존재하는 연관성을 인식하는 훈련이다. 이를 통해 우리는 내면의 어떠한 심리적 메커니즘이 부정적인 감정을 유발하는지 인식하는 방법과 그러한 부정적인 감정의 유발을 예방하는 방법을 배운다. 세네카에 따르면 통제되지 않은 욕심이 부정적인 감정들을 유발하는 데 중요한 역할을 한다.

반대로 실제로 유익할 것과 장기적으로 유익할 것이 무엇인지 살펴 욕심을 통제하고 조절하며 이러한 통찰의 확신 있는 발걸음을 따라간다면, 세네카가 말하는 걱정과 두려움으로부터 자유로운 땅, 즉 행복의 땅에 도달할 것이다. 이 길을 가는 것은 세네카에게 욕심으로부터 자유로워지고, 그럼으로써 자신의 운명을 '지배'하는 것을 의미한다. 이는 앞서 언급했던 세네카의 역설과도 연결된다. 즉, 우리는 비록 운명인 '필연성'을 피할 수는 없지만 그것이 우리에게 미치는 영향은 통제할 수 있다는 것이다.

세네카는 소크라테스와 마찬가지로 지혜가 말하는 자유의 핵심은 곧 우리를 영구히 행복하게 해주는 것이 무엇인지 아는 인식이자, 행복을 해치는 것을 멀리하거나 적어도 그것으로부터 빨리 벗어나게 하는 것이라고 했다. 이에 따라 세네카는 이렇게 말했다.

"우리를 진정 자유롭게 하는 것은 오로지 하나뿐이니 숭고하고도 강건하고도 관대한 지식인 철학이다. 그 외의 것들은 사소하고 미성숙하다."[164]

세네카는 다른 문헌에서도 증명되었듯, 다른 학문을 멸시한 것이 아니다. 다만 학문에 위계가 있다고 생각했고, 그것을 강조했을 뿐이다. 세네카는 도덕적 성격 발달, 자기수양, 삶의 도야가 무엇보다 중요한 공부라고 확신했다. 이러한 점에서 세네카는 소크라테스의 철학적 전통을 따른다고 볼 수 있다. 소크라테스는 우리가 다른 공부를 하기 전에 무엇보다 영혼의 상태에 관심을 기울여야 한다고 항상 강조했기 때문이다.

탐욕으로부터의 자유

앞서 우리는 자유를 싸워 얻어내야 한다고 말했다. 이는 우리가 욕심과 감정의 주인이자 통제자가 되기 위함이다. 이는 감정 없는 존재가 되라는 것이 아니라 마음과 감정 관리의 질서를 만듦으로써 장기적으로 우리에게 유익이 되는 욕구에 우선순위를 부여하는 것이다. 그러려면 걱정과 불안을 유발하고, 질투, 분노, 짜증을 불러일으키는 것으로부터 등을 돌림으로써 그것들이 내면을 흔들 수 없게 해야 한다.

세네카는 이들을 오류, 성격적 결함, 질병 또는 만성적인 나쁜 자세라고 불렀다. 세네카는 자신의 욕심을 통제하고 성격적 결함을 줄이며, 오류를 인식하고 억제하는 것이 모두 정신을 건강하게 만드는 과정이라고 보았다. 내면에서부터 자유로울 때, 우리는 정신적으로 건강해진다. 이와 관련한 중요한 구절을 루킬리우스에게 보낸 75번째 서신에서 찾아볼 수 있다.

"이제 나는 그대에게 말하고 싶다. 질병이 다른 게 아니라 곧 탐욕과 야망처럼 강건하고도 영구적으로 뿌리 깊게 내린 결함이라는 점을. 이는 영혼 깊이 자리하여 만성적인 나쁜 자세가 되는도다. 간단히 말하자면, (영혼의) 질병이란, 반드시 열심히 추구해야 마땅하다고 믿는 잘못된 믿음이 고착된 것을 말한다. 그 추구의 대상은 사실 추구할 가치가 미미하다. 또는 그다지 가치가 없는 것들에 과도하게 매달리거나 조건이 붙은 가치나 아예 무가치한 것들에 과한 가치를 부여하는 것을 말한다.

그러나 감정은 잘못된 마음의 동요로 인하여 갑자기 격렬히 터져 나오고, 이것이 자주 반복되고 그대로 방치되면 하나의 질병이 되어 버린다. 마치 점막의 염증이 무작위로 기침을 유발하지만, 그게 지속되고 몸속에 자리 잡으면 결핵이 되는 것과 마찬가지다. 따라서 질병의 상태는 넘어선, 매우 훈련된 사람들조차 지혜에 매우 가까이 서 있음에도 여전히 감정의 영향을 받을 수 있다.[165] (…) 그대는 말하겠지. '그러나 나는 높은 곳으로 올라가기를 원한다'고.

그 이상이 있을 거라고 나는 생각한다. 우리는 이미 짐이 지워진 상태로, 도덕적 완벽함을 위해 노력하면서도 나쁜 태도에 휘말려 있는 상태다. 부끄럽지만 우리는 시간 여유가 있을 때에만 도덕을 존중한다. 우리에게 지워진 짐과 벗어나지 못하는 습관을 극복하게 된다면 얼마나 큰 보상이 기다리고 있을지![166]

최고의 선은 해로운 힘으로부터 자유롭다. 일단 이 진흙탕에서 저 너머에 있는 정신적 승화의 높이로 올라가면 우리를 기다리는 것은 마음의 평화와 고통이 모두 사라진 완전한 자유다. 그댄 그것이 무엇이냐 묻겠지. 그것은 사람을 두려워하지 않고, 신을 두려워하지도 않고, 욕을 하고 싶거나 중심을 잃지도 않는 것을 말한다. 자기 자신에 대해 완전한 힘을 갖는 것이다. 즉, 값을 매길 수 없는 선은 자기 자신의 소유물이 되는 것이다."[167]

세네카는 내면의 자유가 영혼의 건강함, 행복, 평온, 영혼의 고요로 이어진다고 생각했다. 이는 곧 불안, 걱정, 욕심, 야심을 비롯한 여타의 고통 및 성격적 약점과 같은 내면의 짐으로부터 자유로워지는 것을 뜻한다. 우리는 우리가 가지고 있는 최고의 지식을 따라 삶을 살고 매일같이 자기 책임을 지는 삶을 영위함으로써, 즉 자기 자신의 모습이 됨으로써 이를 실현시킬 수 있다.

세네카는 "자기 자신에게 속하는 것, 자기가 자기의 소유물이 되는 것"을 '최고의 선'이라고 말했다. 이는 우리를 욕심, 욕구, 욕망, 갈망, 감정, 이끌림, 격렬하게 터지는 감정, 깊이 새겨진 감정에 의해 조종당하는 삶으로부터 자유롭게 해준다. 세네카는 말했다.

"우리에겐 이미 짐이 지워져 있다. 나쁜 태도에 휘말려 있다는 짐이."[168]

여기서 휘말려 있음은 곧 자유롭지 못함을 뜻한다.

그렇다면 "만성적인 나쁜 태도"는 어떻게 만들어지는 것일까? 바로 '잘못된 마음'으로, 즉 이성적인 숙고 없이 저지르는 오류에서 비롯된다. 잘못된 마음을 계속 고수한다면, 그것은 마음에 깊이 새겨지고 우리의 존재를 만들어가는 패턴이자 습관이 될 것이다.

그렇다면 "잘못된 마음"은 어떻게 만들어질까? 잘못된 가치에 마음을 두게 되면 자기 자신을 거기에 예속시키고 스스로에게 족쇄를 채우게 된다. 이 족쇄는 갈수록 우리를 더욱 꽉 죄고 자유롭지 못하게 만든다. 그래서 자기 자신에 대한 통제력을 잃고, 더 이상 자기라는 집의 주인이 되지 못하게 한다. 이 과정은 점진적으로 진행된다. 나의 감정과 그 동기에 주목하지 않으면, 감정은 더욱 큰 힘을 발휘한다. 기침은 결핵으로 변해버리고 내 안의 약점, 두려움, 걱정, 분노는 심각한 갈등을 초래한다. 내면의 불안, 긴장, 피로에 시달리기 시작해 결국 마음은 병원이 되고, 몸은 환자가 된다. "만성적인 나쁜 태도"는 심각한 정신적, 신체적 질병으로 이어진다. 따라서 초기에 바로잡지 않으면 결국 병들게 된다.

세네카는 이러한 과정의 궁극적인 원인을, 장기적으로 자기 자신에게 가장 좋을 것이 무엇인지 제대로 인식하지 못해 잘못된 가치에 의존하는 것이라고 보았다. 세네카는 누구나 좋은 삶을 원하지만 아무도 그러기 위해 충분한 시간을 내지 않는 것이 부끄럽다고 했다. "사람들은 시간 여유가 있을 때만 도덕성을 존중한다"라는 그의 말은 즉, 사람들이 도덕성을 전혀 또는 거의 존중하지 않음을 뜻한다. 그러나 우리가 자기 자신에게 진정으로 좋은 것이 무엇인지 제대로 인식하고, 우리에게 해로운 사고, 행동, 평가, 의지의 습관, 혼란스러움, 깊이 새겨진 마음의 얽힘에서 벗어날 힘을 갖춘다면, 족쇄를 풀고 목적지에 도달할 수 있을 것이다. 즉, 외부의 통제로부터 벗어나 자기 자신을 받아들이고 자기결정적 삶을 살며 자기 본연의 모습이 될 수 있을 것이다.

현실의 삶과 맞닿아 있는 세네카의 철학은 우리 인간이 지혜를 얻기 위해 노력하더라도 때로는 감정에 휘둘릴 수 있다고, 그러나 만성적인 나쁜 태도에는 희생되지 않는다고 말한다. 세네카의 비유를 활용하자면, 철학자들은 기침은 할 수 있지만 결핵까지 걸리진 않는다. 다시 말해, 지혜를 추구하는 사람들도 해로운 감정을 겪을 수는 있으나 다만 잠시일 뿐이라는 것이다. 이들은 내면의 균형을 곧 되찾는다. 완전한 경지에 오른 현자는 어떠한 영향에도 면역력이 있다. 물론 그런 현자는 세네카가 말했듯 500년에 한 번쯤 나온다.[169]

진정한 선을 인식하는 것을 방해하는 건 결국 욕심, 욕구, 열정이므로, 여러 원인의 연쇄 속에서 최전방에 있는 것이자 문제를 일으키는 것은 다름 아닌 몸이다.

"육체를 위해 사는 자는 자유롭지 못할 것이다."[170]

"자신의 욕망의 주인이 되고 그 욕망과의 관계를 끊는 것은 얼마나 기쁜가!"[171]

"그것(육체)에 대한 과한 사랑이 불안한 감정을 일으켜 우릴 동요시키며 걱정거리로 마음의 짐이 되고 모욕감을 준다."[172]

'과한'이라는 단어에 주목하자. 세네카는 육체적인 것을 반대하지 않았다. 오히려 그의 철학은 우리가 기분 좋은 상태로 있기를 원한다. 내면의 조화를 이루려면 정신적 상태만큼 육체적 상태도 중요하기 때문이다. 다만 육체의 소리를 더 많이 듣게 되면, 육체의 쾌락은 '낚시추'가 되고, 부담이 되고, 평안에 대한 '끈질긴 방해'가 되고, 궁극적으로 질병과 불행을 초래한다.

"인간을 풍요롭게 만드는 것은 정신이다. 험악한 황무지에서조차 인간은 자신이 지닌 선으로 축복을 누리고 즐기며 기뻐한다. (…) 통찰은 없는 채로 육체에 과하게 얽매여 있는 사람들이 높이 평가하는 모든 것, 즉 보석, 금, 은, 거대하고 번쩍번쩍한 원형 테이블 같은 것들은, 자신의 본연의 모습을 잘 아는 순수한 사람들에게는 그저 납으로 된 낚시추에 불과하다. 이들은 그런 것들에 관심을 두지 않으며, 자신에게 부담이 되지 않는 선에서 가볍게 움직일 수 있다. 만일 그가 자신의 동굴을 벗어나면, 하늘 높은 곳까지 오르도록 부름을 받게 된다."[173]

과도한 일도 앞서 언급한 금은보화와 같은 것들과 마찬가지다. 세네카는 일 중독자에게 한번은 경고성으로 이렇게 말했다.

"만일 내가 그대의 서신에 그렇게 늦게 답한다면, 절대 일이 많아서는 아닐 것이다. 그건 변명이 될 수 없다. 시간은 있다. 누구나 하고자 한다면 시간을 낼 수 있다. 일은 아무도 쫓아가지 않는다. 사람들이 일을 쫓아가며, 그 분주함 속에서 행복의 증거를 찾으려 한다."[174]

나쁜 습관과 만성적인 족쇄와 눈먼 상태의 연결점이 분명해지는 부분이 바로 이 지점이다. 사람들은 바쁜 것이 곧 행복이라고 합리화한다.

자유에 관한 세네카의 성찰은 대부분 견유학파*의 철학을 따른다. 견유학파는 스토아학파 및 헬레니즘학파와 마찬가지로 소크라테스로 거슬러 올라가는 학파다. 세네카는 '위대한 소크라테스'를 인용하며 다음과 같이 말했다.

"위대한 소크라테스가 말했다. '나에게는 당신들의 편견에 따라 나의 삶을 영위하지 않겠다는 것보다 더 견고한 원칙이 없다. 당신들의 평소 말들이 사방에서 내 귀에 들리도록 두어라. 나는 그 안에서 모욕적 언사가 아닌, 비참한 상황에 처한 어린이들의 울부짖음이 보일 뿐이다. (…) 당신들이 나에 대해 지닌 의견은 나로 하여금 나에 대해 걱정하게 하는 게 아니라 당신들에 대해 걱정하게 한다.'"[175]

이로써 세네카의 인생 가르침의 첫 번째 대주제를 마무리하겠다. 여기서는 세상을 올바르게 대하는 방법과 평정심을 유지하는 방법을 다루었다. 우리가 세상에 대해 바꿀 수 있는 것은 거의 없지만, 우리에게 세상이 미치는 영향은 전부 바꿀 수 있다.

✦ **세네카의 가르침**

- 지혜는 자유다. 지혜 하나만으로 자기결정적 삶을 가능케 하고 내면과 외부의 강박, 영향, 낙인, 의존을 극복하게 할 수 있기 때문이다.

• 키니코스학파, 퀴닉스학파라고도 한다. 개와 같이 욕심 없는 생활을 추구하는 그리스 철학의 한 유파다.

- 내면의 자유, 독립성, 집착하지 않음이 정신적 회복, 영혼의 고요, 행복, 평온함으로 이끈다.

- 어떤 사람들은 일을 많이 하는 것을 행복이라고 여기지만, 그것은 실상 자기 자신에게서, 그리고 진정한 행복에서 도망치는 경우일 때가 많다.

"두려움 없이, 걱정 없이 행복해지고 싶다면,
궁극적으로 최고의 상태인 자유를 얻고 싶다면
철학과 친구가 되어라."

두 번째 수업

나를 가장 흔들리게 하는 '나'

08 _____ 내면을 정돈하라

✳

이제 세네카의 인생 학교 두 번째 주제로 넘어가겠다. 자기와의 관계에 대한 장이다. 어떤 면에선 이 장이 가장 중요하다고 말하는 사람도 있을 것이다. 앞서 얘기했듯 지각, 세상 경험, 타인과의 관계 그리고 자기인식까지 모든 것은 자기의 생각, 사고, 평가, 의지라는 필터를 거치게 된다. 고대부터 철학자들은 인간이 세상에 대한 관점을 각자 스스로 만들어낸다는 점을 강조해 왔다.

세네카의 제자인, 그 훌륭함에도 불구하고 현대에는 안타깝게 잘 알려져 있지 않은 로마의 철학자 무소니우스 루푸스Gaius Musonius Rufus는 이 중요한 지혜를 명확하면서도 심도 있게, 그리고 적절하게 표현했다.

"우리가 올바른 생각을 펼치면, 그 안에서 자유, 삶의 아름다운 흐름, 마음의 평화, 행복, 자제력 그리고 모든 미덕(지혜)이 (사용) 가능해진다."[1]

또한 그는 인생 학교에서 배워야 할 학습 프로그램, 실천철학과 지혜의 가르침에 대해 간결하고도 정확하게 설명했다.

"이제 우리는 손에 주어진 것은 모든 방법을 사용해 자기 것으로 만들고자 노력해야 한다. 반면에 취하지 못하는 것은 세상 질서에 기꺼이 맡겨야 한다. 그것이 자녀에 관한 일이든, 조국에 관한 일이든, 삶에 관한 일이든, 또는 그 무엇이든 말이다."[2]

이러한 생각은 이미 고대 그리스에서부터 고정적으로 존재하던 지혜의 가르침이다. 무소니우스 루푸스의 제자였던 에픽테투스Epictetus는 500년 전에 살았던 시노페의 디오게네스•를 인용하며 이렇게 말했다.

"안티스테네스(디오게네스의 스승)가 나를 해방시켜 주신 이후로 나는 더 이상 노예의 삶을 살지 않게 되었다. 그는 나에게 무엇이 내 것이고 무엇은 내 것이 아닌지 가르쳐주셨다. 나의 소유물도 내 것이 아니고, 친척, 가족, 친구, 명예, 지인, 장소, 체류지 모두 나와는 아무런 상관이 없었다. 그대의 것은 무엇인가? 자기 생각을 자기가 조절하는 힘일 것이다."[3]

자신 안에 모든 좋은 것의 열쇠가 있다. 자기 자신에게 집중하면 타인과 외부의 운명을 다룰 때 고통을 피하고 만족감을 느끼며 행복해

• 키니코스학파를 상징하는 고대 그리스의 철학자로, 기원전 412년경 시노페에서 출생했다.

지는 것이 가능하다. 하지만 그러려면 먼저 자기 자신을 올바르게 다루는 법, 즉 배운 것을 모두 "활용하고자 노력"하는 법을 배워야 한다. 여기서 고대 관념의 핵심인 자족의 개념이 등장한다. 그리스어 단어 "아우타르케이아autarkeia"•는 "autos" 즉 '자기 자신'이라는 뜻과 "arkeia" '만족하다'라는 뜻이 합쳐진 것으로, 자기가 자기를 도울 수 있는 사람은 강하다는 뜻이다. 단어의 두 번째 부분에서 알 수 있듯, 그리스어의 "Autarkie"는 만족감뿐 아니라 자기강화, 즉 자연이 우리에게 부여한 한계 안에서의 자기책임감 있는 삶의 구성이라는 측면에서 자기 자신의 주인이 된다는 의미도 포함하고 있다.[4]

그러나 "먼저" 자기 자신을 다루는 법을 배워야 한다고 해서 실제 시간 순서상 그것을 가장 먼저 해야 한다는 뜻은 아니다. 자기 자신, 세상, 타인 그리고 인생과 마음의 법칙을 발견하는 일은 항상 주제와 문제가 동시에, 그리고 긴밀하게 상호작용하고 내부적으로 연결된 상태에서 진행된다.

우리는 항상 타인, 세상 그리고 우리 자신에 대해 생각한다. 그중에서 자기 자신과의 관계에는 더 무게가 실리게 되는데, 이는 우리 안에 그리고 우리의 생각 안에 사고의 틀이 자리 잡고 있어서 그것으로 세계와 타인을 경험하기 때문이다. 따라서 정신적 삶의 메커니즘과 거기서 비롯되는 생각들을 잘 이해해야 한다. 그래야 자기 자신을 잘 다

• '자족'이라는 뜻으로, 키니코스 및 스토아 학파에서는 현자의 이상으로 꼽는다.

룰 수 있다.

자기 자신을 이해하고 통제하는 법을 배우고 삶을 주도하는 법을 배우지 않는다면, 마치 인생이라는 강물에 흘러가는 한 조각의 나무처럼 아무런 선택지 없이 그저 떠내려가는 삶을 살게 될 것이다. 그러니 이 장이 가장 중요한 주제라고 해도 과언이 아니다.

세네카가 전하는 교훈 대부분이 인간과 인간의 정신적 삶에 관한 것이라는 사실은 그리 놀랍지 않다. 세네카는 자기 관리에 대해 언급한 수많은 기본 진술에 체계를 부여하기 위해, 우리의 자아를 이해하는 데 도움이 되는 특정한 반복 주제들을 선별했다. 그는 명제의 논리-개념적 또는 체계적 도출에 회의적이었다. 아마 그런 작업을 통해 인생의 다면성을 완벽히 설명할 수는 없다고 생각했을 것이다. 물론 세네카도 자신의 윤리관을 한 권의 책으로 묶으려 한 적이 있지만, 결국 하지 않았다.

자기결정적인 고요 속에서

"잘 정돈된 정신 상태가 되기 위한 첫 번째 필요조건은 한 걸음 멈춰 서서 자기의 내면을 들여다보는 능력이라고 생각한다."[5]

이 장은 세네카가 내면을 바라보는 것이 중요하다고 촉구하는 문구로 시작하겠다. 이는 무엇보다 돌이켜 생각할 여지를 갖고 자기를 성찰하는 것을 말한다. 온갖 과거의 기억, 경험, 긴장, 갈망, 부담감으로 가득한 정신적 삶의 혼돈에 질서를 가져오기 시작할 수 있는 튼튼한 기반을 마련해야 한다.

그러나 고요히 자기를 성찰할 수 있는 여유 시간이 부족한 경우가 많다. 활동의 쳇바퀴를 멈추고 자기에 대해 생각할 시간을 갖지 못한다면 우리는 어디에도 도달할 수 없다. 이는 세네카의 시대나 오늘날이나 다르지 않다. 위의 격언은 세네카가 친구 루킬리우스에게 보낸 첫 번째 서신 일부에서 발견되었다. 앞부분에서 세네카는 제삼자로부터 루킬리우스의 좋은 점에 대해 들었다고 서술했다. 루킬리우스가 이제는 더 이상 서둘러 돌아다니지 않고, 자주 장소를 바꾸며 주의를 혼란스럽게 만들지 않는다고 말이다.

"이리저리 불안정하게 흔들리는 것"은 "질병과 같은 정신 상태를 나타내는 신호"[6]라고 세네카는 말했다.

이와 달리 건강한 것들은 항상 본연의 자리에 있다. 자연이 그러하듯, 건강한 것들은 그 자체로 충분하기 때문이다. 행복의 열쇠는 우리 안에 있다.

"현자는 단지 사는 것에 자족하는 것이 아니라, 행복하게 사는 것에 자족한다. 전자를 위해서는 많은 것이 필요하고(기본적인 욕구 충족), 후자를 위해서는 오로지 운명이 뒤흔들 수 없는 건강한 정신력만 있으면 된다. 최고의 선은 외부의 도움을 필요로 하지 않는다. 그것은 내면에서 자라나며, 오로지 그 자체로 충만하다. 현자도 마찬가지다. 현자는 자기 안에 머무르며, 그 안에서 홀로 존재한다."[7]

물론 이것이 현자가 사회로부터 고립된다는 뜻은 아니다.

"다만, 현자가 자신의 일들을 원하는 만큼 정리할 수 있다면, 자족하는 상태에서 결혼도 하고 자녀도 가질 수 있다. 자족할 수 있음에도 다른 사람과 더불어 살아가지 못한다면 살고 싶지 않을 수 있다. (…) 현자를 인간관계로 이끄는 것은 상대의 유용성이 아니라 자연스러운 이끌림이다."[8]

세네카도 아리스토텔레스와 마찬가지로 인간이 공동체와 공존에 의존하고 이를 지향하는 사회적 존재라고 보았다. 다만 공동체와 공존의 과정에서, 자기결정적이고 자립적이고 고요함 속에서 본연의 모습대로 존재하는 것을 위협당할 수 있다.

"자기를 여러 번 성찰해야 한다. 다른 성질의 사람들과 접촉하다 보면 이미 만들어둔 내적 균형이 깨지고 욕망이 다시 깨어나며 마음의 모든 약점과 의심스러운 찌꺼기에 새롭지만 썩기 쉬운 영양분을 주게 된다. 다만 고립과 사교를 번갈아 가며 섞어야 한다. 고립이 우리 안에 있는 사람에 대한 갈망을 일깨우듯, 사교는 자기 자신에 대한 갈망을 일깨우며, 그 둘은 서로를 유익하게 보완할 것이기 때문이다."[9]

우리가 갈망하는 공동체의 사람들은 우리의 행복을 위협하는 가장 큰 위험 요소이기도 하다. 이들은 다양한 욕망과 갈망을 일깨우고 내면의 질서를 흔드는 경향이 있다.

"그대는 특히 무엇을 피해야 좋을지 나에게 의견을 물었다. 나는 군중이라고 말하고 싶다. 그런 외출에서 돌아오면서 나는 단 한 번도 도덕적으로 해를 입지 않은 적이 없다. 내가 잘 정돈해 두었던 많은 것이 혼란스러움 속에서 다시 눈에 들어오고, 작별을 고했던 많은 것이 다시 내게 돌아오는 것을 본다. 우리는 오랫동안 지속적으로 정신을 치유하는 과정에 있다.

그런 와중에 군중과 섞이면 반대 효과들이 나에게 일어난다. 악덕을 권하지 않거나 강요하지 않거나 눈에 띄지 않게 알려주지 않는 자들이 없다. 나는 군중 속에 있었기 때문에 더 탐욕스럽고 더 야심차고 더 쾌락주의적이고 더 잔인하고 더 비인간적인 사람이 되어 돌아온다. (…) 그러니 그대여, 가능한 한 그대의 내면으로 돌아오라. 그대를 더 나은 사람으로 만드는 사람과만 어울리고, 그런 사람이 그대와 어울릴 수 있도록 하라. 이는 상호 효과로 이어진다. 남에게 가르침을 주고, 나도 배우는 것이다."[10]

지혜의 길, 인생의 가르침, '오랫동안 지속되는 정신의 치유 과정'으로서의 철학이 세네카가 말한 철학이다. 우리 인생은 병적인 특성을 띠는 경우가 많으므로, 충만하고 행복한 삶을 산다는 것은 곧 마음과 영혼을 치유하고 싶다는 말과도 같다. 공동체와 주변 사람들은 마음과 영혼의 치유를 돕기는커녕, 세네카에 따르면 오히려 자기의 본모습을 발견하는 데 위협이 될 뿐이다. 이들 사이에는 지혜가 없고, 그 자리에서 통제되지 않고 균형 잡히지 않으며 조절하기 어려운 욕망이 있다. 감정과 우둔함의 바이러스가 윙윙대며 사람들을 휘감는다.

우리가 감염될 위험은 회복될 가능성보다 더욱 크다. 따라서 세네카에게는 주기적으로 자기 안으로 한발 물러서 내면을 살펴보는 것이 말하자면 생존 전략이었다. 반면에 우리가 뭔가를 배울 수 있는 사람들과 함께 있으면 정신의 회복에 도움이 된다. 지혜와 성공적인 삶을 추구하는, 우정으로 엮인 사람들은 서로의 경험과 통찰을 나누며 서로 배우고 동시에 가르친다.

하지만 그렇지 않은 경우에는 내면의 믿음, 태도, 통찰을 보호하기 위해 자신과 타인 사이에 가상의 방벽을 쌓아야 한다. 힘을 얻고, 사회의 압박에 맞서고, 균형을 유지하기 위해서는 그 벽 뒤에 있는 내면의 요새로 주기적으로 후퇴해 들어가야 한다. 오로지 그곳, 자신의 중심 안에서만 비로소 만연한 오해에서 자유로운 진정한 자아와 나만의 가치를 발견할 수 있다.

"과분한 신뢰를 기울이던 대중과 자신 사이를 가르는 벽을 세우고, 진정한 나 자신의 모습으로 되돌아가야 한다. 자연으로 돌아가 일반적인 혼란스러움으로부터 한 발짝 물러난 상태에 있는 것이 바로 지혜다. (…) 고독은 그 자체가 순수함의 스승이 아니며, 한적한 곳에서의 생활 자체가 만족을 가르치는 스승이 아니다. 그러나 멀리 떨어져 있는 목격자와 구경꾼의 주의를 끌고 찬사를 받고자 실수를 저지르던 경향은 점차 사라질 것이다."[11]

우리는 인정, 관심, 확인을 받고자 하는 소망 때문에 공동체에서 오류와 그로 인한 잘못된 행동을 받아들이는 경향이 있다. 관찰되고 판단되고 있다는 느낌은 우리를 끊임없이 조종하려 든다.

물론 세네카는 지나치게 후퇴하는 것 또한 경고했다. 공적인 삶과 은둔하는 삶, 활동적인 삶 vita activa과 수동적인 삶 vita passiva, 그리고 외부 의견을 수용하는 것과 나의 내면에서 처리하는 것 사이의 균형은 자기 자신을 발견하고 보존하고 실현하는 데 중요한 열쇠이기 때문이다. 자연도 생성과 소멸을 끊임없이 반복한다. 자연스러운 리듬 속에서 삶의 내적 조화와 통일이 이루어지고, 또 보존되는 것이다.

"감각기관에서 자극을 받은 이성으로 외부 세계를 탐구해야 한다. 그리고 그 자극을 출발점으로 삼아야 한다. 진리의 길을 걷기 위한 다른 시작점, 그리고 욕구를 충족시킬 수 있는 다른 근거가 없기 때문이다. 그러고는 다시 자기 자신에게로 돌아가야 한다. 모든 것을 아우르는 세계(자연)와 그것을 관장하는 신조차도 밖으로 나갔다가 항상 내부로 돌아온다.

정신도 이와 같아야 한다. 정신이 감각기관의 자극을 받아 외부 세계에 몰두할 때, 정신은 자기 자신에 대해서도, 외부 세계에 대해서도 힘을 가지려 할 것이다. 그런 식으로 조화롭게 내부와 외부가 통합된 힘과 능력이 만들어지며, 그 결과는 단순한 의견, 생각, 상상에 좌우되지 않는, 흔들리지 않는 통찰이 될 것이다. 이 힘이 적절히 균형을 이루고 모든 요소가 제대로 결합될 때, 다시 말해 조화로운 합일을 이룰 때, 그때 비로소 최고선의 문턱에 도달했다고 할 수 있다."[12]

자기성찰, 명상, 고독의 시간이 없다면 자기통제력은 만들어질 수 없다. 이 단계를 거쳐야 인생을 이끌어나갈 수 있다. 선실로 들어가 지도를 확인하고 현재 위치를 파악한 뒤 앞으로 나아갈 길을 수정하는 조타수가 되는 것과도 같다. 그러나 항상 갑판에 머물러 있다면 바람과 해류가 만들어내는 굉음 속에서 방향감각을 잃어버릴 것이다. 인생의 항해는 갑판 아래에서 이루어진다. 거기에 지도와 나침반이 있고, 그 안에서 진정한 욕구, 올바른 태도와 가치, 그리고 자아를 찾을 수 있다.

✦ **세네카의 가르침**

- 우리 안에는 모든 선한 것의 열쇠가 들어 있다. 자기수양과 자기 자신을 알아보는 작업은 모든 것을 가능하게 할 것이다.

- 따라서 항상 자기 자신을 돌아보고 자기 자신에 대해, 그리고 자신의 삶에 대해 돌이켜 생각해야 한다. 자기의 안이 아닌 밖에서 사는 사람은 모든 내면의 방향성을 잃어버리고 결국 자기 자신을 잃어버리게 된다. 외부의 삶을 위한 시간과 내면의 삶을 위한 시간이 균형 잡힌 상태여야 한다.

"최고의 선은 외부의 도움을 필요로 하지 않는다.
그것은 내면에서 자라난다."

09_____ 마음의 평온을 얻는 방법

✷

자기와 올바른 관계를 맺기 위해 중요한 것은 무엇일까? 왜 내면에 집중해야 할까? 동서양의 수많은 고대 철학자와 마찬가지로 세네카도 중요한 것은 마음의 평화, 내면의 균형, 정신과 힘의 조화, 질서 있는 자아라고 짚었다. 이것들은 우리를 하나의 통합된 형성체로 만들어나가는 데 도움이 된다. 그리고 그러한 통합은 곧 내부에서 기쁨, 힘, 에너지를 끌어내고, 외부로부터의 저항을 가능하게 하고 운명의 일격을 견뎌낼 수 있는 힘을 만들며, 항상 적절한 시기에 안전하고도 완전하다고 느끼는 마음 상태로 돌아가는 길을 찾을 수 있게 해준다. 이를 위해서는 나 자신과 평화롭게 지내야 할 필요가 있다.

세네카의 저작을 번역한 오토 아펠트Otto Apelt는 마음과 정신의 평온함이라는 개념, 그것이 만들어지는 기원과 그것의 중요성을 성격 개발의 본질적인 목표라고 보았다. 그리스 사상과 고대 스토아철학뿐 아니라 세네카에게도 그러했다.

"로마인들이 '마음 또는 영혼의 평화'를 말할 때 사용한 단어는 그리스철학, 특히 스토아학파에서 칭하던 '아타락시아Ataraxia(흔들리지 않음, 평정)'이다. 이 용어를 도덕 교육에서 가장 중요한 개념이라고 하면서 철학에 도입한 사람은 데모크리토스다. 데모크리토스는 아타락시아의 상태를 보다 생생하게 표현하기 위해 '기쁨' 또는 '좋은 기분'이라는 단어를 사용했다. 그리스어 단어 '에우티미아Euthymia'가 바로 '좋은 마음', '기쁨'을 뜻한다.

마음의 평온은 인간이 원하는 궁극적 목표인 행복을 얻기 위한 조건이다. 이 행복을 그리스인들은 '에우다이모니아Eudaimonia'라고 불렀다(단어의 원래 뜻은 선한 악마, 신, 살아 있는 영혼이다). 마음의 평온은 인간이 자기의 욕망과 정념을 극복해 내는 승리가 아니면 얻을 수 없다. 따라서 마음의 평온을 얻지 못하게 하는 것들을 쳐내야만 하는 것이 에우다이모니아에 도달하기 위한 대가다. 그리스철학은 행복이 외부의 것이나 운명의 변덕스러움에 영향을 받지 않으며 내면에 달려 있다는 관점을 견지했다."[13]

그리스의 지혜에 대한 생각이나 고대 중국과 고대 인도에서 서로 다른 형태로 기록된 이 생각은 로마 스토아학파와 세네카도 수용했고, 성공적인 삶에 관한 그들의 생각의 토대가 되었다. 마음의 평온은 사람들이 얻고자 하는 행복, 또는 아펠트가 말했듯 행복을 얻기 위한 조건이다. 마음의 평온은 모든 고통스러운 영혼의 상태에 반대되는 상태이며, 그로 인해 만들어지는 조화로움은 영혼의 힘, 욕구, 각인, 생각, 소망 사이의 내적 갈등에서 균형을 잡고 계속해서 건설적이고 창조적으로 새로움을 향해 나아가는 조화로움이다.

인생은 역동적인 과정이다. 내적 통합과 그 안에서의 균형이 계속해서 업데이트되는 과정이다. 그러나 고생해서 만든 내면의 균형은 영혼의 힘이 변화하며 끊임없이 위협하듯, 무엇보다 외부의 사건에 의해 위협받는다. 급류에 휩쓸리지 않고 중심을 유지하거나, 그러지 못하더라도 적어도 신속히 회복하는 능력을 갖추는 것은 현자의 마음의 인도, 자기통제, 자기수양의 결과다. 이러한 내면의 균형, 즉 회복탄력성을 보존하고 회복하는 것은 수많은 적대감, 도전 과제, 유혹이 산재한 세상에서 휘말리거나 길을 잃지 않고 자아와 정체성을 보호하는 일이다.

약동하는 삶은 욕심을 자극하고, 때때로 통제하기 힘든 열정을 키워 영적 균형을 깨뜨리고 흔들려 넘어지게 한다. 내면의 균형이 깨지는 것을 우리는 정신적 스트레스와 고통으로 느낀다. 불편함, 분노, 짜증, 불안, 걱정, 초조, 불만족, 불행으로 느끼는 것이다. 이러한 내면의 불안과 혼란, 불균형을 줄일수록 마음은 더 차분해지고 편안해지고 즐거워지고 밝아지고 행복해질 것이다. 이것이 바로 마음의 평화와 평정을 찾는 길이다. 세네카는 이에 대해 책 한 권을 썼다(『마음의 평정에 관하여 De tranquillitate animi』). 그 외의 책에서도 인생 훈련에서 중요한 이 측면을 반복해서 언급했다.

마음의 평온함이 곧 행복이다

"무엇이 행복한 삶인가? 걱정 없고 차분한 기분이 지속적으로 유지되는 것이다. 그러나 이는 영혼의 성장과 올바른 인식을 위해 노력하는 끈기가 주는 선물이다. 행복한 삶에 어떻게 다다르는가? 진리를 온전하게 깨닫게 되면 다다를 것이다."[14]

세네카는 마음의 평화와 평정심을 행복과 동일시했다. 마음의 평화와 평정심이 철학적인, 지혜로운, 그리고 이성에 의해 이끌리는 삶의 기반이기 때문이다. 그는 이렇게 썼다.

"이성을 발달시키는 것이 행복한 삶을 위한 유일한 조건이라는 데 동의할 것이다. 이성만이 용기가 사라지는 것을 두고 보지 않고, 운명에 맞서 싸우고자 하는 의지를 유지시킨다. 이성은 인생의 모든 상황에서 마음의 평온함을 얻도록 보장해 준다."[15]

또 다른 글에서는 이렇게도 썼다.

"이성의 목소리를 따르는 자는 지속적인 평화를 얻으리니."[16]

이 평화는 우리가 옳다고, 진리라고 인식한 것을 끈질기게 고수하고 그것을 따라 살아갈 때 얻을 수 있다. 그리고 세네카는 그러한 평화의 내부적 및 외부적 결과는 모든 방해를 극복하고 운명의 타격마저 견디는 것으로 나타난다고 말했다.

"완강한 끈기로 모든 장애물을 수천 번씩 극복할 수 있으며, 인간의 마음이 견디지 못할 일은 없다. (…) 그토록 영광스러운 대가가 약속되었다면, 인내심을 가지고 노력하는 것이 마땅하지 아니한가? 행복한 영혼의 흔들리지 않는 평온함을 얻기 위해 노력하는 것이?"[17]

세네카는 행복한 영혼 대신에 밝은 정신을 말하기도 했다(라틴어로는 'serena'로 기쁘고, 밝고, 명료하고, 고요한 상태를 말한다). 지혜를 추구하는 마음의 평온은 맑은 물과도 같다. 이 장의 첫머리에 나왔던 아펠트의 말처럼, 우리는 세네카의 표현들 사이에서 미세한 의미의 차이를 알아차릴 수 있을 것이다. 예컨대 밝은 평정심이라는 것은 행복과 완전히 동의어이거나 행복에 이르기 위한 필수 전제 조건으로 간주된다.

물론 이 둘의 의미 차이는 미미하지만, 균형 잡힌 정신 상태 자체보다는 그러한 정신 상태에서 느껴지는 강한 감정을 통해 행복을 보는 사람이라면 그 차이가 이해하기 쉬울 것이다. 다만 세네카와 고대인들에게 그런 고조된 순간은 마음의 평화 또는 정신의 열매이고, 좋은 정신이나 밝음은 이성을 따르는 현명한 삶의 방식에서 얻을 수 있는 열매였다. 그러므로 결과적으로 둘의 차이는 거의 없다고 봐도 무방하다.

"기쁘고 밝게 지내는 것은 덕(지혜)에 따라붙는 당연하고도 자연스러운 부산물이다."[18]

마음의 평온이 행복과 성공적인 삶을 실현하는 조건이라고 보는 시각은 고대 철학이 이 상태를 정적이고 단조로운 상태로 여겼다고 오해하지 않게 해준다. 고대 철학에서 사용된 언어와 개념은 모든 변화 속에서도 여전히 영속적이고 유효하며 전달 가능한 것에 초점을 맞추기 때문에 얼핏 보면 정적이고 단조로운 상태를 추구했다는 인상을 받기 쉽다. 그러나 이들이 말하는 것은 언제나 동적이고 지속적으로 변화하는 과정이었음을 이해해야 한다. 고대 철학자들은 변화하는 감정과 기분에 대해 잘 알고 있었지만, 마음의 평온, 즉 영혼의 평화가 있는 곳에서는 이런 변동이 자아의 핵심, 본질의 중심, 개인의 정체성과 진정성에는 영향을 미치지 않는다고 강조했다.

삶의 흐름 속에서 마음의 평온은 변하지 않는 상태로 유지되며, 기쁨을 만들어내는 토대이자 휘둘리지 않는 정신의 기초가 된다. 불교에서는 이를 깊은 바다에 비유했다. 바다 표면에서는 물결이 일지만, 깊은 바닷속은 변하지 않는다고 말이다.

"현자에게는 영혼의 고통이 찾아들지 않는다. 그의 마음은 밝으며, 어떤 것도 그것을 어둡게 할 수 없다. 운명의 분노는 그에게 닿기 전에 튕겨 나가 깨어지니, 그는 항상 같은 얼굴을 유지하며, 친절하고 흔들리지 않는다."[19]

세네카는 이 구절에서 어쩌면 그리스의 철학자 아낙사고라스Anaxagoras*의 이야기를 떠올렸을 수도 있다. 아낙사고라스는 아들이 전쟁에서 죽었다는 소식을 들었을 때, 표정에 미동조차 없었다. 주위 사람들이 왜 그렇게 차분하냐고 묻자, 그는 자신의 아들도 한 인간에 불과하다는 사실을 알고 있기에 슬퍼할 이유가 없다고 답했다.

• 고대 그리스의 수학자.

자연을 따라 사는 삶

마음의 평온을 얻는 것은 '자연을 따라 사는 삶'이라고 부르는, 스토아학파와 세네카에게 중요한 의미를 갖는 삶의 방식과 많은 부분 연관되어 있다. 이는 한편으로는 가능한 한 광범위한 자연의 법칙을 따라 살며 자연에서 인식 가능한 섭리와 리듬을 느끼고 받아들이는 것을 말한다. 한편으로는 개인의 자연에 맞게 살아가는 것으로, 자신만의 특별한 재능과 기질을 발전시키고 개인의 약점과 결점은 잘 처리하는 것을 말한다. 세네카는 이러한 삶은 '마음의 평온과 화합'으로 이어질 뿐 아니라 행복과 정신적 건강으로 이어진다고 했다.

세네카의 저서 『행복한 삶에 관하여』에는 이렇게 나와 있다.

"이 점에서 나는 스토아학파가 동의하는 바와 같이, 자연을 따른다. 자연에서 벗어나지 않고 자연의 섭리와 롤모델을 따르는 것이 바로 지혜다. 따라서 자연과 완전한 합일을 이루는 삶이 곧 행복한 삶이다. 이 목표를 이루기 위해서는 먼저 정신이 건강해야 하며 그 정신 건강을 유지하고, 용감하면서도 열정적으로 살아야 한다. 그리고 고통 속에서도 아름답게 순응하고, 환경에 적응하고, 몸과 몸의 욕구에 주의를 기울이되 과한 걱정은 하지 않으며, 삶의 다른 모든 측면도 섬세히 살펴야 한다. 이런 삶을 통해 영속적인 평온과 자유를 느낄 수 있다. 우리를 자극하거나 두렵게 하는 모든 것으로부터 멀어질 수 있다. (…) 즉, 영혼의 평화와 합일이 이루어진다."[20]

'영혼의 합일', 즉 몸과 정신 안에서 다양한 힘과 에너지가 균형을 이루는 것은 내적인 평화로 이어진다. 자연에서 모든 것은 스스로 균형을 이룬다. 각 일부가 제 역할을 할 때, 전체가 건강한 상태를 유지한다. 이러한 균형 잡힌 상태를 유지하려면 어딘가에 의존된 상태, 편향된 상태를 피하며, 내적으로 자유롭고 독립적인 상태가 되어야 한다. 우리는 몸과 정신을 자족하며 돌보고, 자기 능력을 과대평가하지 않고, 진정한 필요를 인식해야 하며, 생활에 필수적인 것들을 소홀히 대하지 않아야 한다.

세네카는 몸과 영혼의 불균형이 고통스러운 증상으로 나타나는 것을 몸소 경험했다. 어린 시절에 생명을 위협하는 호흡곤란을 겪은 것이다. 그는 이를 지혜롭고 균형 잡힌 삶으로 완화시킬 수 있었다. 그는 이렇게 말했다.

"내가 말하고자 하는 것은, 내면의 평화를 찾을 수 있었던 바로 그 방법이 나의(외부의) 질병에도 약처럼 작용했다는 점이다. (…) 즉, 마음을 향한 것이 몸에도 좋은 영향을 미친다는 사실이다. 나에게는 철학이 약으로 작용했다. 철학 덕분에 나는 일어설 수 있었고, 치유될 수 있었다. 철학 덕분에 나는 나의 삶을 되찾았다. 이는 내가 철학에 감사해하는 것들 중 매우 작은 부분에 불과하다."[21]

자연을 따라 사는 삶은 세네카에 따르면, 우리로 하여금 자기 자신으로 돌아가게 하고, 존재의 핵심이 되게 하며, 노력, 욕구, 정신의 힘과 육체의 힘 사이의 균형을 이루게 해준다. 이러한 조화로운 합일 속에서 존재의 핵심이 하나로 모인다. 그럴 때, 내적 안정감을 경험하게 된다.

"평화를 추구하는 사람은 이러한 도덕적 완전함 안에서 자기의 본질을 찾은 것이다. 그 본질은 평화를 바라보며 스스로를 다스리는 것이다."[22]

평온의 조건, 조화와 균형

자신의 중심에 도달해 내적 안정감을 찾고 평온을 얻으려면 욕구, 갈망, 두려움, 혐오와 같이 종종 상반되는 정신적인 힘을 평화로운 상호작용 안으로 포함시켜야 한다. 갈등과 강한 양면성이 '인생의 아름다운 흐름'을 막지 않게 균형을 이루도록 해야 하며, 그래야 우울하거나 기분이 좋지 않고 불균형하며 짜증나고 공격적인 상태가 되지 않도록 할 수 있다.

따라서 내부 및 외부의 사건을 처리할 때, 드러나지 않는 정신적 문제와 해결되지 않은 갈등이 있는지 살펴보아야 한다. 그래야 어려운 상황 속에서도 성공적인 삶을 영위할 수 있게 된다. 이는 자기 자신과의 화해, 내적 긴장의 해소와 관련된 문제다. 지속적인 노력으로 자기의 중심과 삶의 흐름이 내적 힘의 상호작용 속에서 건설적이고 조화롭도록 만들어가야 한다.

"우리의 질문은, 어떻게 마음이 고르게 그리고 치유되는 길로 나아가도록 하는 것일까. '어떻게'라 한다면 마음이 최고의 수준으로 합일을 이루고, 자기 자신에 대한 기쁨을 느끼고, 그 기쁨이 중단되지 않은 채로 항상 평화롭고 평온한 상태를 유지하며, 자만하거나 자아를 깎아내리지 않도록 하는 것이다. 이것이 바로 마음의 평온의 본질이다."[23]

내면의 평화를 얻기 위해서는 단점과 잘못된 행동, 즉 세네카가 '악덕'이라고 부르는 것들을 줄여나가야 하며, 감각적 쾌락에 휘둘리지 않아야 한다. 우리는 고통스러운 생각, 의지, 행동의 패턴에 갇혀서 나태하게 머무르기만 해서는 안 된다. 변화하겠다는 결단을 내리고, 좋은 습관이 자리 잡게 해서 자신을 변화시키려 노력해야 한다.

"나태함과 결단력 부족은 내적 갈등과 불안정성을 나타내는 신호다. 영혼의 합일은 그러므로 최고의 선이라고 말할 수 있다. 영혼의 합일에는 결코 부족한 미덕이 있지 않기 때문이다. 합일되지 않는 것은 악덕 때문이다."[24]

오로지 쾌락에만 몰두하고 내면은 정돈하지 않는 사람들을 두고 세네카는 '내면의 갈등이 그들의 정신을 뒤흔들 것'[25]이라고 말했다.

실제로 우리는 쾌락을 좇아 사는 사람들에게서 그들의 마음속에 해결되지 않은 정신적 갈등과 억압된 고통, 공허함, 방황 등이 숨겨져 있는 것을 종종 보게 된다. 인간의 내면에서는 서로 상반된 마음의 힘들이 끊임없이 싸우고 갈등한다. 이 갈등을 해결할 수 있는 사람만이 마음의 평온과 평화, 행복을 얻을 수 있다.

"바깥의 소음은 아무리 시끄러워도 상관없다. 오직 내면에서 소란이 일지 않고, 욕망과 두려움이 서로 갈등하지 않으며, 욕심과 과한 욕망이 서로 충돌하지 않고, 한쪽이 다른 쪽에 해를 끼치려고 하지 않

는다면 말이다."²⁶

세네카는 내면의 불화와 불안으로 인한 갈등을 해소하기가 매우 어렵다는 걸 알고 있었고, 이를 극복하는 사람도 드물다고 보았다. 대부분의 사람은 이 갈등을 피하려 하고, 즉 자기 자신에게서 도망치려 하고, 바쁘게 돌아가는 일상으로 숨어든다. 고요함, 아무것도 하지 않기, 혼자 있기는 이들에게 힘든 일이다. 그럴 때 이들에게는 내면의 불안정함이 느껴지기 때문이다.

자기 자신과 잘 지내지 못하는 사람은 용기, 결단력, 통찰력, 힘이 부족한 사람이며, 자기의 삶과, 그 안에 있는 양면성과 긴장을 직면하지 못하는 사람이다. 그런 사람은 자기 자신을 진지하게 바라보고 성격을 계발하는 것에 두려움을 느낀다. 인생에 대해 배우고 잘 살아가는 것은 그 시작이 고통스럽고, 무엇보다 어려운 상황 아래서는 유지하기 힘들며, 때론 오랜 시간이 걸릴 수도 있다. 그게 그렇게 쉽고 금방 될 수 있는 거라면 세상이 지금 같지 않았을 것이다.

"일과 대중들의 떠들썩함은 자기 자신과 잘 지내지 못하는 사람들이 찾는 것이다. 그러나 그대는 자기 자신과 가장 잘 지내야 한다. 이게 왜 그렇게 힘들고 소수의 사람들만 잘 해내는지 궁금한 것이 당연하다. 우리는 자기 자신에게 폭군이 되어 스스로에게 짐을 지우는 존재이기 때문이다. 때로는 자기애에 괴로워하고, 때로는 자기를 참아주지 못하며, 불쾌하리만치 자기를 부풀리거나, 욕망으로 괴로워하거나, 유혹에 빠져 나태해지거나, 불안에 시달리기 때문이다. 그중 가장 큰 불행은 자기주도성을 갖지 못하는 것이다. 악덕으로 가득한 사회에서는 이러한 내면의 불화가 지속적으로 일어날 수밖에 없다."[27]

세네카는 '자기주도성을 갖춘 사람'을 내적으로 독립적인 사람이라고 정의했다. 이런 사람은 자신이 지닌 최선의 통찰을 토대로 외부의 상황에 맞게 살아간다. 독립적이라는 말은 대체로 외부로부터의 영향에서 벗어난 상태를 의미하지만, 여기서는 '자기 내면의 유혹'에 대항할 수 있는 능력을 말한다. 즉, 여기에는 정체성과 진정성의 조화로운 합일이 포함되어 있다. 우리가 책임감 있게 인생을 설계하고, 내면의 힘과 외부의 도전 사이의 균형을 잘 관리한다면, 세네카가 말하는 '최고의 선', 즉 '몸과 마음의 평온'이 찾아올 것이다.

"영혼이 완전히 균형을 이루고 평온한 상태에 있다면, 무엇이 더 필요하겠는가? 하늘이 맑고 청명할 때, 그 어떤 것도 하늘의 광채에 덧붙일 것이 없듯이, 몸과 마음을 잘 돌보고 최고의 선(덕, 지혜, 행복, 평안, 평정심)에 도달하는 사람은 완성의 경지에 도달한 것이다. 만일 여기에 다른 즐거움들이 더해진다면, 그것은 최고선을 더욱 높게 하는 것이 아니라, 그저 거기에 향과 기쁨을 더하는 부가적인 요소일 뿐이다. 인간의 자연적인 선은 몸과 마음의 평온만을 요구하기 때문이다."[28]

자신에 대한 노력은 몸과 마음, 영혼을 돌보는 것이다. 내적 평화는 삶의 기쁨과 주어진 선물을 잘 즐기고, 자신감 있고 두려움 없이 미래를 맞이할 수 있는 상태다. 세네카는 루킬리우스에게 이렇게 썼다.

"오, 언제쯤 시간이 그대를 지배하지 못한다는 걸 알게 되고, 평화와 평온을 누리며 아무 근심 걱정 없이 다음 날을 자기 자신에게 온전히 만족하며 보내게 될 것인가?"[29]

성숙한 정신은 흔들리지 않는다

스토아 철학자들과 세네카 말의 핵심은 '현자의 마음의 평정'이다. 이는 이상적인 정신 상태를 간결하게 표현한 말로, 마음이 확고하고 평온하고 흔들리지 않으며, 자기 안에서 고요하게 머무는 상태를 말한다. 불안정하고 균형을 잃은 정신은 행복할 수 없다. 정신적 불안정의 원인은 일상에서 만나는 크고 작은 외부의 사건, 상황, 충격, 변화다. 이것들은 정신에 부정적인 영향을 미친다. 인생 처세술은 이러한 외부 요인에 신속하고 목표 지향적으로 그리고 최선을 다해 대처함으로써 자기의 중심을 지켜나가는 기술을 말한다. 가장 좋은 정신 상태는 외부의 사건이 전혀 영향을 미칠 수 없는 상태다.

"현자의 영혼은 확고하며, 불의로부터 영향을 받지 않을 만큼 강력한 힘을 갖추고 있다. (…) 지혜로운 힘은 적대적인 위협 속에서 더욱 그 빛을 발한다."[30]

세네카에게 이는 인간의 성격 계발에서 도달해야 할 하나의 목표다. 그는 이를 '완성의 단계'라고 표현했다. 어떤 일이 일어나도 '자기 자신을 잃지 않고', 외부로부터 공감을 받거나 개인적으로 영향을 받는 것과 상관없이 자기 자신과 중심을 지키는 단계다. 우리의 인생에는 고통뿐 아니라 행복과 기쁨도 기다리고 있다. 완성의 단계에 이르면 이 행복과 기쁨이 가득한 상태가 된다.

"이렇게 말하겠다. 만일 그대가 모든 다른 소음에 관심이 없고, 어떠한 목소리도 그대의 평소 상태를 벗어나게 할 수 없다면, 그때 비로소 그대는 온전한 인간이 되었다고 할 수 있다."[31]

세네카와 스토아 철학자들이 강조하는 것은 이 자기 자신을 지키는 것, 즉 자기 정체성과 자아를 그대로 유지하는 것이며, 진정한 자아의 형태로 인생을 살아가는 것이다. 자기 자신을 잃어버리고 중심에서 벗어나고 감정에 휘둘려 흐트러지는 것을 피해야 한다. 그런 일은 외부 사건들과 너무 가까이 지내고 그 사건들에 휘둘리기 시작하면서 발생한다. 세네카에 따르면, 진정한 '정신적 탁월함'은 자기의 모습, 본질을 유지할 때 빛을 발한다.

"정신적 탁월함을 보여주는 가장 확실한 현상은 아무것도 나를 동요(고통스러운 내면의 불안정)시키지 못하는 것이다. (…) 성숙한 정신은 항상 차분하고 일관된 자세를 취하며, 마음에 분개를 일으킬 만한 감정이 침투할 여지를 주지 않고, 절제되어 있고 우아하며 질서가 잡혀 있다."[32]

소크라테스와 관련된 이야기는 세네카를 비롯한 여러 철학자에게 현자의 이상적인 모습이자 성격 계발의 롤모델이며 나침반 역할을 했다.

"소크라테스는 마지막 순간까지도 그만의 존경스러운 성격을 보여주었다. 그는 결코 기쁘거나 슬퍼 보이지 않았다. 그는 운명의 불평등 속에서도 항상 자기 자신을 잃지 않았다."[33]

이는 감정의 무관심이나 정서적인 둔함이 아니라, 자기 안에서 완전한 평온에 이르고 정돈된 마음가짐과 내적 안정을 유지하는 것을 가리킨다. 소크라테스도 기쁨과 슬픔을 느꼈을 테지만, 그는 절제했다. 이때 모든 것은 평온함을 중심으로 배경으로 밀려나며, 중심에 있는 평온함은 그 어떤 즐거움보다 더 심도 깊은 기쁨을 준다.

"소크라테스는 집을 떠날 때의 표정 그대로 집으로 돌아갈 수 있을까? 현자는 악행에 화를 내고 범죄에 근심하고 슬퍼하지 않을까? 그렇다면 이 점에서 현자보다 더 안타까운 이는 없을 것이다. 즉, 현자의 삶은 실상 분노와 슬픔의 연속으로 채워져 있을 것이다."[34]

지속 가능한 행복을 누리고 경험하려면 운명을 바꿀 수 없을 때 그 운명을 견디는 방법을 배워야 한다. 세네카는 좋은 삶의 이상적인 모습으로 외부의 나쁜 상황에도 불구하고 용감하게, 강하게, 차분하게, 주의 깊게, 끈질기게 자기 정체성과 긍정적인 기본 태도를 유지하는 것을 들었다. 그러면 어떤 일이 일어나도, 때로는 사건들이 폭풍우처럼 불어닥치고 내부의 성이 흔들릴지라도, 궁극적으로 삶의 기쁨을 빼앗기지 않게 된다.

"진리를 인식하는 데 집중하는 정신, 추구해야 할 것과 추구하지 말아야 할 것을 아는 상태, 사물의 가치를 주관적인 기준이 아니라 자연의 기준에 따라 판단하는 상태, 세상의 비밀을 탐구하고 모든 측면에 관심을 충분히 기울이는 상태, 사고와 행동이 예리하고 우아함과 실천력이 갖춰진 상태, 폭풍이든 햇볕이든 흔들리지 않으며 운명의 변덕스러움에 굴복하지 않고 모든 우연과 사건을 초월한 고양된 상태, 다른 데 비할 수 없는 아름다움과 자기통제 사이에서 마음의 힘들이 합일된 상태, 신중하고도 냉철하게 모든 열망과 두려움에서 한 발짝 벗어난 상태, 어떤 힘에도 굴하지 않고 운명의 변화에 따라 자만하거나 좌절하지 않는 상태. 이런 상태를 우리는 '덕'의 상태라 부른다."[35]

'덕' 대신 '지혜'라고도 말할 수 있을 것이다. 이는 철학적 삶의 방식으로, 내면의 자세가 되어 성격을 모든 면에서 올바르게 형성하는 기준으로 작용한다. 이러한 이상에 가까워지는 유일한 방법은 지속적으로 자기를 계발하고 유익한 사고, 의지, 행동을 실천하는 것이다. 세네카는 이를 위해 시간과 힘을 투자해야 하며, 쓸데없는 일에 에너지를 낭비하지 말아야 한다고 말했다. 그러나 이런 일은 안타깝게도 자주 일어난다.

"여기서 우리는 데모크리토스의 유익한 가르침 하나를 기억할 수 있다. 데모크리토스는 마음의 평온이 개인적인 일이든 공적인 일이든 일을 너무 많이 하거나 과하게 노력하지 않는 데서 온다고 말했다. 바쁜 사람은 하루 종일 누군가나 어떤 일이 자신을 방해하면 화를 낸다. (…) 그러나 계획은 생각대로 진행되지 않는다. 운명은 누구에게도 항상 우호적이지만은 않은 데 반해, 사람들은 계획대로 일이 진행되지 않으면 타인과 사물에 대해 참을성이 없어지고 사소한 일로 화를 내며 경우에 따라 사람, 일, 장소, 운명, 자기 자신에게까지 분노하게 된다. (…) 그대가 어떤 일을 시작하고자 한다면, 그대 본인의 능력과 중요한 일의 순서를 정확히 판단하라."[36]

내적으로 안정되게 하고 외부의 도전에 맞설 수 있게 하는 힘은 우리가 정신적, 감정적, 신체적으로 과한 부담을 갖지 않을 때 유지될 수 있다. 내적으로 흔들리지 않음, 균형, 고요함을 지키는 능력, 그리고 전반적으로 책임감 있는 자율성은 분명 한정된 자원이다. 이 자원들은 다른 힘들과 마찬가지로 소모될 수 있으므로 지속적으로 에너지가 공급되어야 한다. 따라서 우리는 항상 가는 길을 꾸준히 가고 사고, 의지, 행동에서 인내를 잃지 않도록 노력해야 한다. 세네카와 고대의 실천철학은 단순한 학문이 아닌, 하나의 삶의 방식이다. 그러므로 이를 훈련해야 한다. 인생을 배우고 실천하기를 거부한다면 삶의 기쁨의 상실, 고통으로 그 대가를 치르게 될 것이다.

외부와의 적절한 거리 두기

앞선 인용문의 마지막 문장은 특히 중요하다.
"그대가 어떤 일을 시작하고자 한다면, 그대 본인의 능력과 중요한 일의 순서를 정확히 판단하라."
우리는 자기 능력을 제대로 평가하고 그에 맞게 현명하게 일을 관리하며 그 일의 중요성을 신중하게 판단해야 한다. 이 둘은 밀접하게 연결되어 있다. 어떤 일에 더 큰 중요성을 부여한다면 거기에 들어갈 에너지 소비가 커지고, 더 빨리 지치게 될 것이다. 어떤 일에 가장 높은 우선순위를 두면 내적 불안, 걱정, 두려움이 생기기 쉽다. 그러면 아무리 그 일이 긍정적이고 만족스럽다 하더라도 스트레스를 받다가 탈진한다.
반면에 어떤 일의 중요성을 상대적으로 낮추고 압박을 덜 받으면서 그 일을 할 수도 있다. 예컨대 소크라테스는 시민들에게 물질을 늘리기보다는 정신적 건강과 올바른 삶의 방식에 더 신경 쓸 것을 권했다. 우리도 각자의 직업에서 일을 더 여유 있게 처리하고, 정신적 균형을 잃지 않으면서도 잘 관리할 수 있는 에너지를 더 많이 확보할 수 있다. 그러면 비록 성과는 덜 내는 것 같아 보이겠지만, 실제로는 그 반대일 수 있다. 에너지를 소모하는 내적 압박감을 줄여야 한다는 것이지, 열정과 결단력까지 잃으라는 말은 아니다. 삶이 평온하고 자연스럽게 진행되도록 하고자 할 때 가장 중요한 것은 일상에서 어떤 일, 과제, 활동, 관계가 어느 정도의 의미를 지니고 있는지 살피는 것이다. 이것들이 삶의 관계적 구조에 중요한 영향을 미치기 때문이다.

세네카는 관점을 자주 바꾸고, 하던 일에서 거리를 두라고 권한다. 마치 새처럼 하늘로 날아올라 높은 곳에서 자기를 내려다보듯이 말이다. 그러면 많은 것이 상대화되고, 쉬지 않고 바쁘게 지내는 것이 세상일의 적절한 균형을 잃어버리게 만든다는 걸 깨닫게 될 것이다. 그 결과로 내적 가치 체계가 혼란에 빠지고 가치를 실현시키는 것도 불확실해질 수 있다. 정말 필요하고 정말 원하는 것, 먹고사는 일 사이에 간극이 생길 수도 있다. 그래도 자기 자신과 자신의 행동을 조용히 돌이켜 생각함으로써 자신의 행동과 중요하게 생각하는 가치가 일치하도록 재조정할 기회는 있다. 무엇보다 중요한 것은 자기만의 가치 위계를 지키며 사는 것이다. 세네카는 이를 성숙한 인격이 갖춘 특징으로 꼽았다.

"탁월한 정신을 지닌 사람은 차분하고 고요하며, 불의와 모욕을 높은 곳에서 바라본다. 이것이 그들의 특징이다."[37]

"나에게 가장 유익한 조언은 우아한 마음을 기르고, 싸우고 뛰어다니고 숨이 차게 만드는 일들이 얼마나 사소하고 비참한 것들인지, 더 높은 정신적 목표를 지닌 사람들이 볼 때 얼마나 경멸스러운 것들인지 깨달으라는 조언이었다. 내 말을 믿으라. 우리가 그렇게도 격하게 뛰어드는 모든 일은 다 쓸데없다. 마치 덜 큰 소년들이 싸우는 형국과 같다. 그렇게 하는 일은 중요한 일이 아니다."[38]

철학을 따라 산다는 것은 모든 것을 본질을 기준으로 판단한다는 뜻이다. 진정으로 중요한 것이 무엇인지 잊지 않고 삶의 총 계획에 맞는 가치 외에는 강요되지 않도록 해야 한다. 살아 있음, 균형, 진정성 있는 삶, 내부와 외부의 화해 등의 가치 외의 모든 것은 그 의미를 빠르게 잃어갈 것이다. 대신 마음의 평온과 차분함은 늘어나도록 해야 한다. 내적 가치들은 세네카가 말하는 '보다 높은 정신의 목표'와 연관되어 있다. 하지만 우리는 종종 바쁘게 일하며 숨이 차고, 일, 세속적인 목표, 욕망, 계획에 완전히 빠져 있다. 실제의 삶을 사는 대신에 물질적이고 소비지향적인 표면의 허상에 휘둘린다.

마음의 평온은 냉소나 무관심이 아니다

우리는 마음의 평온을 감정 없음, 또는 운명에 모든 걸 맡겨버리고 무기력하게 사는 것으로 오해해서는 안 된다. 이는 감정을 분명히 느끼되, 그 감정들이 우리의 근간을 흔들지 않게 한다는 뜻이다.[39] 평온한 상태에서는 외부 환경의 개선을 위해 적극적으로 노력할 수 있다. 외적인 목표를 세우고 이를 결단력 있게, 힘 있게 추구하기도 한다. 세상에서 영향력을 넓히고 흔적을 남기는 것도 인간의 중요한 욕구이며, 우리는 이 욕구가 충족될 때 기쁨을 느낀다.

하지만 더 중요한 목표는 내면에 있으며, 우리는 그 목표를 이루기 위해 할 수 있는 일을 해야 한다. 세네카는 이것을 "의무를 다하는 것"이라고 표현했다. 중요한 것은 생각, 의지, 행동이 나 자신과 일치하느냐다. 계획대로 목표를 달성하는 것은 그다지 중요하지 않다. 달성 여부는 일부만 우리의 손에 달려 있기 때문이다. 세네카는 좌절감이란 외부적인 노력에서 실패하거나 계획대로 일이 풀리지 않았을 때가 아니라, 자기 자신이 했어야 할 것을 하지 않았을 때 생겨난다고 말했다.

"때로는 평온이 불안정할 때가 있다. 따라서 일상에서 무기력함이 견딜 수 없을 때마다 적극적인 삶을 살기 위해 노력하고 과학에 몰두해야 한다."[40]

여기서 말하는 '불안정한 평온'이란 내면의 역동과 각성 상태, 예리한 상태를 말한다. 적극적이고 창의적이고 결단력 있으면서도 균형 잡혀 있고 차분하고 내면적으로 확고한 상태이기도 하다.

"우리는 마음에 평온함을 주어야 한다. 이는 끊임없는 내적 노력과 유익한 교훈, 정직한 행동, 의무와 양심을 중요시 여기는 마음가짐을 통해 이룰 수 있다. 양심이 우리를 인도하게 하며, 다른 사람들의 말은 우리가 하는 일에 영향을 미치지 않게 해야 한다.

마음의 평온은 지루함, 수동성, 무감정을 말하는 게 아니다. 우리는 세상과 연결된 상태를 유지한다. 외적 가치를 상대화한다고 해서 외부의 모든 것이 무의미해지는 것은 아니다. 여전히 우리는 인간으로서의 과업과 의무를 수행해야 한다. 그러면서도 내면의 성을 방어하고 그 안에서 안전함을 유지해야 한다."[41]

세네카는 감정의 냉소에 대해 이렇게 말했다.

"현자도 큰 고통을 느낀다. 나는 그에게 돌이나 철과 같은 강인함이 있다고 말하고 싶지 않다. 고통을 전혀 느끼지 않는 것은 오히려 미덕의 힘이 아니다."[42]

아무것도 느끼지 못하는 사람은 인간으로서 자신의 가치를 증명할 수 없다. 성숙한 사람은 내적인 힘들과의 싸움에서 차차 승리를 거두고, 그 싸움에서 지혜로운 이성이 지배하게 한다. 내적으로 균형 잡혀 있고 평온한 사람은 과한 감정을 이겨낼 뿐, 그 감정 자체를 발현하지 않도록 억누르지는 않는다.

"인정하자. 현자도 내면에서 가벼운 동요를 느낄 것이다. 제논이 말했듯, 현자의 마음에도 과거에 치유되고 남은 상처의 흉터가 있다. 현자도 그러한 감정의 흔적을 일부 느낄 것이다. 다만 그것에 휘둘리지 않을 뿐이다."[43]

✦ **세네카의 가르침**

- 내면의 균형은 마음의 평온과 평정심으로 이어진다. 그 안에 성공적인 삶이 있다.

- 옳다고 생각하는 것을 인내하며 내 것으로 만들고 그것을 따라 살며 계속 그 자리에 머무르면 마음의 평온을 얻을 수 있다.

- 성공적인 삶의 목표는 자기 자신과 화해하며, 독립적이고 고정된 성격으로 자기 자신과 합치된 성격을 갖추고 그것을 개발하는 데 있다.

- 사람들은 정신적 또는 신체적으로 힘들 때 평정심과 마음의 평온을 잃어버린다. 따라서 자기의 힘과 능력을 제대로 측정하는 것이 중요하다.

- 사람들이 하는 모든 일에서 가능한 한 압박을 줄여야 한다. 특히 외부에서 하는 일은 행복한 삶을 만드는 데 그다지 중요하지 않다.

"탁월한 정신을 지닌 사람은
차분하고 고요하며,
불의와 모욕을 높은 곳에서 바라본다."

10 ____ 나의 삶과 내면 돌보기

✲

"나의 루킬리우스여, 내 조언을 따르라. 그대 자신을 위해 살라."[44]

세네카의 광범위한 주저인 『루킬리우스에게 보내는 편지』가 위와 같은 말로 시작된다는 점은 상징적이다. 그는 이 작품에서 자신의 인생 교훈을 후세를 위한 불멸의 유산으로 남겼다.[45] 좋은 삶을 배우고자 하는 이는 자신에게서 시작해야 한다. 즉 자기수양의 과정, 자기 자신을 돌보는 것, 자신의 정신적 상태를 염려하는 과정을 거쳐야 한다는 뜻이다. 이는 단순히 개인의 삶을 극복하고 성취하는 데 기반을 두는 것이 아니라 연인 관계, 가족, 지역공동체, 국가 그리고 세상에서의 성공적인 인간관계에도 적용된다. 고대의 모든 지혜와 관련된 사상이 지닌 공통된 인식은, 세상의 모든 긍정적 변화가 개인과 그의 영혼에 대한 돌봄으로부터 시작된다는 것이다.

소크라테스도 아테네 시민들에게 자신의 영혼을 돌볼 것을 권했다. 그의 제자 플라톤도 자신의 영혼을 돌보는 것에 대해 말했다.[46] 모든 소크라테스학파는 이 점에서 스승들의 견해를 따랐으며, 세네카가 속한 스토아학파도 마찬가지였다. 이는 스토아학파의 근본적인 가르침 중 하나이기도 하다. 인간은 본성상 일단 자기보존, 자기획득, 자기애의 충동에 의해 움직인다. 인간은 스스로 책임지는 존재이며, 따라서 자신을 보존하고 나아가 자신의 존재를 유지하는 행위를 사랑하는 것이 인간의 의무다.

이 견해는 그리스어로 집 또는 가족공동체를 뜻하는 'oikos(오이코스)'에서 유래한 'Oikeiosis(오이케이오시스)' 이론이라고 불렸다. 사람은 본성상 "내면의 집을 정돈"하게, 즉 정신적 집을 정돈하게 되어 있다. 인간은 자신과 관계를 맺는 존재이며, 하이데거의 말을 빌리자면 "자신의 존재를 신경 쓰는"[47] 존재이기 때문이다. 인간은 무엇보다 먼저 자신 안에서 서로 다른 정신적 힘이 조화롭게 공존되도록 노력해야 한다. 자신과의 성공적인 관계 및 현명한 자기돌봄에 자신의 행복과 주변인의 행복, "가족공동체", 가까운 환경, 그리고 세계의 행복이 달려 있다.[48]

이 중요한 측면을 언급하는 이유는 스토아학파의 삶의 방식이 무분별하고 이기적인 자기중심주의를 조장한다는 오해를 미리 방지하기 위해서다. 세네카는 말한다.

"오직 사람들에게 유익을 준다고 증명된 자만이 진정으로 살아 있다. 오직 자신을 올바르게 사용할 줄 아는 자만이 진정으로 살아 있다. 자신을 숨기고 무감각하게 살아가는 자에게 집이란 곧 무덤과 다름없다. 문지방에서 그런 자들의 이름을 묘석에 새길 수 있으니, 그들은 스스로 죽음을 앞당긴 셈이다."[49]

자신을 올바르게 사용하는 자기돌봄은 동료들에게도 이롭다. 오직 이렇게 올바르게 이해된 자기돌봄만이 진정한 삶이라고 세네카는 말한다.

자기돌봄의 본능

영혼의 집의 질서는 가장 먼저 돌봐야 한다. 모든 것은 여기서 시작된다. 자신을 질서 있게 정리하지 않고 자신의 본질과 정체성, 존재와 진정성을 보호하고 양성하지 않는 자는 자신의 삶에도, 다른 이들의 삶에도 좋은 영향을 미치지 못한다.

"살아 있는 존재는 처음에는 자기 자신에게 몰두한다. 다른 존재와 관계 맺을 수 있는 무언가가 있어야 하기 때문이다."[50]

이는 세네카가 형식적으로 논증한 것이다. 이에 따르면, 자아가 없다면 어떤 종류의 관계도 있을 수 없다. 모든 관계는 둘 이상의 존재를 전제하기 때문이다. 그는 계속해서 말한다.

"나는 쾌락을 추구한다. 누구를 위해? 나를 위해. 그러므로 나는 나를 돌본다. 나는 고통을 피한다. 누구를 위해? 나를 위해. 그러므로 나는 나를 돌본다. 내가 모든 것을 나를 돌보기 위해 행한다면, 다른 모든 것은 이 돌봄 뒤로 밀린다. 이러한 자기돌봄은 모든 생명체에 내재되어 있으며, 학습하는 것이 아니라 태어날 때부터 가지고 태어나는 것이다. 자연은 어린 생명체들을 인도하고 그들을 버리지 않는다. 그리고 근처로부터 받는 보호가 가장 안전하기에, 모든 존재는 무엇보다 먼저 자신을 돌보아야 한다."[51]

자기돌봄은 오이케이오시스 이론으로 본다면 모든 생명체의 근본적이고 자연적인 속성이다. 존재의 근본적 토대와 개인의 재능 및 능력의 발전에 대한 보살핌 없이는 생명과 우리 자신의 존속이 불가능하다. 세네카는 모든 생명체의 자기애를 언급하며 이 사고의 흐름을 마무리한다.

"무엇보다 이러한 도구는 자연이 생존을 위해 생명체들 안에 배치한 것이다. 자기보존의 충동과 자기애 말이다."[52]

인간과 관련해 세네카는 영혼에 대한 돌봄이 육체에 대한 돌봄에 우선한다고 본다.

"좋은 사고방식과 감각, 영혼의 건강을 돌보고 그다음에야 육체의 건강을 돌본다."[53]

육체적 기능을 살피는 것은 살기 위한 전제 조건이다. 하지만 소크라테스가 강조했듯이 세네카도 이를 위해서는 정신적-영적 기능이 온전하고 선해야 한다고 말한다.[54] 이들이 육체의 필요를 처리하기 때문이다. 이것이 무엇을 생각하고, 원하고, 행하는지 결정하며, 이는 다시 육체와 웰빙에 다방면으로 영향을 미친다. 얼마나 그리고 무엇을 먹고 마시는지, 흡연하는지, 운동하는지, 얼마나 움직이고 자는지,

얼마나 많은 두려움과 걱정, 분노와 부정적 감정을 허용하고 키우는지 등의 모든 것이 육체에 다양한 결과를 미친다. 세네카는 자아의 정신적-영적 부분에 대한 이러한 돌봄을 "더 높은 것을 위한 노력"이라고도 부른다. 여기서 모든 것이 나오기 때문이다.

"더 높은 것을 위한 노력을 그대의 과업으로 삼는다면, 훌륭한 지식의 풍요, 덕(지혜)에 대한 사랑, 그 사랑의 실천, 과도한 열정의 제거, 삶과 죽음에 대한 확실한 지식, 깊은 정신적 평온을 얻을 수 있다."[55]

더 높은 본래의 관심에 대한 노력을 소홀히 하는 이들은 자신의 시간을 전적으로 다른 일에 바치는 사람들이다. 세네카는 계속해서 말한다.

"모든 사업가는 비참하다. 하지만 가장 비참한 것은 자신을 위한 사업조차 하지 않는 이들이다. 그들의 수면은 다른 이의 수면을 따르고, 발걸음은 다른 이의 발걸음을 따른다. 심지어 가장 자유로운 영혼의 움직임인 사랑과 증오에서조차 그들은 다른 이의 명령에 완전히 구속되어 있다."[56]

오직 외부에만 살며 자신을 돌보지 않는 자는 아무리 많은 권력과 명예, 재산을 쌓는다 해도 자신에 대한 통제력을 거의 상실한다. 인식하지 못하는 사이에 충동, 감정, 어두운 힘이 그를 조종한다. 내면으로부터 자신의 삶을 형성하지 못하고, 외부 사건과 그로 인해 그 안에서 유발된 감정에 의해 생활 방식이 결정된다. 가장 깊은 욕구들은 인식되지 못하고, 그의 삶을 영위하는 데 영향을 미치지 못한다. 세네카는 외부에서는 성공했지만 자기돌봄을 소홀히 하여 자신에게서 실패한 사람들을 다음과 같이 빗대어 표현한 바 있다.

"고삐를 쥐고 말의 움직임을 제어할 수 있어도, 정작 자신은 난폭한 감정에 끌려다니는데 무슨 소용이 있는가? 레슬링이나 복싱에서 많은 사람을 이긴다 해도, 자신의 성급한 분노에 정복당하면 무슨 소용이 있는가?"[57]

다른 이들보다 뛰어나고 직업적 도전을 극복한다 해도, 자신을 소홀히 한다면 아무런 소용이 없다. 오직 자신에 대한 성공적인 돌봄 속에서만 행위의 열매를 거두고 진정으로 즐길 수 있다.

세네카는 당대 사람들 대부분이 자신을 위한 시간을 내지 않고, 그토록 귀중한 시간을 중요하지 않은 것들에 낭비한다고 개탄했다.

"시간을 제대로 평가하는 사람이 없다. 마치 그럴 만한 가치가 없는 것처럼 낭비될 뿐이다."[58]

우리는 삶을 점화하고 꽃피우며 지속적인 자기돌봄으로 삶의 부담과 방해 요소를 제거하는 대신, 우리를 행복한 삶으로 이끌 것이라고 믿는 것들을 획득하는 데 모든 에너지를 쏟는다. 그러면서 행복을 경험하고자 하는 자신에게는 이르지 못한다. 내면을 충분히 돌보지 않을 때 빠지게 되는 치명적인 역학이 바로 이것이다.

"플라톤이 위대한 말을 남겼다. 사람들은 자신의 목숨을 대가로 하찮은 것들을 얻는다는 것이다. 더욱이, 사랑하는 루킬리우스여, 그들의 미친 짓을, 즉 우리도 그 무리에 속하므로 결국 우리의 미친 짓일 텐데, 그들의 미친 짓을 제대로 생각해 본다면, 사람들이 삶을 낭비하며 살아가는 것을 보고 웃을 수밖에 없을 것이다. 삶을 위한다는 것들

이 바로 그 삶을 위해 존재하는 것들이니 말이다."⁵⁹

세네카에 따르면, 생명의 시간은 자연의 다른 모든 선물과 같다. 우리는 그것을 잘못 사용한다. 자기 자신을 위해 사용하는 대신, 자신으로부터 멀어지게 만드는 데 사용한다.

"만약 우리가 자연의 선물들을 잘못된 방식으로 사용했다고 한다면, 모든 것을 오히려 우리에게 해로운 방식으로 얻은 셈이다. 볼 수 있고 말할 수 있다는 것이 누구에게 도움이 되는가? 누구에게 삶이 고통이 되지 않는가? 아무리 유용한 것이라 생각해도, 그것은 우리가 잘못 사용했기 때문에 그 반대가 되어버린다!"⁶⁰

세네카는 중요한 것과 즐거운 것을 처리하는 과정에서 점점 바쁜 일정을 키워가고, 그것이 결국 우리를 완전히 삼켜버리게 된다고 경고한다. 많은 사람이 바쁘게 살면서도 결국 자신을 잃어버리거나, 자기 자신과 진정으로 만난 적이 없다는 사실을 인생의 끝에 다다라서야 깨닫는다.

"일에 시달리는 자들은 깨어 있거나 자는 중에도 동일한 보폭으로 계속되며, 막을 수 없이 빠르게 흘러가는 방식으로 삶을 살아가고 있다는 사실을 생이 끝날 때까지 알아차리지 못한다."⁶¹

이러한 일들로부터 벗어나기 위한 대책으로, 세네카는 철학 공부를 지속하며 자기 자신을 돌보는 데 집중할 것을 추천한다.

"일에서 자유로워진 후에야 철학을 공부하는 것이 아니라, 철학을 공부하기 위해 일에서 자유로워져야 한다. (…) 영혼의 건강을 챙기는 공부에 부적절한 시간은 없다. 오히려 많은 이들이 공부를 소홀히 한다. 공부를 오히려 격려해야 할 환경 속에서도 말이다."[62]

세네카가 말하는 "환경"은 오늘날 우리가 살아가는 소비 지향적이고 쾌락적인, 활동적인 사회와 마찬가지로 고대 로마의 세계적이고 수많은 사람이 밀집해 있던 대도시를 말한다. 그곳의 사람들은 대부분 자신을 돌보지 않고, 가능한 모든 일에 온통 신경을 쓰면서도 오직 자신에게만 신경을 쓰지 않았다.

매 순간 자기돌봄을 명령하라

자기주도적인 삶을 살고자 하는 사람은 자신이 하는 모든 일에서 언제나 자신을, 자신의 영혼의 상태를, 그리고 삶 전체를 돌아봐야 한다. 자기돌봄은 이처럼 포괄적인 주의 깊음과 신중함이자, 매 순간의 완전한 존재감과 깨어 있음이다. 자기 관찰만을 과하게 해서 경험의 직접성을 잃고, 모든 것을 평가하거나 가치 판단을 하는 방식으로만 인식하고 경험해서는 안 된다. 하는 모든 일이 곧 자신의 삶이라는 사실을 의식해야 하며, 어떤 환경에서든 최선의 방식으로 그것을 해왔다는 사실을 알아야 한다. 즉, "이것이 나다"라고 말할 수 있어야 한다. 무엇을 하는지 그리고 그 일이 비록 고통스럽고 부담스럽고 심지어 괴로울지라도 그것이 내면의 핵심 및 본질과 어떻게 연결되는지 이해해야 한다. 이렇게 자기돌봄은 인간이 자아의 소외, 산만함 그리고 자기 정체성의 상실을 막을 수 있도록 돕는다.

세네카가 말한 중요한 점을 다시 한번 되짚어 보자면, 그는 "결정을 내릴 때, 항상 삶을 부분적으로만 고려하고, 결코 전체를 고려하지 않는 것이 우리가 범하는 실수의 주요 원인"[63]이라고 했다. 자기돌봄은 삶 전체에 집중하고 포괄적으로 주의를 기울이는 것이다.

세네카는 그의 저서 『마음의 평정에 관하여』의 결론 부분에서 독자에게 영혼의 평정이 얼마나 중요한지, 그리고 그것을 어떻게 얻을 수 있는지 단지 배운 것만으로는 충분하지 않다고 경고한다.

"기억하라. 지속적이고 집중적인 주의를 기울여 불안정한 마음을 점검하지 않는다면, 이것만으로는 변덕스러움으로부터 자신을 지킬 수 없다."[64]

우리의 삶은 고정된 것이 아니라 본래 끊임없이 변화한다. 약동하고, 발전하며, 수많은 외부 자극을 끊임없이 받아들이고, 욕망과 필요, 바람과 갈망을 일으키며, 두려움과 걱정을 불러일으키고 결국 행동을 촉구한다. 우리는 우리 자신 및 감정과 정서와 끊임없이 소통하고 있다. 자기돌봄은 이러한 대화를 주의 깊고 진지하게, 영혼에 대한 깊은 이해 속에서 이끌어가는 것이다.

이와 같은 주의 깊음은 매 순간, 매시간, 매일의 가치를 높여준다. 시간은 가장 소중한 자산 중 하나다. 세네카는 시간을 잘 활용하고, 매일을 마지막 날인 것처럼 살며, 따라서 이후에는 더 이상 무언가를 실현할 기회가 없을 것이라 생각해야 한다고 경고한다.

"중요한 사람 그리고 일반적인 오류를 범하지 않는 탁월한 사람의 특성은, 시간을 결코 헛되이 흘리지 않는 것이다. 그래서 그의 인생은 가장 길게 느껴진다. 그에게 주어진 모든 시간은 온전히 자유롭기 때문이다. 그에게 해야 할 것은 아무것도 없고, 그 어떤 것도 타인의 손에 맡겨져 있지 않다."[65]

"모두가 인생을 서두른다. 미래에 대한 갈망과 현재에 대한 싫증에 시달린다. 하지만 한 순간도 낭비하지 않고, 매일을 마치 마지막 날인 것처럼 유용하게 보낸 사람은 내일을 갈망하거나 두려워하지 않는다."[66]

자기돌봄은 자신과의 주의 깊은 관계 맺기를 통해, 미래를 향한 두려움과 걱정을 없애거나 줄인다. 그러면 더 이상 무엇을 바라고 희망할 필요가 없으며, 현재의 순간에 모든 것을 즐길 수 있다.

세네카는 중요한 일들을 미루지 않고, 매일 삶을 마감하고, 남겨진 것에 감사하며 기뻐하라고 강조한다.

"어떤 새로운 즐거움이 어느 순간에 올 수 있을까? 모든 것이 익숙하고, 모든 것을 충분히 맛보았다. 나머지 일에 대해서는 운명이 마음껏 결정할 수 있게 두어라. 그런 사람의 삶은 이미 안정적이다. 이미 더 이상의 변화는 없을 것이다. 변화가 있다면 그것은 이미 만족하고 배가 채워진 사람이 추가로 몇 입 정도 더 먹는 것과 같다. 갈망했던 것은 아니지만 기꺼이 받아들이는 것에 해당한다."[67]

물론 현실에서 실현하기는 어려울 것이다. 세네카는 이를 알고 있었다.

"아무나 데려와 보라. 젊은이든, 노인이든, 남자든 똑같이 죽음에 대한 두려움과 삶에 대한 무지로 가득 차 있다는 것을 발견할 것이다.

진정으로 이미 무언가를 해낸 사람은 없다. 필요한 모든 것을 다들 미래로 미뤄두었기 때문이다."[68]

자기돌봄을 위한 여유

세네카에 따르면, 자기돌봄은 자신의 유한성을 인식하는 것에서 나오며, 소크라테스의 "너 자신을 알라"와 밀접하게 연관된다. 이는 인간이 한계와 유한성을 인식해야 한다는 촉구다. 죽음에 대해 생각하기를 꺼리는 경우가 많지만 이를 회피하지 않는다면, 내면의 것을 실현시킬 시간이 무한히 주어지지는 않았다는 사실을 금세 알 수 있다.

"그대들은 마치 영원히 살 것처럼 살아간다. 결코 자신의 연약함을 깨닫지 못한다. 지나간 시간이 얼마나 많은지 신경 쓰지 않는다. (…) 삶을 시작하기에 얼마나 늦었는지! 죽음의 순간까지 모든 구원의 계획을 미루는 것이 얼마나 어리석고, 죽음을 무시하는 태도가 얼마나 가당찮은지! 50, 60세에 이르러서야 인생을 시작하려고 하는 것이 얼마나 미친 짓인지."[69]

"구원의 계획(라틴어로 sana consilia)"이라는 표현은 자기돌봄이 단순히 자연적 본능을 실현하는 것에만 국한되지 않음을 암시한다. 그것은 또한 영혼의 건강을 회복하는 중요한 도구이기도 하다. 오랫동안 욕구를 억제한 사람은 병이 들게 된다. 두려움, 걱정, 과중한 부담, 분노, 노여움, 분개, 탐욕과 같은 영혼의 짐도 마찬가지다. 이들 정서는 스토아학파와 세네카에게 영혼의 병으로 간주되었고, 그들은 자기돌봄을 통해 이를 줄이고 통제할 수 있다고 주장했다.

"영혼은 치유가 필요한 병적인 측면을 가지고 있다. 여유가 나에게 무엇을 해야 하는지 말해준다. 나는 내 상처를 스스로 치유한다. (…) 그대에게도 여유를 가질 것을 추천한다. 그 여유 안에서 그대는 떠나온 것들보다 더 중요하고 아름다운 일을 해야 한다."[70]

이 편지의 수신인인 루킬리우스는 최근 공적인 일에서 물러났다. 세네카에게 여유의 시간은 자기성찰, 영혼의 돌봄, 자기돌봄을 위한 시간으로 특히 중요하다. 따라서 여유는 결코 아무것도 하지 않는 시간이 아니라, 무언가를 숙고할 수 있는 가장 의미 있는 활동의 시간이다. 이와 반대로 끊임없는 분주함은 실제로 해야 할 일을 회피하려는 끊임없는 도피로 보인다.

"내 말을 믿으라. 겉보기에 아무것도 하지 않는 사람이 실상 더 중요한 일을 하고 있다. 신성과 인간성의 관계에 집중하고 있는 것이다."[71]

"신성과 인간성"이라는 표현은 고대에서 철학적 개념을 다루는 데 자주 사용되는 표현이었다.[72] 세네카는 다른 곳에서 이렇게 썼다.

"현자는 국가에 얽매이지 않는다. 비록 그가 고립된 생활을 할지언정 그에게는 그 자신에게 합당한 국가, 즉 세상이 있기 때문이다. (…) 비밀을 하나 알려주고자 한다. 현자는 하늘과 땅을 두루 살피는 것보다 더 많은 일을 하지 않는다."[73]

세네카에게 철학은 자기돌봄이며, 자신을 돌아보는 일이다. 철학은 여유, 휴식, 고립을 지향해야 하며, 이는 끊임없이 자신과의 대화를 재시작하는 것을 말한다. 자기돌봄에는 두 가지 중요한 형태가 있다. 하나는 우리가 하는 모든 일에 집중하는 주의 깊음이다. 이는 일상의 일들을 처리할 때 중요하다. 두 번째는 여유, 즉 세속적인 활동에서 벗어나 다채롭고 끓어오르며 끊임없이 변하고 자신과 싸우는 영혼의 상태를 탐구하고 진정시키며, 정돈하고 치유하는 것이다.

> ✦ **세네카의 가르침**
>
> - 좋은 삶을 사는 방법을 배우고자 하는 사람은 자기 자신으로부터 출발해야 한다. 이는 자기수양의 과정이자, 자기를 돌보는 일, 영혼과 육체의 상태를 점검하는 일이다.
>
> - 자기돌봄은 자신과 타인을 위한 가장 유익한 일이다. 자기 안에서 평화를 찾은 사람은 그 평화를 주변인에게도 전달하기 때문이다.
>
> - 외부적인 것을 위해서만 살고, 자기 자신에게로 돌아가지 않는 사람은 결국 자기의 가장 깊은 곳에 있는 욕구를 잊어버리게 된다. 그러니 자신을 돌보고 자기에게로 돌아갈 수 있는 시간을 주기적으로 갖는 게 중요하다.
>
> - 자기돌봄은 자기 자신, 현재의 순간, 삶 전체에 집중적이고도 포괄적으로 주의를 기울이는 작업이다.

"오직 자신을 올바르게 사용할 줄 아는 자만이
진정으로 살아 있다."

11_____ 더 나은 삶을 위한 자기수양

✳

 "매일 단점을 조금씩 없애고 오류를 스스로 되돌아보는 것으로 충분하다."[74]

 자기돌봄이 자기 자신과 영혼의 삶을 돌보라는 호소였다면, 자기수양은 구체적으로 무엇을 해야 하는지 알려준다. 이는 성격을 잘 형성하고 특징짓는 것을 말한다. 세네카는 사상이나 믿음과 무관하게 철학을 통해서 자기수양을 달성할 수 있음을 보여주었다. 그의 설명을 통해 성격을 형성한다는 것이 무슨 의미인지 알 수 있을 것이다. 성격 형성은 끊임없는 노력을 통해 사고 습관, 행동 습관을 바꾸고 이를 꾸준히 실천하고 내면화함으로써 고통을 주는 잘못된 태도를 줄이거나 없애고, 긍정적인 특성을 계발하고 강화하는 것을 말한다.

 세네카는 철학적 성찰을 통해 우리에게 무엇이 유익하고 무엇이 해로운지에 대한 통찰을 얻어야 한다고 했으며, 이 통찰을 바탕으로 그의 철학과 인생 학교의 두 번째 장을 설명하고 있다. 즉, 성찰을 통해 얻은 생각을 머리에 머무르게 하는 것이 아니라 신체, 감각기관, 살, 피로 전달하고 고착화시키는 것이다. 이 과정을 잘 마쳐야 생각, 의지, 행동이 더 나은 방향으로 바뀔 수 있다.

세네카는 우리가 스스로의 성격을 다듬어나가고, 영혼의 삶을 질서 있고 아름답게 만들어나가야 한다고 권고했다. 그러면 인생의 기쁨을 깊이 있게, 그리고 오랫동안 즐기는 방법을 배우게 될 것이라고 말이다.

무엇이 잘못되었는가

세네카는 자아를 형성하는 과정이, 문제를 일으키고 장기적으로 고통과 질병을 유발하는 자신의 오류와 나쁜 습관을 없애거나 적어도 줄이는 데 달려 있다고 말했다. 오늘날에는 성격 개발이라고 하면, 긍정적인 사고방식을 촉진하는 것을 떠올리곤 한다. 하지만 세네카가 살던 고대에는 오히려 단점에 집중했다. 물론 그렇게 하는 이유는 우리 안에 있는 유익한 힘을 강화하려는 것이었다.

세네카는 말했다.

"덕을 배우는 것은 오류를 없애는 것과 같다."[75]

어찌 보면 고통을 유발하는 것을 없애는 게 더 쉬워 보인다. 행복을 충족시키고 실현시키는 것은 우리를 힘들게 하는 사고 습관과 행동 습관을 인식하는 것보다 훨씬 더 어려운 문제처럼 보이기 때문이다. 우리 대부분은 무엇이 우리를 행복하게 하는지 잘 알지 못하지만, 무엇이 우리를 불행하게 하는지는 잘 안다.

어느 쪽이든 세네카는 특성과 습관, 정신력이 이성에 영향을 받을 수 있다는 통찰을 지니고 있었다. 이에 따라 그는 이렇게 말했다.

"모든 감각을 강화해야 한다. 감각은 기본적으로 순응적이지만, 악에 기울면 매일같이 그에 대한 책임을 져야 한다."[76]

여기서 "모든 감각"이라 함은 넓게 보아야 한다. 라틴어로 "sensus"는 감각 및 지각 능력 외에도 느낌과 감정, 생각, 이성, 기분, 의식도 포함하는 단어이기 때문이다. 우리의 본질과 행동을 결정하고 정의하는 모든 마음의 힘은 부정적인 영향과 경험에 의해 손상되고 훼손될 수 있지만, 계속해서 변화시키고 감화시킬 수 있다. 이는 감각적 지각도 마찬가지다. 감각적 지각은 개인의 관념과 가치판단에 어느 정도 영향을 받기 때문이다.

영혼의 힘을 잘 키우고 싶다면, 끊임없이 그 힘을 계발해야 한다. 세네카는 오늘날까지 자주 인용되는 방법을 권고했다. 세네카가 그의 스승 섹스티우스로부터 들었지만, 사실 이미 그리스 소크라테스 이전 시대의 철학자 피타고라스가 실천하던 방법이었다.[77] 이 방법을 현대어로 말하면 개인적인 모니터링, 즉 지속적인 관찰과 점검이다.

"스승 섹스티우스가 그렇게 했다. 매일 일을 마친 후 휴식을 취할 때, 스스로에게 이렇게 물은 것이다. '오늘 너는 너의 어떤 결함을 보완하였는가? 어떤 오류를 범하였는가? 어떤 점이 발전하였는가?' 만일 우리가 매일같이 판사 앞에 선다고 한다면, 분노는 가라앉고 좀 더 차분해질 것이다. 매일 점검하는 습관보다 더 아름다운 것이 있을까? 영혼이 칭찬 또는 훈계를 받고 비밀 관찰자이자 동시에 판사로서 도덕적 행동에 대해 점검한다면, 그 후에 얼마나 달콤한 잠을 잘 수 있을까? 이 얼마나 차분하고 깊이 있으며 자유로운가? 나는 이 방법을 활용하여 매일 스스로에게 묻고 답한다.

해가 지고 나의 습관을 아는 아내가 잠에 들고 나면, 나는 지난 하루를 돌아보고 나의 행동과 말을 평가한다. 모든 게 까발려진 채로, 눈감아 주는 법 없이. 범죄를 행할까 두려워할 일이 있을까? 항상 이렇게 말하는데 말이다. '다시는 이렇게 하지 말자, 이번에는 용서한다. (…) 그에게 너무 가혹하게 말했다. 그를 바로잡지 않고 오히려 모욕했다. 앞으로는 입에서 나오는 것이 진실인지뿐 아니라 그 말을 듣는 사람이 그 진실을 수용할 수 있는지도 살피자.'"[78]

세네카가 말하는 자기수양은 일상을 비판적으로 점검하고 무엇이 잘못되었는지, 어떻게 개선할 수 있는지 인식하는 것에서 시작한다. 그러면 기분도 나아지고 정신적 고통도 줄어들 것이다. 즉 단점을 파악하고, 그 단점을 해결하기로 결정하고, 앞으로의 개선 상황을 주기적으로 확인하는 작업이다.

"그대 자신을 점검하고, 탐구하고, 각종 방법으로 관찰하라. 무엇보다 그대가 (…) 삶에서 발전을 이루었는지 주의 깊게 살펴보아라."[79]

물론 쉽지 않다. 문제가 어디에 있는지 알아도 사고방식과 행동방식을 바꾸는 것은 어렵다.

"그러나 벗어나고자 하면서도 쉽게 떨쳐내지 못하는 왜곡된 도덕과 욕망, 그것을 극복하며 배우는 건강한 회복만큼 분명한 것은 없다."[80]

다른 사람들에 대해 그러하듯, 우리 자신에게도 항상 예민하게, 관대하게, 인내심 있게, 이해심을 가지고 대해야 하며, 변화된 행동에 잘 적응해야 한다. 너무 크게 개선하려고 하다가 실천 의지를 급격히 잃어버리는 것보다는 작아도 끈기 있게 개선시켜 나가는 것이 좋다.

"신체가 그러하듯, 정신 역시 나쁜 태도가 발견되면 세심하게 처리해야 한다. 때로는 인내심 있게 개선시키려 하더라도 외부의 유혹으로 인해 중단되기도 한다."[81]

세네카는 자신의 단점을 없애는 데 효과적인 수단으로 다른 사람과의 대화 또는 자기 자신과의 대화를 권장했다. 자기 자신과의 대화의 경우, 가능한 한 글로 쓰는 것을 권장했다. 그러면 단어를 찾고, 행동을 말로 설명하고, 생각에 글자라는 형태를 부여해야 한다. 그러다 보면 내용이 보다 명확해지며, 문제를 다시 생각하고 해결할 수 있게 된다. 그리고 이런 작업을 반복함으로써 더 해야 할 일이 무엇인지 알게 되고, 계속하려는 동기를 얻게 된다. 세네카는 루킬리우스에게 보낸 서신의 말미에서 다음과 같이 말했다.

"다른 사람에게 말하면, 말을 하는 당사자가 자기 귀로 자기 말을 들을 수 있고, 혼자서 글을 쓰면 쓰는 동안 쓰는 사람의 눈으로 읽을 수 있다. 끊임없이 자기 발전과 요동치는 감정을 진정시키는 데 집중해야 한다. 공부의 관점을 '더 많은 것'이 아닌, '더 나은 것'을 얻는 데 두어라."[82]

마지막 문장은 우리가 스스로를 나은 사람으로 변화시키는 일명 '재정비'의 과정을 어떻게든 회피하려고 한다는 사실을 반영한다. 종종 우리는 적합하지 않은 다른 방법을 사용하고서는 그 방법이 우리를 더 발전시켜 줄 것이라고 합리화하기 때문이다. 그러나 실제로는 자기를 개선하려는 진정한 작업으로부터 도피하고 있는 것이다. 정신적 저항력은 강하고 끈질기며, 진정으로 필요한 변화나 그것을 위한 작업으로부터 우리를 멀어지게 할 방법을 끊임없이 찾아낸다.

자기 자신을 지배하라

세네카에게 자기수양은 "자기 집의 주인 되기"를 배우는 것이다. 이는 자기통제력, 자기주도력, 자기훈련과 연관되어 있다. 우리는 책임감 있는 자기결정적 삶을 살아가며, 스스로에 대한 통제권을 지니고, 가능하다면 욕심과 욕구와 함께 정신력을 통제하고 조종한다.

이러한 자기통제 능력으로부터 모든 것이 출발한다. 만일 인간이 스스로 규칙을 정해서 그에 따라 살지 못한다면, 즉 사고, 의지, 행동을 바꾸며 살 수 없는 존재라면, 세상 어떤 충고든 가르침이든 쓸모없을 것이기 때문이다.[83] 따라서 세네카는 자기주도성이 제일 중요하다고 보았다.

"자기 자신을 지배하는 것은 다른 어떤 지배와도 비교할 수 없는 위대한 지배다."[84]

그리고 이전에 있었던 강대국의 지도자들에 대해 언급하고 나서 "자기 자신을 지배하는 것은 가장 중요한 제국을 세우는 일이다"[85]라고도 말했다.

자기 자신을 인도하고 규제하는 능력에서도 다른 긍정적인 특성이 나온다. 바로 다른 사람들에게 다가가 긍정적인 영향을 미치고 그들을 인도할 수 있다는 것이다.

"자기 자신도 지배해야 할 필요가 있다고 생각하지 못하는 자는 다른 어떤 것도 지배할 수 없다."[86]

이는 사업, 정치, 기관, 스포츠 등에서 관리직을 수행하는 모든 사람이 기억해야 할 진리다. 자신을 인도하는 방법을 더 잘 이해할수록 타인도 잘 인도할 수 있기 때문이다. 물론 그 반대는 성립하지 않는다. 타인을 잘 이끄는 법을 아는 사람이 곧 자기 삶도 잘 이끌 줄 아는 것은 아니다. 예컨대 선동가들은 대중의 호응을 얻지만, 자기 영혼은 돌보지 않고 권력에 대한 끝없는 욕망과 사상에 지배당한다.

자기 자신을 잘 그리고 이성적으로, 주의 깊게 대하는 법을 배우고, 자신을 통제하고 관리하는 법을 배우며, 삶에서 다양한 욕구에 여지를 주는 사람은 이미 자신에게 주어진 바를 잘 달성한 사람이다. 이런 사람은 자기 성격을 형성하고 개발하는 데 이미 능숙한 사람이라고 볼 수 있다.

"인생은 그 안의 내용이 풍부할 때, 길어진다. 영혼이 자기의 선을 완전하게 발전시키고 자기 자신을 지배하는 상태가 되었을 때, 이것이 가능해진다."[87]

세네카의 인생 철학의 목표는 이렇게 요약할 수 있다. 자기 자신의 주인이 되고, 생각하고 말하고 행동하는 모든 것에 본질과 내면의 진정한 자아를 반영해 조화로운 인격의 통합체로 발전하는 것이다. 이는 "일에 파묻혀 사는" 사람들은 도달하지 못하는 "정신의 정교화"다.[88] 이는 고대 그리스의 인격 형성과 관련된 이상인 "칼로카가티아Kalokagathia●와도 관련이 있다. 이에 따르면 좋은 인생, 성공적인 인생은 아름다운 인생이며, 좋은 영혼은 마찬가지로 아름다운 영혼이다. 좋은 영혼은 질서 있고, 일관되고, 조화로운 총체이기 때문이다. 인생은 창조적인 활동이다. 인생은 예술 작품이고, 따라서 우리 모두는 예술가다.

세네카는 아름다운 영혼을 형성하고 현명한 삶의 영위를 통해 이를 강화하는 것이 바로 진실하고도 영원한 기쁨을 결정하는 왕도라고 생각했다. 성숙하고, 훈련되고, 자기강화를 반복하는 성격은 기쁨과 행복이라는 꽃이 피는, 신중하게 경작되고 관리되는 정원과도 같다. 하지만 다른 모든 일과 마찬가지로 이 역시 풍성한 수확은 우연이 아닌, 진중하고 때로는 힘든 작업의 결과로 얻을 수 있다. 세네카는 성격 발달과 충만하고 즐거운 삶 간에는 내적 연관성이 있다고 보았다. 이에 따라 세네카의 인생 교훈을 다음과 같은 권고로 요약해 볼 수 있다.

"나의 루킬리우스여, 무엇보다 그대에게 권하고 싶은 것이 있다. 기

● 미Kalos와 선Agathos이 합쳐진 것. 고대 그리스에서는 심신이 조화를 이루어 여러 방면에서 출중한 사람을 칼로카가토스라고 불렀다.

뻐하는 법을 배우는 것이다. (…) 내 말을 믿으라. 기쁨은 중요한 문제다. 얽매이지 않은 얼굴을 한 사람이나 활기찬 사람들이 청명한 눈빛으로 죽음을 대수롭지 않게 여기고, 가난을 막지 않으며, 쾌락의 충동을 억제하고, 고통 속에서 인내할 준비가 되어 있다는 것을 그대는 알고 있는가?"[89]

세네카의 실천철학은 삶을 올바르고 걱정 없이 강렬하게 살며, 후회없이 기뻐하는 법을 어떻게 배우는지 알려주고 있다.

✦ 세네카의 가르침

- 자기수양은 특성과 성격을 자리 잡게 하고, 형성하고, 계속해서 개발하는 능력이다.

- 자기수양은 더 나은 사고 습관과 행동 습관의 끊임없는 훈련과 내면화를 통해 고통스러운 행동 패턴을 없애고 긍정적인 사고방식을 형성해 강화하는 지속적인 작업이다.

- 우리를 기쁘게 하는 것에서 눈을 떼지 않은 채로 우리를 고통스럽게 하는 것을 없애는 데 집중해야 한다.

- 자기에 대한 엄격한 비판 정신을 발휘해 자기를 돌아보아야 하지만, 동시에 사랑과 이해를 담아 자기를 다루어야 한다.

- 자기훈련, 자기통제, 자기강화가 그대를 목표로 이끌 것이다.

"매일 단점을 조금씩 없애고
오류를 스스로 되돌아보는 것으로 충분하다."

12 ____ 내가 누구인지 아는 것의 힘

✱

"나는 이제부터 나 자신을 관찰하고, 무엇보다 항상 하루를 영혼의 눈으로 다시 한번 되돌아볼 것이다."[90]

자기수양은 자신을 지배하려는 노력으로, 고통을 유발하는 것을 억제하고, 우리 안에 내재된 것들 중 즐거움과 행복으로 이어지는 것들을 발전시키려는 노력이다. 이를 위해서는 먼저 내가 누구인지를 알아야 할 필요가 있다.[91]

우리 존재를 이루는 것은 무엇이며, 성격의 핵심은 무엇인가? 우리에게서 나온 것은 무엇이고, 외부나 타인으로부터 온 것은 무엇인가? 우리에게 낯설고, 우리와 어울리지 않으며, 우리에게 좋지 않고 부담을 주는 것은 무엇인가? 우리가 지닌 깊은 욕구는 무엇이며, 그것이 우리에게 중요한 이유는 무엇인가? 자아에는 무엇이 포함되는가? 부정적인 경험이나 트라우마, 처리되지 않은 갈등의 결과로 형성된 것들은 무엇인가? 사고, 의지, 행동을 결정하는 것은 무엇인가?

이 질문에 대한 근본적인 답이 없다면, 자기수양을 어디서부터 시작해야 할지 모르는 것이다. 그러므로 자기인식은 자기수양보다 먼저 이루어져야 한다.

세네카는 "나는 먼저 나 자신을 탐구한다"[92]라고 말한다. 자기가 누구인지, 무엇을 자신의 모습으로 구분할 수 있는지, 혹은 이러한 구분이 실질적으로 존재하는지에 대해 세네카는 명확한 답을 제시하지 않았다. 그러나 그에게는 모든 사람이 자신의 경험을 통해 확인할 수 있는 확고한 사실이 있었다. 그것은 우리의 마음에는 지속적으로 잘 되게 하는 힘도, 고통을 일으키는 힘도 있다는 것이다. 기쁨과 행복을 가져다주는 힘이 있지만 그것을 따르다가 불쾌함을 느끼고 해를 입기도 한다. 자신과 가까워지는 순간과 단계가 있지만, 때로는 자기 자신과 멀어지기도 한다. 이 사실을 있는 그대로 받아들이자. 이후 논의에서 이를 좀 더 명확하게 다루어보겠다.

우리는 불완전하다

우리는 이미 스토아철학의 윤리와 세네카의 교훈이 지닌 핵심 목표 중 하나가 세상의 일, 우연적인 상황 그리고 주변 사람들의 행동에 마음 상태의 영향을 받지 않는 것이라는 점을 배웠다. 이와 관련해서 앞서 운명에 관한 장에서도 부분적으로 살펴본, 세네카의 생각을 다시 언급할 필요가 있다. 거기에서는 현자의 흔들리지 않음과 자기 인식에 대해 다루었다. 루킬리우스에게 보내는 82번째 서신에서 세네카는 다음과 같이 말했다.

"철학은 방벽을 세워야 한다. 그것은 어떤 공격에도 견딜 수 있는 무적의 성벽이 되어 요새 안에서 우리를 보호한다. 이는 오로지 자신의 내면과 자연을 알아야 가능하다. 인간은 길을 어디로 향해야 할지, 어디서 왔는지, 무엇이 좋고 무엇이 나쁜지, 무엇을 추구해야 하고 무엇을 피해야 할지 알아야 한다."[93]

우리는 어디에서 왔는가? 또 어디로 가는가? 이 삶의 질문들은 "너 자신을 알라"라는 명제와 밀접하게 연결되어 있음을 분명히 알 수 있다. "어디에서 왔는지"는 넓은 의미로 이해해야 하는데, 이는 인간의 기원에 대한 형이상학적 및 종교적인 질문뿐 아니라 개인의 삶의 길, 타고난 재능, 성향, 인상, 경험과 사건을 모두 포함한다. 이들은 자신에 대해 생각하기 시작했을 때 발견한, 그동안의 자기 자신을 형성해 온 요소들이다.

이와 같은 맥락에서 고대 그리스의 시인 핀다르Pindar는 "경험을 통해 너 자신이 되어라"[94]라고 말했다. 그리스 문화의 영향을 많이 받은 괴테는 간결하고도 정확하게 다음과 같이 말했다.

"인간이 무엇인지 판단하려고 한다면, 먼저 인간이 본래 무엇이었고 어떻게 그렇게 되었는지를 고려해야 할 것이다."[95]

자신을 더 잘 이해하고 자기 안에 무엇이 있는지 인식하면 할수록, 세상의 공격과 유혹에 맞서 싸우기가 더 쉬워진다. 이는 우리 안에 내면의 성을 쌓고, 언제든지 돌아갈 수 있는 가장 깊은 평온과 자아의 지점을 세우며, 그곳에서 안전과 안정을 찾는 것으로 이루어진다. 영혼의 삶을 더 잘 이해할수록, 세네카가 말한 "욕망의 광란"을 진정시키고, 모든 미지의 것과 위협적인 것에 대한 두려움을 극복할 수 있는 능력이 커진다.

이러한 자기인식의 과정은 추구해야 할 것과 피해야 할 것에 대한 철학적 성찰과 밀접하게 연관되어 있다. 세네카는 철학의 두 가지 영역이 이론과 실천적 훈련이라는 점을 상기시킨다. 이 두 영역의 상호작용이 얼마나 중요한지는 자신을 안다고 믿으면서 작은 충격에도 평정심을 잃고 그로 인해 자신이 얼마나 아직 자신에 대해 모르는지, 얼마나 자신을 다루지 못하는지 보여주는 사람들을 보면 알 수 있다.

"어떤 이들은 자기는 타고난 힘으로 철학 없이도 잘 살아왔다고 믿는다. 그러나 (착각하여) 안정적이라고 느끼던 사람이 예기치 못한 불행에 당황하면, 그 역시 결국 진실을 고백하게 된다."[96]

앞서서 세네카가 자기를 탐구하는 과정에서 주로 실수와 약점에 대해 생각함으로써 이를 억제하거나 줄이거나 가능하면 완전히 극복해야 한다고 말한 것을 기억해 보자.

"사람들은 경솔하고 신중하지 않으며, 모두가 불안정하고 불만족스럽고, 야심이 넘쳐난다. 하지만 어째서 덜 불편한 것만을 말함으로써 그 부끄러움을 덮으려 하는가? 우리 모두는 죄인이다. 따라서 타인에게서 발견되는 흠은 우리 안에도 있다."[97]

지금 이 순간에 내면에서 무엇을 인식하는지만을 살펴보아서는 안 된다. 어떤 것들은 내면 깊이 잠들어 있으며 언제든지 터져 나올 수 있다. 또는 예전에 이미 터져 나온 적이 있지만 그것을 잊거나 억눌렀을 수도 있다.

"지금 이 순간이나 이 하루만을 생각하지 말고, 그대의 전체적인 영혼의 상태를 성찰하라! 비록 그대가 그동안 나쁜 짓을 범하지 않았다 하더라도, 앞으로 충분히 할 수 있다."[98]

세네카는 호메로스의 『오디세이아』를 인간 삶의 방황을 나타내는 비유이자, 내면의 본성을 반영하는 작품으로 보았다. 모든 기쁨과 고통, 모든 양육하는 것과 소모하는 것, 모든 천사와 괴물은 영혼 안에서 찾을 수 있다는 것이다.

"우리에게는 매일 영혼의 폭풍이 일어나고, 혼란스러운 상태는 오디세우스의 고난 이야기를 직접 경험하게 한다. 나는 아무것도 피할 수 없다. 눈의 아름다움도, 적의 분노도 피할 수 없다. 여기서는 사람의 피를 갈구하는 괴물들이 위협하고, 저기서는 나를 파멸로 이끌기 위한 비열한 속삭임이 들려온다. 난파와 온갖 종류의 불행이 나를 차례로 덮친다."[99]

그러니 해야 할 일이 많고, 아직 알아가야 할 진리가 많다.

"아직 내 안에 정돈해야 할 것, 줄여야 할 것, 혹은 향상시켜야 할 것이 많이 남아 있다면? 그것은 오히려 내면이 개선되고 있다는 분명한 표지로, 그동안 몰랐던 실수를 인식하는 것이다."[100]

그러나 세네카는 자기인식에서 성격적 약점만을 염두에 두지 않았다. 긍정적인 능력과 성향도 탐구하고 발전시킬 것들이라 여겼다.

다른 문헌에서 세네카는 우리에게 자신만의 내적 재능을 따라가라고 권고했다.

"그대는 그대의 재능을 따라야 한다."[101]

이를 위해 때로는 무언가를 새로 시도해 보는 것이 필요하다. 생각만으로는 우리가 누구인지, 우리의 강점이 무엇인지 알 수 없다. 그것을 발견해서 적용하면 행복한 성취의 순간을 경험하게 될 것이다.

"자기 자신을 아는 데는 시험이 반드시 필요하다. 내가 어떤 것을 할 수 있는지 없는지 아는 방법은 오직 직접 시도해 보는 것뿐이다."[102]

자기인식의 중요한 임무는 자신의 능력을 정확하게 평가해 스스로에게 과도한 부담을 지우거나 지나치게 집중하지 않도록 하는 것이다. 그러지 못하면 실패와 좌절을 피할 수 없다. 하지만 우리는 종종 자신의 힘을 과대평가하는 경향이 있다.

"해야 할 첫 번째 일은 자신을 정확하게 점검하는 것이다. 무엇보다 자신의 힘을 정확히 추산해야 한다. 보통 자신의 힘을 과대평가하고 결국은 실패하게 되기 때문이다."[103]

세네카는 반복해서 삶의 한계와 유한성에 대해 언급한다.

"그대는 필멸의 존재로 태어났고, 마찬가지로 필멸의 존재를 낳았다. (…) 그대가 그것을 사랑하든 숭배하든, 또는 경멸하든, 모든 것은 결국 재가 되면 같아진다. 그것이 바로 '너 자신을 알라'는 말이 뜻하는 것이다. 인간이란 무엇인가? 흔들기만 해도 깨지는 약한 그릇에 불과하다."[104]

자신의 약점, 한계, 유한성을 경험하고 인간이 결함이 있다는 사실을 인식하는 것은 자기탐구의 과정을 시작하게 하고 또한 지속하게 하는 원동력이 된다.

"회복은 자신의 불완전함을 인식하는 것에서 시작된다."[105]

세네카는 우연히 운이 좋은 사람들에 대해 여러 차례 언급한다. 그들은 다른 사람들로부터 부러움을 사지만, 결국 그들이 얻은 것을 잃을까 봐 두려운 마음에 지배당한다.

"그대는 그들이 결국 두려움에 떨며 철학으로 피신하는 모습을 보게 될 것이다. 병적인 행복이 치유의 상담가로 변하는 것이다. 운명의 호의와 존경받을 만한 마음가짐은 서로 병행되지 않는 것처럼 보이며, 따라서 우리는 불행 속에서야 비로소 지혜에 이르게 된다. 행복은 우리를 눈멀게 한다."[106]

외적인 행운은 우리를 경솔하게 만들 수 있으며, 종종 자신을 탐구하고 성격 개선에 힘쓰는 것을 방해한다. 그러므로 불행과 고통은 자기인식을 위한 스승이 될 수 있다. 세네카는 또 다른 곳에서 불행과 고통은 신체적 질병과는 다르다고 말했다. 신체적인 질병은 증상이 나타나면 즉시 알아차리고 병원에 갈 수 있지만, 정신적 질환은 알아차릴 수 없기 때문이다. 특히 정신질환의 증세는 심할수록 오히려 본인은 알아차리지 못한다.

"영혼을 괴롭히는 질병에서는 정반대의 현상이 나타난다. 상태가 나쁠수록 우리에게는 덜 인식된다."[107]

결국 자기인식은 내면의 갈등과 혼란을 탐구하는 것이다. 때때로 인식할 수 없는 불만족이나 불편한 감정이 생기지만 그 원인을 파악할 수 없을 때, 자기인식의 과정에 자연스럽게 들어갈 수 있다.

"불만을 품거나, 불평하거나, 불쾌한 기분이 생긴다는 것은 내적 장애물과 깊은 내적 불화가 있다는 신호다."[108]

이러한 불편한 기분은 내적 불협화음과 불균형의 신호다. 우리가 그것을 무시하고 부정하며 긴장을 해소하지 않으면 정신적인 고통과 신체적인 질병으로 이어질 수 있다. 만약 이미 질병이 발생했는데도 그것을 무시한다면 치유 과정은 지연되거나 종결된다.

자기인식을 회피하지 말 것

세네카는 자기인식의 주요 문제 중 하나가 자기 자신과의 대면을 피하고, 심지어 그로부터 도망친다는 점이라고 본다. 우리는 자기 안의 문제와 내적 갈등을 보고 싶지 않아 한다. 진실을 두려워한다. 오히려 진실과는 달리 잘 지내고 있다고 스스로에게 말한다. 어쩌면 우리는 꾸미지 않은 자신의 얼굴을 마주하는 것이 두려운지도 모른다. 어쩌면 그 과정에서 불편한 사실들과 어려운 문제들이 나타날 거라고 직감해서인지도 모른다. 의식하는 것은 처음에는 고통스러우며 어느 정도의 노력이 필요하다. 아마도 민감한 부분이나 상처에 손을 대면 느껴지는 고통을 두려워하는 것과 같을 것이다.

세네카는 자신이 들은 한 여성의 사례를 들어 이를 설명한다. 맹인인 그 여성은 도우미에게 집이 너무 어두우니 이사를 가자고 했다.

"이 이야기가 웃기는가? 속지 말라. 우리 모두는 이 여인과 같다. 아무도 자신이 탐욕스럽다는 것을 인정하지 않으며, 아무도 자신이 욕망에 지배당하고 있다는 것을 인정하지 않는다. 맹인은 적어도 안내자를 찾지만, 우리는 안내자도 없이 헤맨다. (…) 이런 자기기만이 무슨 소용인가? 악의 뿌리는 우리 밖에 있는 것이 아니다. 그것은 우리 안에 있으며, 몸 깊숙이 똬리를 틀고 있다. 그렇기에 우리는 스스로 아프다는 사실을 알지 못하며, 그래서 치유가 어려운 것이다."[109]

약점을 내면화해 그것이 깊이 뿌리내려, 그것에서 벗어나기가 어려워지기 전에 자기탐구와 약점을 빨리 처분하기 시작해야 한다.

"이성적인 통찰에 도달하기 위해서는(가르침에 도달하기 위해서는) 노력을 기울여야 한다. 솔직히 말하면, 이 노력은 그리 크지도 않다. 앞서 말한 것처럼 정신을 훈련하고 정돈하는 과업을 시작하기 전에, 즉 잘못된 방향이 뿌리내리기 전에 시작한다면 말이다."[110]

성격의 약점을 겉으로 드러내는 것만으로도 치유의 효과가 있다.

"모든 오류는 그것이 드러날 때 비로소 힘을 잃기 때문이다. 질병도 숨겨져 있다가 드러날 때 치유될 수 있다. 영혼의 질병도 그러하다. 가장 위험한 것은 꾸며진 가짜 건강 뒤에 숨겨져 있을 때다."[111]

종종 우리는 편견에 빠져 있으며, 자신에 대해서 자만하는 경향이 있다. 그러면 현실을 미화하고 왜곡한다. 그러고는 끊임없이 자기 자신을 조작하고, 영혼의 삶을 바라보는 맑은 시각을 흐린다.

"우리는 자기 자신을 항상 편파적인 시각으로 본다. 편견은 항상 판단에 해를 끼친다. 나는 많은 사람이 자기가 이미 지혜롭다고 생각하지만 않았더라도, 자기 실수의 일부를 없는 것처럼 여기지만 않았더라도 충분히 지혜에 도달할 수 있었을 것이라고 본다. 외부의 비열한 속삭임이 아니라 자기의 자아가 정작 자신을 망칠 수 있기 때문이다. 자기 자신에게 감히 진실을 말할 자 누가 있는가?"[112]

세네카는 소크라테스가 그랬듯 자기기만과 허위 지식을 비판한다. 우리는 자신을 안다고 믿으며 자신의 진실을 보지 않으려고 하고, 마야$_{Maya}$*의 화려하고 번쩍이는 베일을 벗기려는 용기나 결단력을 갖지 않는다. 우리는 우리가 진정으로 누구인지 알지 못한 채 살아간다. 종종 자신에 대한 판단은 외적인 것들과 살아가는 관계망에 의해 가려진다. 의식적으로 일상에서 벗어나 우리를 둘러싼 것들에서 떨어져 나올 때 비로소 그 안개가 걷힌다. 그때 비로소 모든 내적 갈등과 긴장의 윤곽이 드러난다. 일상의 분주함 속에서는 그것들을 보지 못한다. 세네카는 이렇게 권한다.

"자신에 대해 알아보려면 돈, 집, 지위에서 벗어나 자신의 내면을 바라보라. 지금 그대는 다른 사람들이 그대를 속이도록 내버려두고 있다."[113]

실제로 재산을 포기해야 하는지, 인도 요가 수행자들이나 불교 및 기독교의 수도자들이 하는 방식을 따라야 하는지에 대해서는 논쟁의

• 힌두교에서 '환상' 또는 '착각'을 뜻한다.

여지가 있다. 세네카는 그렇게 하지 않았다. 하지만 그는 일시적인 절제와 물러섬, 자기성찰, 내적인 내려놓음, 외적인 재화로부터 거리 두기, 독립이 바로 자신의 내적 가치와 힘에 도달하는 올바른 길임을 항상 인식하고 실천했다.

✦ **세네카의 가르침**

· 성격의 긍정적 발달에 필요한 전제 조건은 자기인식이다. 자기인식을 통해 자신의 강점과 약점, 장점과 단점을 알게 된다.

· 자신을 아는 사람만이 그 안에서 명료함을 지니고 세상의 적대로부터 자신을 효과적으로 보호하며 재능을 펼칠 수 있다.

· 자신의 힘, 그리고 성과 역량을 올바르게 평가하는 사람만이 정신적, 신체적 과부하를 피할 수 있다.

· 영혼의 약점이 우리에게 미치는 영향이 크면 클수록, 정작 우리가 그것을 알아차리기는 더욱 힘들어진다. 약점에는 눈을 감아 버리는 경우가 많기 때문이다.

"회복은 자신의 불완전함을
인식하는 것에서 시작된다."

13 ____ 불행을 행복으로 바꿀 수 있다

✱

"모든 운명보다 강한 것은 정신이니, 그것이 바로 영혼이다. 영혼은 일의 방향을 정하며, 그것이 바로 행복한 삶이냐 불행한 삶이냐를 결정짓는다."[114]

이번 장에서는 세네카가 명시적으로 '행복'을 언급한 몇 가지 핵심적인 글을 살펴보고자 한다. 세네카는 '행복'이라는 주제로 책을 쓰기도 했다. 『행복한 삶에 관하여』가 그것이다. 다만 우리는 이 책을 해석하기보다는 세네카가 본질적으로 인간의 행복에 대해 정의하고자 시도한 요소들이 무엇인지에 주목하고자 한다. 이는 다른 책에서도 찾아볼 수 있다.

물론 중복되는 내용도 있을 수 있다. 그러나 세네카 특유의 스타일과 교훈을 전달하는 방식처럼 반복을 피하지는 않았다. 반복은 강조를 나타내며, 종종 다른 글에는 빠져 있는 측면을 강조하는 효과도 있다. 그래서 세네카가 설명하고 이해하려고 시도한 '행복'이라는 현상이 점점 더 다면적인 형태를 띠고 내용이 풍부해지는 것이다. 추상적으로만 생각하면 이러한 이미지가 사라져 버린다. 삶에 유익한 지혜에는 부드러움과 깊이 있는 사고가 동반되며, 따라서 이러한 지혜는 삶의 무한한 다양성과 특정한 개별 상황에도 적용될 수 있다. 고대 중국인들은 지혜를 산길을 따라 흐르는 물에 비유했다. 물은 길을 따라, 환경에 맞게 흐른다.

행복은 내면에 있다

세네카가 행복에 관해 한 가장 중요한 말은, 행복은 오로지 영혼의 내면에서만 찾을 수 있으며 내면에서만 키울 수 있다는 점이다. 세네카는 신의 목소리를 빌려 이렇게 말했다.

"모든 선을 내면에 두었으니, 외부로부터의 행복을 필요로 하지 않는 것이 바로 그대의 진정한 행복이다."[115]

많은 사람이 '행복'과 동일시하는 외부의 재화는 우연에 의해 좌우되며 불안정하다. 외부의 것에 의존하지 않고도 행복할 수 있어야 비로소 행복이라고 할 수 있다. 세네카는 라틴어, 그리스어, 독일어에 모두 있는 '행복'이라는 단어의 서로 다른 의미를 언급했다.

고대 그리스인들에게 행복은 외적인 재화, 즉 부, 명성, 권력, 가족, 자녀, 좋은 친구, 많은 하인 등을 의미했다. 하지만 철학적 성찰을 통한 개인의 중요성이 강해지면서 행복은 영혼의 지속적인 행복감과 기분 좋은 상태로 인식되기 시작했다. 세네카는 다른 문헌에서 '행복'이라는 단어의 이러한 이중적 의미를 언급했다.

"그대가 정말로 이 단어의 복합적 의미를 알고자 한다면, 이것을 생각해 보기 바란다. 행복한 사람은 대중이 말하는 그런 사람이 아니다. 돈이 몰려오는 사람도 아니고, 오히려 자신의 모든 부를 내면에 간직한 사람, 올바르고 고결하며 타인의 관심을 받기를 마다하는 사람이다. (…) 그런 사람은 타인을 평가할 때 상대가 어떻게 살아가느냐를 보고 평가하고, 자연을 스승으로 삼으며, 그 법칙에 따라 자신의 본성을 인도하고, 그 법칙을 따라 살아가며, 나쁜 것을 좋은 것으로 바꾸고, 결코 그것(외부의 힘)에 의해 흔들리지 않으며, 운명이 그에게 해로운 화살을 쏘아도 비록 찔릴 수는 있지만 상처를 입지 않는다. 다만 이런 사람은 매우 드물다."[116]

다른 문단에서 그는 앞서 얘기한 행복과 회복탄력성 간의 관계를 언급하며, '현자의 흔들리지 않음'과 고통 속에서도 최선을 다해 '나쁜 것을 좋은 것으로 바꾸는' 성숙한 인격의 힘에 대해서 말했다.

오늘날에도 행복을 내적 재화로 이해하는 것이 일반적인 생각으로 통하지는 않는다. 대부분의 사람은 여전히 행복을 외부의 재화를 가진 정도와 동일시한다. 주로 외적인 것을 보지 그 사람의 영혼, 정신적인 요소와 성격적인 요소는 간과한다.

"우리는 누군가를 평가할 때, 그가 누구인지 평가하기보다는 그가 가진 장신구만을 평가한다."[117]

세네카는 외적인 행복만을 중시하는 관점이 얼마나 편협한지 설명하기 위해 그리스 메가라Megara학파 철학자 스틸폰Stilpon의 유명한 일화를 인용했다.

"그의(스틸폰의) 고향이 멸망하고 자녀와 아내를 모두 잃은 후, 그는 오로지 자기 자신만을 의지하며, 그러나 여전히 밝은 상태로, 폐허와 재로 가득한 고향을 떠났다. 데메트리우스가 그에게 상실을 경험한 적이 있냐고 물었을 때, 스틸폰은 이렇게 답했다. '나의 모든 소유는 나와 함께 있소.' (…) 적의 승리를 능가하는 승리자가 아닌가! 이 말은 곧, 누군가 빼앗을 수 있다면 그것은 소유물이라 할 수 없음을 고백하는 것이다."

그리고 세네카는 에피쿠로스의 말도 인용했다.

"자신의 것을 최고의 것으로 여기지 않는 사람은 불행하다. 비록 그가 온 세상을 가졌다 할지라도."

여기서 "자신의 것"이라 함은 영혼과 정신의 힘을 말하는 것으로, 세네카의 마무리 문장에 이 점이 분명히 드러나 있다.

"오직 현자만이 진정으로 자신의 것에서 기쁨을 느낀다. 모든 어리석음은 스스로를 힘들게 한다."[118]

내적 행복이 지닌 결정적인 장점은 바로 남에게 빼앗길 수 없고 어떠한 불행에도 영향을 받지 않는다는 것이다. 내적 행복은 우리를 자유롭고 독립적으로 만든다.

"행복에 의존하는 사람이 진정 행복할 것이라고 착각하지 말지어다. 외부에서 오는 것에 기쁨의 토대를 둔다면, 그는 불안정한 땅에서 있는 것이다. 외부에서 오는 기쁨은 사라지게 되어 있다. 그러나 내면에서 솟는 기쁨은 충실하고 굳건하며, 갈수록 커지고, 마지막까지 우리를 떠나지 않는다. 그 외에 대중들이 숭배하는 모든 것은 시간이 지나면 그 가치를 잃어버린다. (…) 우연히 주어진 모든 것은, 그것을 받은 사람이 자기 자신의 모습을 찾고 주어진 것에 지배당하지 않는 상태라야 비로소 유익하고 기쁨을 줄 수 있다."[119]

외부에 너무 많은 가치를 두면, 점점 더 자기 자신과 멀어지게 된다. 반대로, 행복을 내면에서 끌어낼수록 더 진실되고 더 독립적으로 살아가게 된다. 세네카가 루킬리우스에게 보낸 서신은 우리가 오직 자기 자신에게 집중해야 한다는 강렬한 호소로 끝을 맺는다.

"그대는 그대가 끊임없이 쫓겨 가다 결국 패배하고야 말 운명인 외부의 것들을 포기하고 그대의 본질로 돌아갈 준비가 되었는가? 그 본질이란 무엇인가? 티끌 하나 없는 깨끗한 영혼, 신성의 흔적을 따르며 인간적 차원을 넘어 모든 것을 자기 자신 안에 지니는 영혼을 말한다. 그대는 이성적인 존재다. 그대 안의 어떤 것이 선한가? 바로 완전한 이성이다. 그것을 목표로 삼고, 그 이성이 최대한 성장할 수 있도록 하라!

그러다가 그대의 내면에서 모든 기쁨이 솟아오를 때, 그리고 사람들이 움켜쥐고, 욕망하고, 보호하는 것들 중에서 아무것도 원한다는 마음이 들지 않을 때, 그런 자신을 발견할 때, 비로소 그대는 행복하다고 느끼게 될 것이다. 그대가 완성의 단계에 도달했는지 알 수 있는 공식 하나를 알려주겠다. 바로 누구보다 불행한 사람들이 실제로는 행복하다는 사실을 깨닫는다면, 그때가 그대가 목표 지점에 도달한 순간이다."[120]

위 인용의 끝에서 세네카는 다시 한번 '행복'이라는 단어의 이중적 의미를 논한다. 사람들은 보통 재산이나 명성, 유명세가 적거나 없으면 불행할 것이라고 생각한다. 그러나 세네카는 그들 중에서 진정으로 행복한 사람들을 찾을 수 있다고 말한다. '신의 흔적을 따른다'는 것은, 내면에서 선하고 정신적이며 이성적이고 지혜로운, 자연적인 것들을 인식하고 그것들을 기르는 것을 의미한다. 이런 자질을 추구함으로써 우리는 세네카가 말하는 신성에, 즉 깊은 본성에 가까워지게 된다.

외부만이 아니라 신체도 진정한 행복을 속이는 원인이다. 몸은 욕망과 갈망을 일으키기 때문에 자꾸 외부의 것에 의존하며 그 안에서 길을 잃을 위험에 처하게 된다.

"(기쁨의) 근원이 무엇인가? 바로 그대 자신이다, 그대의 가장 좋은 부분인 그대의 내면이다. 보잘것없는 신체는 모든 활동에 필요하지만, 위대한 것이라기보다는 없어서는 안 될 것 정도로 여겨야 한다. 몸은 헛되고 짧고 후회스러운 쾌락만을 제공할 뿐이며, 그나마도 조절하지 않으면 그 반대의 느낌으로 변할 것이다.

절제되지 않은 쾌락은 급격히 고통으로 변한다. 하지만 즐겁게 하는 것은 절제하기 어렵다. (…) 자기 자신과 주변인들을 엄격히 계획된 방식대로 대하는 사람들은 극소수에 불과하다. 나머지는 마치 강물에 둥둥 떠다니는 것과 같이 행동한다. 그러므로 정말로 원하는 것이 무엇인지 분명히 하고 그것을 고수하는 것이 중요하다."[121]

지속 가능한 기쁨과 행복은 가장 깊고 본질적인 요구를 따를 때만 찾을 수 있으며, 감각적인 욕망은 고통 없이 즐거움을 얻을 수 있는 수준으로 조절할 때만 충족될 수 있다.[122] 그러려면 세네카가 말하는 것처럼, 통찰력 있고 절제하는, 일관된 삶의 방식이 필요하다. 그러나 이런 삶을 살 수 있는 사람은 많지 않다.

이성을 따라 사는 삶

세네카에 따르면, 진정한 행복은 도달할 수 있는 최고의 통찰을 따라서 인생을 구성할 수 있느냐에 달려 있다. 이성을 통해 우리는 무엇이 지속적으로 유익하며 무엇이 해로운지, 어떤 가치와 목표를 추구해야 할지, 어떤 것을 피할지 결정한다. 모든 것은 자신의 영혼의 삶을 알고 이해하고, 기쁨이나 고통이 어떤 법칙에 따라 발생하는지 알게 되면 분명해진다. 모든 것은 이러한 문제들에 대해 올바른 통찰을 얻을 수 있느냐에 달려 있으며, 세네카와 스토아학파의 말처럼, 올바른 판단을 내릴 수 있느냐에 달려 있다.

"행복한 삶은 올바르고 확고하면서도 변치 않는 판단에 기초한다. 건강한 이성 없이는 누구도 행복할 수 없다. 유해한 것을 추구하는 자는 정신적으로 건강하지 않으며, 최고선을 추구하는 자만이 행복하다. 그러므로 행복한 자는 건강한 판단을 하는 자다. 행복한 자는 자신의 처지에 만족하고, 자신의 상황과 조화를 이루며 살아가는 자다.

또한 행복한 자는 자신의 삶 전체가 이성을 따르는 자다."¹²³

자신의 처지에 만족하는 사람은 불변의 것을 수용하고, 변화 가능한 것은 선으로 이끌기 위해 노력한다. 인용문의 마지막 문장은 행복한 사람은 사고와 욕망, 행동과 말이 일치하는 조화로운 삶을 살고 있다는 점을 말하고 있다. 삶의 모양은 그 사람이 지닌 삶의 목표와 관점에 부합한다. 우리는 매 순간 무엇을 왜 하고 있는지, 또는 무엇을 하지 않는지를 안다.

스토아철학의 창시자인 키티온의 제논은 인간의 목표를 정의하면서 그리스어로 "homologoumenos zen"이라고 표현했다. 직역하면 '이성에 따른 삶' 또는 '내적 갈등 없이 일관된 삶'이다. 제논은 플라톤의 주요 저서인 『국가』에서 영혼의 힘이 이성의 지도 아래에서 조화롭게 이루어지는 것이 곧 건강과 아름다움, 최고의 영혼의 상태와 같다고 한 점에 영향을 받았을 수 있다.¹²⁴

세네카도 다른 위대한 그리스 철학자에게서 영향을 받았을 것이다. 아리스토텔레스의 경우, 모든 생명체는 자신에게 주어진 고유한 가능성을 실현하고 완성하려 한다고 말했다. 다만 인간이 동물과 다른 점은 이성이라고 했다. 따라서 인간은 이성에 따라 살 때 비로소 자기완성을 이루고 최고의 행복에 도달한다는 것이다. 이성을 따라 산다는 것은 곧 자신의 삶을 철학과 학문에 온전히 바치는 것을 의미했다. 세네카는 다음과 같이 말했다.

"인간을 특징짓는 것은 무엇인가? 그것은 바로 이성이다. 이성이 제대로 갖추어져 있고 완전히 발달하면, 그 안에 인간의 행복이 담긴다. 그러므로 인간에게 적용되는 특별한 선이 바로 이성이라면, 그리고 이를 완전하게 발달시켰다면, 그는 자연의 목적을 달성한 것이다. 그리고 비로소 그 사람은 완성형이 되었다고 볼 수 있다. 이성은 곧 덕이기 때문이다. (…) 또한 그 이성이 완전하게 펼쳐짐으로써, 그의 자연스러운 의지와 합일을 이룰 때, 비로소 그는 선한 자가 된다."[125]

이성적인 삶은 자연에 맞는 삶이다. 그러나 세네카는 '자연적인' 삶이라는 표현이 억제되지 않은 본성의 발현과 동의어로 취급되어서는 안 된다고 경고한다. 이성의 지배 없이 인간은 결코 자신의 본능적 삶에서 균형을 찾을 수 없으며, 결국 스스로를 파괴하고 불행해지게 된다. 따라서 규제되지 않은 본성의 발현은 필연적으로 내적, 외적 갈등을 초래한다. 오직 이성이 지배할 때 내적으로 일관된 총체가 만들어지고 시간이 흘러감에 따라 끊임없이 균형을 맞추어간다. 이 과정을 통해 인간은 비로소 자기 자신의 모습대로 살며 행복해진다. 세네카는 잘 알려진 스토아적 사고법에 따라 이렇게 말했다.

"완전한 통찰을 갖춘 자는 자기 자신을 지배한다. 자신을 지배하는 자는 또한 그러한 자신을 유지한다. 자기 자신을 유지하는 자는 평정을 잃지 않는다. 평정을 잃지 않는 자는 슬픔에서 자유롭다. 슬픔에서 자유로운 자는 행복하다. 그러므로 통찰이 있는 자는 행복하다, 또한 통찰은 행복한 삶을 위한 조건이다."[126]

물론 세네카는 이런 식으로 개념적 추론을 따라 논리를 펼치는 방식을 좋아하지는 않았지만, 위 추론의 결론이 자명하다는 것은 의심하지 않았다. 다만 이성적 통찰 외에도 그것이 실제로 실천될 수 있게 하는 방법들이 필요하다고 덧붙였다. 그의 최종 결론은 이렇다. 행복한 삶은 이성에 의해 규명된 자연에 맞는 삶으로, 영혼의 평온과 차분함으로 이어지는 삶이다.

"행복하게 산다는 것과 자연을 따라 산다는 것은 결국 같은 말이다."[127]

이제 '자연'이란 개념이 두 가지를 의미한다는 것을 알았다. 첫째, 우리를 둘러싼 자연, 즉 모든 생명과 사물이 생성되고 변화하며 사라지는 법칙과 현상의 총합을 의미한다. 둘째, 개인의 고유한 자연, 즉 그 사람의 개별적인 능력, 특성, 성향 그리고 재능을 의미한다.[128] 따라서 자기 자신에게 맞는 삶을 산다는 것은, 곧 자신의 개성에 맞는 삶을 살며 동시에 외부 자연의 법칙과 리듬을 따라 사는 것이다.

이는 진정한 자아를 인식하고, 나와 맞지 않는 외부의 압박과 영향을 차단하는 것을 전제로 한다. 또한 일상의 자연적인 흐름에 따라 삶을 이어가야 하며, 필요한 만큼의 수면과 휴식, 운동과 창의적인 활동을 통해 균형을 맞추어야 한다. 그때에만 신체적, 정신적, 영적 기능들이 최상의 상태로 역할을 다할 수 있다. 스토아 철학자들은 이를 '아름다운 삶의 흐름'이라고 불렀다.[129]

행복한 사람은 불안과 걱정에서 자유롭다

세네카에게 행복은 이성과 자연을 따르는 삶의 결과일 뿐 아니라, 영혼의 평온과 밝은 차분함 속에서 두려움과 걱정으로부터 자유로워지는 것이기도 하다. 그의 저서 『행복한 삶에 관하여』에서 세네카는 이러한 생각을 다음과 같이 정리했다.

"자유에 이르기 위해서는 자신을 얽매이지 않게 해야 한다. 그 방법은 운명에 무관심해지는 것이다. 그러면 비로소 그 소중한 길이 나타날 것이다. 이는 내면에 단단히 뿌리내린 영혼의 평온과 정신의 고양, 진리의 인식에서 비롯된 단단하고 흔들림 없는 기쁨 그리고 그 기쁨 속에서의 진실됨과 마음의 밝음이다. (…) 욕심이나 두려움으로부터 자극받지 않는 사람, 즉 이성의 통찰을 지닌 사람이 행복할 수 있다."[130]

"두려움 없는 상태를 전제하지 않는 행복은 없기 때문이다."[131]

두려움과 걱정은 영혼에 짐을 지우고 영혼을 압박한다. 두려움과 걱정은 외적인 것에 집착하면서 내적인 가치를 소홀히 할 때 발생하며, 내적인 공허함으로 이어질 수 있다.

"먼저 그대의 영혼에 짐을 지우는 압박감을 없애야 한다. 그러기 전까지는 어떤 곳에서도 편안함을 느끼지 못할 것이다."[132]

"걱정으로부터 자유로워지는 것은 바로 현자에게 주어지는 특별한 선물이다."[133]

"무엇보다 안타까운 것은 안정된 평온으로 가는 문턱에서 걱정과 불안으로 가득 차 있는 것이다. 이 현상은 진정한 선이 부족하여 삶의 모든 것이 무의미하게 느껴지기 때문에 일어난다. 즉, 어느 것도 확고히 자리를 잡지 못한 것이다. 삶의 의미가 사라지고 떠난 것이다."[134]

만일 주로 외적인 것에 가치의 우선순위를 둔다면, "그것은 마치 걱정거리를 스스로 수집하는 것과도 같다."[135]

외적인 것에서는 확고히 발 디딜 곳을 찾을 수 없으며, 따라서 지속적인 의미, 성취감, 행복을 얻을 수 있는 태도를 만들기 어렵다. 예컨대 외부의 것이 자신을 마비시키거나 산만하게 하면 곧바로 지루함과 공허함으로 이어지고, 마음은 우울하고 슬퍼진다. 이는 지속적인 행복으로 가는 길이 아닌 의존으로 가는 길이며, 이 길을 계속해서 가다 보면 중심을 잃고 자율적인 삶을 상실하게 된다.

"내일을 두려움 없이 맞이할 수 있는 사람이 가장 행복하고, 그런 사람이 곧 자기 자신을 완전히 지배하는 사람이다. '나는 삶을 살았다'라고 말할 수 있는 자는 매일 새로운 성취로 일어선다."[136]

세네카는 사람들이 외적인 것을 얻기 위해 그렇게 많은 노력과 어려움을 겪는 것이 어리석다고 생각한다. 사실은 영혼을 잘 돌보고 만족시키는 것이 훨씬 더 간단하기 때문이다.

"우리가 고통받는 (마음의) 병은 치유할 수 있다. (…) 행복한 삶으로 가는 길은 쉽다. 그대들이 하는 활동이 훨씬 더 어렵다. 미덕을 지키는 것은 쉽지만, 악덕을 기르는 데는 적지 않은 노력이 필요하기 때문이다."[137]

세네카가 볼 때 외적인 것으로부터 행복을 기대하는 사람들에게는 매우 본질적인 것이 결핍되어 있다. 그것은 바로 자신에 대한 신뢰, 그리고 행복한 삶을 가능하게 하는 모든 것을 자기 안에서 찾을 수 있다는 확신이다.

"행복한 삶을 만드는 확실한 기초가 되는 것은 단 하나다. 바로 자기신뢰다."[138]

행복과 자족

세네카에게 행복은 자기 자신에게 만족하고 외적인 욕구를 축소시키며 겸손과 사치와 허영을 포기함으로써 얻을 수 있는 것이다.

고기와 빵을 대신하는 칠판과 무화과는, "나의 매일을 새해 첫날처럼 만들어준다. 나의 생각을 올바른 방향으로 인도하고, 영혼을 고양시켜 축복받고 행복한 날로 느껴지게 하며, 나로부터 이질적인 모든 것을 제거하고 모든 두려움을 제거함으로써 나 자신과 평화를 이룰 뿐 아니라 모든 욕심을 제거해 풍요로워지게 한다."[139]

탐욕과 다양한 종류의 쾌락을 추구하는 것은 영속적인 행복의 적이다. 그러니 모든 욕망을 버려야 한다. 물론 그런 것들이 인생이나 우연히 주어지는 것들을 즐기는 데에는 아무런 문제가 없지만, 그것을 추구하며 살아서는 안 된다는 것이다.[140] 쾌락과 즐거움은 행복한 삶의 즐거운 동반자일 뿐, 그 자체가 행복이 될 수 없기 때문이다.

"무엇보다 먼저 쾌락의 욕망을 쫓아내라. 그것을 그대의 가장 큰 적으로 보아라. 쾌락의 욕망은 마치 이집트인들이 필레톤(부랑자)이라 부르는 강도들처럼 우리를 두 팔로 끌어안고 조이려 한다."[141]

세네카는 '에피쿠로스학파의 방탕한 철학자'이자 스토아학파의 적대자로 알려진 에피쿠로스를 옹호했다. 그는 에피쿠로스가 말한 '쾌락(그리스어로 hedone)'의 철학이 사실은 세네카와 스토아학파가 추구하는 자족의 행복과 동일하다고 보았다.

"그대가 그의 정원에 들어가면 (에피쿠로스는 정원에서 철학을 했으므로) 입구에, '이방인이여, 여기서 좋은 시간을 보내길. 이곳에서는 쾌락이 최고의 선이오'라고 적혀 있을 것이다. 정원에 들어서면 이 집의 친절하고도 환대하는 주인이 그대를 섬세히 대접하며, 보리쌀을 주고 물을 가득 제공하며 말할 것이다. '저희의 대접에 만족하십니까? 이 정원은 배고픔을 자극하는 것이 아니라 오히려 배고픔을 채우고, 목마름을 자극하는 것이 아니라 자연스럽게, 그리고 무료로 목마름을 해결합니다. 저는 이런 쾌락과 함께 나이가 들었습니다.'"[142]

여기서 "나이가 들었다"는 표현은 신체적 및 정신적 건강과 행복한 삶이 오래 이어졌음을 의미한다. 우리는 욕망을 자주 자극해 그에 따른 만족에서 '행복'을 찾으려 하는데, 이는 세네카의 관점에서는 지속적이지 않은 행복이며, 여기에는 의미를 부여할 수 없다. 곧 시들고 고통으로 변할 행복이기 때문이다. 세네카는 "구멍 뚫린 영혼에는 행복을 채우지 않는다"라고 말했다. 따라서 이미 얻은 것에 만족하는 것이 더 바람직하다.

"현재의 것에서만 즐거움을 찾는다면, 너무 좁은 경계를 두게 된다. 미래와 과거도 즐거움의 근원이 될 수 있다. (…) 그러니 이미 얻은 것에 만족하자. 다만, 그것을 구멍 뚫린 영혼으로 얻지 않도록 하자. 영혼이 받은 것들을 다시 흘려보내지 않도록 말이다."[143]

세네카가 말하는 자족의 개념은 신체와 감각의 금욕주의와 동일시되어서는 안 된다. 그의 삶의 교훈은 에피쿠로스의 방탕한 쾌락주의와 같지 않다. 행복은 자기 자신 안에서 찾아야 하며, 그러한 행복에 견고하고 안정적인 기초를 두어야 한다. 그 행복은 우연이나 타인의 변덕에 의존하지 않고, 전적으로 우리의 손에 달려 있어야 한다.

또한 내적인 자유와 기쁨으로 이끌며, 가능한 한 적은 고통과 괴로움을 일으켜야 하고, 과도한 욕망과 그리움이 없으며, 힘든 노력과 신경을 건드리는 걱정과도 연결되지 않아야 한다. 내면에서 기쁨을 끌어내는 길은 영혼을 강하게 만들어서 일상의 큰 즐거움과 작은 즐거움을 부담 없이, 밝고 평온하게 즐길 수 있도록 하는 것이다. 영혼을 신중하게, 결단력 있게 가꾸며 사려 깊고 지혜롭게 사는 사람에게는 행복이 저절로 찾아온다. 그리고 그런 사람은 인생이 그에게 주는 기쁨을 기쁘게 누린다.

"오직 지혜로운 자만이 자신의 것에서 진정한 기쁨을 찾는다. 모든 어리석음은 그 자체로 고통이다."[144]

행복은 어떻게 지속되는가

삶을 즐기는 가장 좋은 방법은 '지금, 그리고 여기'의 기쁨을 누리는 것이다. 그러나 우리는 많은 경우 미래의 소원을 달성하는 것에서 기쁨을 느끼고 싶어 하며, 내면에서 오로지 내일만을 향해 있느라 당장 주어진 기쁨을 즐기는 데 소홀하다. 그렇게 우리는 삶을 미래로 미뤄버린다.

"개인을 살펴보고, 전체를 살펴보라. 내일을 위해 계산하지 않은 오늘을 사는 사람이 없다. '그게 뭐가 그렇게 나쁜가?'라고 묻는다면, 엄청난 문제라고 답하겠다. 사람은 지금을 사는 게 아니라 항상 삶의 직전에 머물러 있기 때문이다. 그대도 모든 것을 미룬다. 아무리 옳게 살더라도 인생은 언제나 우리보다 앞서 있을 것이다. 그런데 그런 인생을 우리가 미뤄버리면 마치 외부의 일처럼 우리 곁을 스쳐 지나가다가 인생 마지막 날이 되어서야 진정한 나의 인생과 만나게 될 것이다. 우리는 자신의 인생을 매일매일 잃어버리고 있다."[145]

외적인 행복은 휴식처가 될 수 없다. 그것은 우리를 하나의 쾌락에서 다른 쾌락으로 이끌고, 각각의 쾌락은 결국 값비싼 대가를 치르게 한다. 따라서 외적인 행복으로 축복이라도 받은 것처럼 보이는 사람들을 부러워할 필요는 없다.

"부러움을 사는 사람들은 결코 길을 계속 나아갈 수 없다. 그들 중 일부는 짓눌리고, 일부는 쓰러진다. 외적인 행복은 결코 안정적인 상태가 아니다. 어떤 이는 이 목표에 대한 욕망을, 어떤 이는 저 목표에 대한 욕망을 느끼고, 어떤 이는 권력에, 또 어떤 이는 탐닉에 빠진다. 어떤 이는 자만하고, 어떤 이는 나약해진다. (…) 그러니 주위에 많은 사람에게 둘러싸여 있는 누군가를 보며 그가 행복할 것이라고 믿지 마라. 그 사람은 마치 모든 방향에서 물이 흐르는 연못처럼 흐려지고 말 것이다."[146]

외적인 것에는 지속되는 것이 없다. 그것은 끊임없이 양방향으로 변화한다. 따라서 우리는 행복을 다른 곳에서 찾아야 한다.

"외적인 행복에 신뢰를 두는 사람들에게 행복은 영구하지 않으며 행복의 모든 선물은 덧없다는 것을 가르쳐주어야 한다. 외적인 행복은 휴식처가 될 수 없다. 외적인 행복은 기쁨을 슬픔으로 바꾸고, 그 둘을 섞어버린다. 그러니 그 행복을 믿지 말고 불행에서 용기를 잃지 말아야 한다. 인생에는 항상 기복이 있다.

무엇을 기뻐하는가? 지금 그대를 높여주는 그것이 언제 사라질지 모르는 일 아닌가? 행복의 재화에는 항상 끝이 있으며, 그것은 그대가 생각하는 끝과는 다를 수 있다.

무엇 때문에 침울해하는가? 지금은 바닥을 친 기분일지라도 거기서 다시 일어설 수 있다. 불행은 더 나은 방향으로 바뀔 것이며, 그러다가도 소망의 정점에 다다랐을 때 또다시 하강이 기다리고 있을 것이다. 그러니 이러한 변화에 항상 대비해야 한다."[147]

세네카는 "점진적으로 발전하는 행복만이 끝까지 지속될 수 있다"[148]고 결론짓는다.

이것이 바로 꾸준한 자기탐구와 자기수양을 통해 자신 안에서 찾고 만들어내는 행복이다. 이 행복은 영혼의 정원을 돌보고, 약점과 오류를 치유하며, 할 수 있는 한 그것들을 고치고, 영혼이 건강해지고 나서 그 모든 내적인 부유함으로 꽃을 피울 때 찾아온다.

"영혼의 치유는 한번 이루어지면 계속 지속할 수 있다. 내가 '건강한 영혼'이라 정의한 개념이 있다. 건강한 영혼이란, 스스로에게 만족하고 자기 자신에 대한 확신을 가지며 인간의 모든 소망과 바라거나 주어진 모든 선물이 진정한 행복의 삶에서는 아무 의미 없다는 것을 아는 정신이다. 앞으로 늘어날 수 있는 행복은 아직 완전하지 않은 행복이며, 감소할 수 있는 행복은 지속되지 않는 행복이기 때문이다. 따라서 지속되는 기쁨을 누리고자 한다면, 그 기쁨은 오로지 자신의 것에만 해당되어야 마땅하다.

반면에 대중의 탐욕이 향하는 모든 것은 온 방향으로 휘둘릴 수밖에 없다. 운명은 어떤 것도 누군가의 확고한 소유물로 내어주지 않기 때문이다. 물론 우연히 주어진 선물도 이성이 과함과 혼란을 막아준다면 기쁨을 줄 수 있다. 이성은 탐욕에 휘둘려 진정한 기쁨을 줄 수 없는 외적인 선물에도 가치를 부여하기 때문이다."[149]

자신 안에서 행복을 찾는다는 것은 현명한 삶의 철학과 질서 있는 영혼의 상태, 확고한 가치관과 밝은 평온함으로 외적인 것을 건드려 그것이 햇살을 비출 때는 즐거워하고, 그림자를 드리울 때는 참고 견디는 것이다. 세네카는 어떤 사람이 위대한 사람인가를 묻고는 다음과 같이 대답한다.

"사람들이 높게 평가하는 다른 모든 것도 만약 우연히 내 집으로 떨어지게 된다면, 그것이 들어올 때와 똑같이 떠날 것이라 여겨야 한다. 어떤 사람이 위대한 사람인가? 우연을 초월하도록 정신을 고양시켜 자기가 인간임을 생각하고, 외적인 행복이 오래 지속되지 않을 것임을 알며, 불행 속에서는 자기 자신이 그것을 불행으로 여기지 않는다면 불행하지 않다는 것을 아는 사람이다."[150]

내적인 태도와 자세로 운명에 맞서 싸우고, 자신과 개성을 견고하고 확고하게 만드는 내적인 성을 세울 수 있는 한, 외적인 행복이 바뀔 때에도 깊은 만족과 평온의 감정을 계속 유지할 수 있다. 이것이 바로 세네카가 행복과 기쁨에 대해 우리에게 가르쳐주고자 하는 것이다. 그는 우리를 행복의 건축가로 만들고, 삶이 성공할지 여부는 오직 자신에게 달려 있다는 것을 보여주고자 했다.

"무엇이 위대한가? 행복을 기다리지 않고 그것을 창조하며, 행복과 불행에 당당하고 굳건한 마음으로 맞서는 정신이다. 그 어떤 폭풍에도 흔들리지 않고, 그 어떤 영광에도 동요하지 않는 정신이다."[151]

이에 따르면 행복을 스스로 창조하는 것처럼, 불행도 자신에게 책임이 있음을 알 수 있다. 세네카에게 이것은 일종의 위안이 되었다.

"누구도 자기 잘못이 아니면 불행하지 않다는 사실이 위로가 된다."[152]

세네카는 우리에게 "나쁜 것을 좋은 것으로 바꾸라"라는 교훈을 주었다. 우리는 불행을 행복으로 바꿀 수 있다. 이것이 바로 진정한 삶의 기술이다. 마치 마법처럼 보이지만, 필요한 통찰력과 결단력, 끈기를 가지고 올바른 태도를 내면화한다면 누구나 배울 수 있다.

✦ **세네카의 가르침**

- 우리가 갈망하는 지속적인 행복은 외부가 아닌 자기 안의 영혼에서 발견된다. 만일 행복을 외부적인 것에 의존한다면, 그 행복은 우연에 좌우되고 얇은 얼음처럼 쉽게 깨질 것이다.

- 가장 깊고 실질적인 욕구를 추구할 때에만 지속적인 기쁨과 행복을 찾을 수 있다.

- 이성은 장기적으로 무엇이 우리에게 좋은지, 무엇이 해로운지를 알려준다. 우리는 이성을 따라 살아야 한다.

- 행복하게 산다는 것은 곧 걱정과 두려움에서 자유로우며, 밝고 평온하게 사는 것을 의미한다.

- 외부의 모든 것은 끊임없이 변하고 아무것도 확실하지 않다. 따라서 현재의 것을 즐기고 '지금, 그리고 여기'에서 기쁨과 행복을 찾는 습관을 들이는 것이 좋다.

"행복한 삶을 만드는 확실한 기초가 되는 것은 단 하나다.
바로 자기신뢰다."

14 _____ 진정성 있는 삶

✷

"내가 어디에 있든 나는 나의 것이다."[154]

앞에서 행복한 삶을 살기 위해서는 내적으로 합일된 삶을 살아야 한다는 것을 배웠다. 이는 생각, 말, 의지, 행동이 일치해 하나의 통합된 상태를 이루는 것을 말한다. 외부의 교육, 형성, 영향 등으로 우리의 영혼에 들어온 모든 이질적인 것은 가능한 한 버리거나, 적어도 우리의 삶에 미치는 영향을 제한해야 한다. 우리는 항상 자기 자신으로 살아가고 어디에 있든, 무엇을 하든, 상황과 외부의 강요가 어떻든, 사람들이 무엇을 생각하고 기대하든 자신에게 충실해야 한다.

"어쨌든, 인간은 모든 외적인 것에서 떠나 자신에게 집중해야 한다. 자신에게 의지하고, 자신에게 기뻐하며, 자신을 소중히 여겨야 한다. 가능한 한 타인으로부터 물러나고, 자신과 하나가 되어야 하며, 상실감을 느끼지 않으며, 적대적인 일도 선의로 해석해야 한다."[155]

이러한 자신과의 합일은 개인의 진정성 또는 삶의 진정성으로 이어진다. 세네카에게 이것은 "자신의 것"을 인식하고, 그것을 키워가며 살아가는 것과 밀접한 관련이 있다. 이러한 합일은 한 인간을 완성시키고 본래의 중심과 본질로 돌아가게 한다. 세네카는 언젠가 루킬리우스에게 한번 방문하라고 말하며 이렇게 썼다.

"서둘러 오되, 먼저 그대 자신을 방문하라. 그대의 완성을 향해 나아가고, 무엇보다 자신에게 충실하라."[156]

여기서 다시 아리스토텔레스의 목적론, 즉 모든 생명은 자신의 본질적 운명, 창조의 종국적인 목적을 실현하며 산다는 이론이 언급된다. 세네카는 이성이 인간을 정의하는 특징이라고 말하며 이를 더욱 명확히 했다.

"왜냐하면 인간은 이성적인 존재이기 때문이다. 인간의 장점은 본연의 목적을 실현함으로써 완성된다. 그렇다면 이성이 요구하는 것은 무엇인가? 그것은 다른 무엇보다 더 쉬운 것이다. 바로 자연을 따라 사는 것이다."[157]

세네카에 따르면, 철학은 자기 자신에게 속하는 법을 배우고 생각, 행동, 말, 의지를 일치시키는 법을 배우는 학문이다.

"철학은 말하는 법이 아니라 행동하는 법을 가르친다. 모든 사람이 내적인 법칙에 충실하게 살도록 요구하며, 삶이 말과 모순되지 않도록 한다. 이는 지혜에 대한 최고의 요구이자 지혜를 지닌 사람의 특징으로, 행동이 말과 일치되는 것을 말한다. 즉, 사람이 전반적으로 자기 자신과 일치되고 동일한 사람이 되도록 한다. '누가 그렇게 할 수 있겠는가?' 물론 어렵지만, 일부 사람들은 충분히 할 수 있다. 나는 현자가 항상 똑같은 걸음을 내디딘다고 말하지 않았다. 그들의 걸음이 똑같은 것이 아니라, 그들이 가는 길이 똑같은 것이다. (…) 지혜란 무엇인가? 항상 같은 것을 원하면서도 같은 것을 원하지 않는 것이다."[158]

우리의 본질과 정체성은 우리가 따라야 할 "법칙"에서 찾을 수 있다.[159] 자기 자신에게 충실하다는 것은 스스로의 본질을 규명하고 그것이 지향하는 가치를 따른다는 의미다. 본능이 아니라, 본능을 거르고 필터링한 의지가 내면의 가치에 따라 움직여야 한다. 진정성 있는 삶을 사는 것은 결코 쉬운 일이 아니다. 가장 깊은 욕구를 인식하는 것은 어려운 일일 수 있다. 또한 그와는 독립적인 객관적인 가치를 찾는 것도 쉽지 않다. 객관적인 가치는 지속 가능한 행복을 바탕으로 하며, 그 실현이 영혼의 고통을 피하게 한다.

마지막으로, 의사결정 과정과 의지 형성 과정은 수많은 상반되는 심리적 힘에 의해 방해받고 교란되어 명확하고 정확한 판단을 내리기 어렵게 한다. 이러한 방해 요소는 주로 어릴 적 형성된 것들이나 학습한 욕망에서 비롯되며, 오래된 사고방식 및 행동 패턴과 결합되어 우리의 행동이 종종 더 나은 통찰을 따르지 못하게 한다. 그래서 무엇이 유익한지 알고 있으면서도 그것을 하지 않으며, 유익하지 않은 것을 알고 있으면서도 그것을 하는 것이다.

세네카가 철학과 지혜를 동일시하며 철학의 임무가 올바른 행동과 삶을 가르치는 것이라고 여겼다는 점은 주목할 만하다. 그의 철학은 이론적인 사고와 실제적인 실천을 연결 짓고 있으며, 이는 현대의 학문적 철학이 종종 외면하는 부분이다.

진정성 있는 삶을 사는 것은 어렵지만 중요한 일이라는 점을 세네카는 여러 번 강조했다. 많은 사람이 욕망에 의해 하나의 방향으로 끌려가며, 그러다 결국 자기 스스로 자기의 내면에서 멀어지게 된다. 그런 사람들에게 세네카는 어느 작자 미상의 비극 작가가 한 말을 인용하며 이렇게 말했다.

"그런 자들은 인생의 아주 작은 일부분만을 진정하게 살아간다."

그리고 덧붙였다.

"그래서는 결코 자기 자신에게 도달할 수 없을 것이다."[160]

그들은 단지 잘못된 길을 가는 것이 아니라, 무려 자기 자신을 놓치고 있다. 자기 자신을 피하려 하며, 끊임없이 여행을 떠나거나 끝없는 쾌락에 빠져든다.

"한 여행이 끝나면 또 다른 여행이, 하나의 공연이 끝나면 또 다른 공연이 이어진다. 루크레티우스Titus Lucretius Carus•가 말한 바와 같이 '모든 사람은 자기 자신으로부터 도망치고 있다'. 그러나 자기 자신으로부터 도망친다고 해도 무엇이 달라지겠는가? 여전히 자기의 모습을 갈망하는 것은 마찬가지이며 그럼에도 자기 자신이 다시 자기의 성가신 동반자가 될 뿐이다."[161]

자기 자신으로부터 도망치려는 시도는 헛된 것이다. 그것은 살고

• 고대 로마의 시인이자 철학자.

자 하는 방식과 실제로 사는 방식 사이에 간극을 만들기 때문이다. 그래서 내적 갈등 속에서 살아가게 되며, 그런 상태에서 말하고 행동하는 것은 진정한 모습이 아니라 채택한 가면과 역할에 불과하다. 또한 자신의 중심에서도 멀어져 있다.

물론 그 가면도 자신의 일부지만, 그렇다고 해서 자신의 가장 훌륭한 부분이라고도, 진정한 부분이라고도 할 수 없다. 자기 자신과 가장 가까운 것들은 인생에서 만나지 못하기도 한다. 하지만 인간은 그런 가면 놀이를 계속할 수 없다. 그러면 심각한 갈등과 위기, 나아가 육체적 질병과 고통으로 이어질 수 있기 때문이다. 진실되지 않은 삶은 결국 언젠가는 대가를 치르게 된다.

"누구도 영원히 가면을 쓸 수는 없다. 가면은 빠르게 본래의 본성으로 되돌아간다. 진리가 작용하는 곳에서는 시간이 지나면 자연스럽게 더 중요하고 더 나은 것을 향하기 때문이다."[162]

세네카는 사람들에게 가면을 쓰고 꾸며진 행동을 하려는 중독 증세가 있음을 지적하며, 이는 결코 자유롭고 즐거운 삶을 만들어낼 수 없다고 보았다.

"또 다른 불편함은 인위적인 모습을 만들려는 병적인 집착과, 아무에게도 자연스러운 모습인 자신을 드러내지 않으려는 것이다. 이는 드문 일이 아니다. 화려한 외모에 맞추어 삶을 살아가는 사람들의 수는 적지 않다. (…) 그러나 항상 가면을 쓰고 살아간다는 것은 결코 즐겁고 걱정 없는 삶이라고 할 수 없다. 반면에 꾸밈없고 모든 화려함을 경시하는 자연스러움은 그 자체로 많은 즐거움을 가져온다."[163]

세네카는 자신의 일을 내세우며 철학 공부나 자기 자신을 탐구할 시간이 없다고 주장하는 사람들을 비판한다. 그것은 거짓말이라고 그는 말한다. 세네카 자신은 아무리 바쁜 상황에서도 항상 자신과의 거리를 유지하는 데 성공했다고 하면서 말이다. 누구나 원하기만 하면 그렇게 할 수 있다고 그는 덧붙인다.

"철학을 공부하는 것에 방해 요소가 있다고 말하며 거짓된 모습을 보이는 사람들은 항상 거짓말을 한다. 그들은 자신이 얼마나 바쁜지 과장하여 말하며, 시간이 없다고 변명한다. 나는, 루킬리우스여, 여유가 있다. 그렇다, 나는 여유가 있고, 어디에 있든 항상 내 자신에게 속해 있다. 하루에 요구되는 일들이 있지만, 나는 그것들에 의해 허비되지 않는다. 시간을 낭비할 기회를 찾지 않는다. 어디에 있든 나는 나의 생각을 따라가며, 유익한 성찰이 내 머리를 지나도록 한다. 친구들에게 시간을 할애할 때에도 결코 자신에게 불충실하지 않으며, 나와 어떤 예외적인 관계나 시민적 의무로 엮인 사람들과의 교류는 간단히 마무리한다."[164]

결국 진정성 있는 삶을 사는 능력은 바쁜 사람에게도 지혜롭고 집중적인 시간 관리의 문제로 연결된다. 그러나 자유 시간을 허무한 잡담과 개인적으로 발전에 도움이 되지 않는 일들로 낭비하는 사람은 자신이 진정한 자아에서 얼마나 멀어졌는지 깨닫게 될 때 놀라지 말아야 할 것이다. 진정성은 결국 자신과 타인에게 솔직해지는 것을 의미하며, 세네카에 따르면 언제 어디서든 실천할 수 있다.

그러나 진정성 있는 삶을 위한 노력을 지속하지 못하게 하는 것은 사람들, 즉 대중의 압력이다. 우리는 유혹과 조종에 휘둘리기도 하고 비판적 사고와 독립적인 성찰 없이 우리에게 맞지 않는 외부의 사고방식, 행동양식, 삶의 방식을 받아들인다. 그리고 타인에게 인정받고자 하고, 타인에게 영향을 미치거나 타인을 지배하고자 한다. 그래서 그들과 그들의 의견에 동화되어 그들의 동정과 동의를 얻으려 한다. 그 과정에서 중심과 진정성을 잃어버린다.

"대중의 호의를 얻기 위한 수단은 비난받아야 마땅하다. 그러려면 그들과 비슷해지는 수밖에 없기 때문이다. 대중들은 자기가 인정하는 것만을 칭찬한다. (…) 그렇다면 인생 처세술로 찬사받는 철학이 줄 수 있는 것은 무엇인가? 그대가 대중보다는 특정 사람들을 기쁘게 하기를 더욱 좋아하고, 신과 인간을 두려워하지 않고 살며, 악을 극복하거나 극복하도록 하는 것이다.

그러니 그대가 대중의 호의에 들떠 있는 모습을 볼 때, 그대가 무대 위에서 배역을 맡은 배우처럼 입장하며 사람들의 환호와 박수를 받는 것을 볼 때, 모든 시민, 모든 여성과 아이가 그대를 칭찬하는 것을 볼 때, 나는 그대가 그렇게 되기까지 걸어야 했을 길을 알고 있는데 어찌 동정심을 느끼지 않겠는가?"[165]

권력, 성공, 재물은 사람으로 하여금 겉으로 보기 좋은 가면에 익숙해지게 하고 자기 자신을 소홀히 하게 만드는 가장 큰 유혹이다.

"아! 인간의 행복이 정신을 얼마나 어둡게 하는지!"[166]라고 세네카는 탄식했다.

권력과 명예는 재산과 부유함과 마찬가지로, 외부의 재화가 풍족하거나 대중이 우리를 숭배할 때 자기 중심을 찾고 지키는 것을 더 어렵게 하듯, 삶에서 깊은 평화를 이루기 어렵게 하는 것인지도 모른다. 따라서 겸허하게 '은둔한 채' 삶을 살 때보다 더 힘들어질 수 있다.[167] 그러므로 현자는 외부의 유혹을 피하고, 다른 사람들의 의견을 신경 쓰지 않으며, 일부러 반대 방향으로 나아간다.

"현자는 사람들이 무엇을 불명예로 여기거나 불행으로 여기는지 신경 쓰지 않는다. 그는 일반적인 길을 따르지 않으며, 마치 별들이 세상과 반대되는 궤도를 따르듯이, 대중의 오류와는 반대 방향으로 자신의 길을 걷는다."[168]

세네카는 그리스 철학자 디오게네스의 이야기를 알고 있었을 것이다. 디오게네스는 한때 나무통이나 낡은 와인통 속에서 살았다고 전해진다. 어느 날 그가 왜 항상 사람들의 흐름과 반대로 극장에 들어가는지 묻자, 그는 이렇게 답했다고 한다.

"나는 평생 그런 삶을 살려고 노력해 왔소."[169]

마지막으로, 진정한 삶과 진정하지 못한 삶으로, 즉 인생이 이분법적으로 나뉜다는 오해는 피하고자 한다. 엄밀히 말하면 그 어느 것도 완전한 형태로 존재하지 않는다. 지혜나 좋은 삶, 행복한 삶, 미덕과 악덕이 그러하듯, 항상 많고 적음이 존재한다.

자기 자신의 모든 세부사항을 완벽하게 알고 자신의 모습을 실현할 수는 없을 것이다. 또한 사고와 행동에서 본연의 성질이 전혀 섞이지 않은 삶을 살 수도 없다. 세네카도 이를 알고 있었다. 진정한 삶이나 낯선 삶에 대한 이분법적 느낌은 종종 지나치게 단순화된 표현이기 때문이다. 인생 학교에서는 이상적인 상태에 도달하기보다는 그에 최대한 가까워지려고 노력한다. 우리는 적게나마 조정해 나가고자 노력하고, 어떤 식으로든 진전을 이룰 수 있다면 다행이다. 아무리 작은 걸음이라도 모든 걸음은 고통을 줄여주고 삶의 기쁨을 늘려줄 것이다.

"누구도 영원히 가면을 쓸 수는 없다.
가면은 빠르게 본래의 본성으로 되돌아간다.
진리가 작용하는 곳에서는 시간이 지나면
자연스럽게 더 중요하고 더 나은 것을 향하기 때문이다."

세 번째 수업

나를 결핍되게 만드는 사람과의 관계

15_____ 피할 수 없는 연결과 갈등

✳

"타인에게서 마음에 들지 않는 모습은 곧 자기의 모습이다."[1]

이제 세네카의 인생 학교 마지막 수업이다. 이번 장에서는 배우자, 가족, 동료, 상사, 친구, 지인, 우연히 마주치는 사람들, 그리고 개인적으로는 친분이 없는 정치인, 예술가, 위인, 성인, 또는 소크라테스, 공자, 세네카와 같은 현자를 포함한 모든 다른 사람과의 관계를 다룬다. 이들은 모두 삶에 의미가 있는 사람들이다. 어떠한 방식으로든 우리는 이들과 무언가를 하고 관계를 맺는다. 영양분이 될 수도, 소모적이 될 수도, 무의미할 수도 있고, 인생길에 도움이 될 수도, 방해가 될 수도 있으며, 기쁨을 가져다줄 수도, 고통을 초래할 수도 있다.

관계와 갈등

타인과의 관계 없이 인간은 살아갈 수 없다. 타인과의 연결은 실존적 문제다. 그러나 그런 관계에도 의구심이 들 때가 있다. 감정이 해소되지 않으면 짜증이 나기도 하고, 격노하게 되기도 하고, 슬퍼지기도 하고, 질병이 유발되기도 하기 때문이다. 그래서 실천철학자들은 방향성과 삶의 원칙을 잘 세워서 함께 있으면 성장하고 가능한 한 고통을 덜 받는 인간관계를 구축하는 것을 중요하게 생각했다.

물론 쉽지 않다. 많은 사람이 문제를 겪는다. 싸움, 분노, 혐오, 적대부터 전쟁, 테러에 이르는 온갖 문제가 여전히 완화되지 않은 채 공동체 내에 존재한다는 사실은 결코 놀랍지 않다. 그래서인지 쇼펜하우어Schopenhauer나 토머스 홉스Thomas Hobbes와 같은 위대한 철학자들도 극단적인 비관주의자나 회의주의자가 되었다. 홉스는 인간의 본질에 대해 "인간은 다른 인간에게 늑대homo homini lupus"라는 유명한 말을 남기기도 했다."[2]

세네카도 이 문제를 항상 거론했다. 그는 『분노에 관하여De ira』라는 매우 두꺼운 책을 썼다. 또한 『부드러움에 관하여De clementia』와 『베풂에 관하여De beneficiis』라는 책에서도 이 문제를 논했다. 그리고 루킬리우스에게 쓴 서신에서 주변 사람들에 대한 올바른 행동을 반복해서 언급했다.

세네카는 죽기 전까지 모든 종류의 인간관계를 경험하고 고통을 겪었다. 그에게는 사람들을 사랑하고 존경하고, 또 미워하고 비난할 충분한 기회가 있었다. 그러나 그에게는 사랑하고 존경하는 것만이 지혜의 계명이었고, 미워하고 비난하는 것은 삶과 모든 형태의 공존에서 성공하고 기쁨을 누리기 위해 극복해야 할 성격적 약점에 해당했다.

  이 문제에 집중하고 타인에 대한 부정적인 감정을 어떻게 중화시키거나 긍정적인 것으로 바꿀 수 있을지, 그 길을 찾아 나서는 과정에서 세네카는 인간성에 대한 자신의 생각을 발전시켰다. 인간성은 지금도 개인과 공동체 모두에게 중요한 실천적 가치다. 물론 세네카가 처음 주장한 것은 아니다. 모든 본질적인 것은 그리스 철학자들도 생각했고, 설명했으며, 그렇게 스토아적 윤리의 견고한 토대가 되었다. 그러나 여기서도 세네카는 자신의 생각과 통찰에 자기만의 형식과 간결함 그리고 이전의 어떤 서양 사상가에게서도 발견되지 않은 새로운 현실주의적 사유를 더했다. 전통적인 철학을 살아 숨 쉬게 해 오늘날까지도 이어지는 그만의 명성을 확립하고 그것이 그럴 만한 명성이라는 점을 입증했다.[3]

인간의 불완전함에 관대할 것

"모든 결함은 모두에게 존재한다."[4]

  타인과의 관계는 성격적 결함과 단점이 부각될 때 특히 어려워진다. 세네카가 말하는 모두에게 해당하는 인간의 불완전함에 대해 자주 언급했다. 인간의 불완전함은 세네카의 타인과의 관계에서 출발점 역할을 한다.

"나는 불가피한 모든 것에도 기뻐하고 기분을 정복하는, 그리고 원하는 법칙에 따라 살며 그 법칙을 준수하고 헌신하는 철학자들에 대해 말하고자 하는 게 아니라, 선한 길을 걸어가고자 하는, 그럼에도 때로는 완고한 불완전한 인간에 대해 말하고자 한다."[5]

세네카는 철학자들도 인간의 일반적인 약점으로부터 자유롭지 않다고 지적했다.

"또한 우리는 항상 우리 자신에 대해서도 같은 것을 적용해야 한다. 우리 또한 악하였고, 지금도 악하며, 이렇게 말하고 싶진 않지만, 앞으로도 악할 것이다."[6]

여기서도 세네카가 지닌 비관주의와 의구심이 엿보인다. 물론 비관주의와 의구심은 세네카의 철학 전체나 그의 인간관을 대표하는 것은 아니지만, 가끔 이렇게 드러난다. 인간이 과연 약점으로부터 자유로울 수 있는가, 그럴 능력이 있거나 또는 그럴 의지가 있는가 하는 의구심은 역사 속 다른 위대한 사상가들에게서도 볼 수 있다. 윤리적으로 인간의 진화는 더 나은 쪽으로 진행될까, 아니면 역사는 그저 순환하는 것일까? 우리는 동일한 것의 영원한 반복을 경험하는 것일까? 많은 연구자들이 세네카가 인류가 결함을 극복할 수 있다고는 생각하지 않는다고 지적한다. 그 사실은 그의 다음과 같은 인용에서도 드러난다.

"이것이 바로 선조들이 한탄한 바이고, 우리가 한탄하는 바이고, 후

손들이 한탄할 바다. 도의가 파괴되고 악덕이 만연하며, 인간사는 부정不正으로 치닫고 있다. 그렇다. 모든 것이 불의로 향한다. 이것들은 같은 자리에 머물고 (변하지 않고) 계속 거기에 있을 것이며 (미래에도) 기껏해야 약간씩 앞뒤로 움직일 뿐이다."[7]

세네카의 개별 발언이 아니라는 점은 화를 다룬 그의 다른 저서 등의 글에서도 비슷한 발언이 나온 것을 보면 알 수 있다.

"나를 믿으라. 인간이 많은 만큼, 악덕도 많다. 그대가 시민들 사이에서 보는 것은 그들이 서로 반목하는 모습이다. 사소한 이익을 위해 한 사람이 다른 사람을 파멸시키려 한다. 모두가 상대방을 해침으로써 자기의 이익을 추구하려 한다. 마치 동물의 왕국과도 같도다."[8]

세네카가 사람들 사이의 불화를 초래한 약점과 악덕을 자세히 나열한 것은 일견 쇼펜하우어와 비슷하게 들린다.

"누구는 성욕에 미쳐 있고, 또 다른 누구는 식탐에 미쳐 있다. 누구는 전적으로 소유물을 갖는 것에 집착해 정해진 방법이 아닌 방법을 사용하며(부정한 이득), 다른 누구는 시기 질투와 싸우고 있고, 또 다른 누구는 맹목적으로 떨어지는 칼날과 같은 야망과 싸우고 있다.

여기에 영혼의 경직과 태만함이 만연하며, 침착하지 못한 마음에 불안정과 끊임없는 혼란이 따른다. 그뿐만 아니라 경멸받아 마땅한 오만함과 부끄러운 줄 모르는 교만함이 있다. (…) 잘못된 일을 하려고 애쓰는 이들의 고집도, 항상 다른 어딘가로 도망치는 이들의 경박함도. 그뿐이 아니다. 목숨을 건 무모함에, 제대로 된 결정을 내리지 못하게 만드는 두려움, 그리고 특히 두려움이 많은 사람이 갑자기 대담

해진다든가 친한 사람들과 싸우는 등, 우리가 얽히게 되는 수천 가지 실수도 더해진다. (…)

만일 그대가 우리 삶에 대한 실제적인 그림을 떠올린다면, 부끄러움도 옳고 그름에 대한 고려도 없는, 순수한 폭력에 정복당한 도시의 모습을 보게 될 것이다. 범죄는 법 없이 자행되며, 적이 가진 무기 아래 무릎 꿇은 이들을 보호하던, 신에 대한 두려움조차 약탈을 위한 돌진 앞에서 아무런 장애가 되지 않는다."⁹

오늘날 미디어에서 볼 수 있는 전쟁과 재난의 장면을 떠올린다면, 세네카가 무슨 이야기를 한 건지 알 것이다. 그러한 끔찍함은 전쟁 중 서로에 대한 증오가 커져가고 오랫동안 포위되어 있던 도시가 결국 정복되고 나서 본격적으로 약탈이 자행되기 시작하면서 야만성이 억제되지 못하고 폭발할 때 비극적인 절정을 맞이했다. 세네카는 이것이 일상의 삶과도 비슷하다고 말했는데, 아마도 당시 로마 대도시에서 일어나던 방탕함과 부패를 가리킨 말일 것이다.

그러나 그의 문장 속에서는 '우리'라는 단어가 눈에 띈다. 이는 세네카의 주장의 기반을 만드는 단어다. 즉, 우리 모두 각자의 속에 같은 악마를 지니고 있다. 그 악마들이 잔혹한 머리를 드러내고 우리를 범죄자나 악한 인간으로 만들어 상처 입히고 모욕하고 분노와 짜증 또는 고통을 유발하는 사람으로 만들지 않은 것은, 그저 오로지 우리가 운이 좋아서일 뿐이다.

"인색한 자, 유혹하는 자, 잔인한 자, 사기꾼과 같이 그대의 가까이에 있었더라면 분명 그대에게 해를 입히고야 말았을 그런 자들은 바

로 그대의 안에도 존재한다."¹⁰

이제 우리는 세네카의 결론에 도달해 그가 왜 인간에 대해 그렇게도 부정적으로 묘사했는지 이해할 수 있다.

"어째서 그대는 창백한 사람과 마른 사람에게 집착하는가? 전국에 전염병이 창궐했거늘! 서로 화합해야 한다. 우리는 악인들 사이의 악인으로 살고 있다. 상호간의 관대함에 대한 합의 외에 우리에게 평화를 가져다주는 것은 없다."¹¹

세네카는 우리가 관대하게 이해심을 가지고 서로를 대해야 한다고 촉구했다. 자신을 향한 비판과 반응을 전부 수용하고 용서하라는 뜻이 아니다. 타인에 대한 기본적인 태도를 내면화하라는 뜻이다. 그 태도란, 세상과 인간에 대해 그 모습 그대로를 인정하는 태도다. 일반적으로 인간적인 본성은 우리가 바꿀 수 없다. 항상 그 점을 명심해야 한다.

"더욱이 모든 사건을 제대로 판단하기 위해서는 인생의 본질을 고려해야 한다. 일반적인 잘못으로 한 개인을 비난하는 판사는 불공정한 판사다."¹²

불의를 인간의 약점으로 보는 관점은 많은 사람에게 생소할 수 있다. 세네카를 비롯한 스토아학파의 실천철학을 이해하기 위해서는 인생을 이루는 두 가지 측면으로 고려해 보는 게 도움이 될 수 있다. 하나는 내면의 요새로, 우리의 자아와 성격을 이루는 핵심이다. 다른 하나는 외부적인 관계, 육체, 세상 속에서의 행동 등이다. 이 두 측면은 끊임없이 상호작용한다.¹³

내부의 요새에서는 지혜와 인간 본성에 대한 통찰이 지배적이어야 하며 이해, 상호 배려 그리고 가능하다면 용서까지 우선시되어야 한다. 이러한 태도는 타인의 공격과 적대감이 안으로 침투하지 못하게 하며, 존재의 핵심에 해를 끼치지 못하게 보호벽을 만드는 필수 요소다. 이런 태도와 내면의 안정감을 토대로 외부에 대한 반응이 일어나게 되는데, 이것이 두 번째 측면이다. 그렇게 우리는 우리 몸을 지키고, 불의로부터 스스로를 방어하고, 타인의 잘못, 실수, 잘못된 견해, 약점, 결함, 질병이 초래한 공격을 막아낸다. 갈등을 해결하려 하고, 부정적인 감정을 줄이거나 긍정적인 감정으로 바꾸려고 노력한다.

"잘못을 했다고 해서 화를 내면 안 된다는 사실을 이해하도록 하자. 어둠 속에서 불안한 손길로 더듬으며 나아가는 사람에게 화를 내는 게 무슨 의미가 있겠는가? (…) 아프다고, 나이 들었다고, 약해졌다고 해서 그들에게 화를 내는 게 무슨 의미가 있는가? 사람의 잘못 중에는 이해의 부족 때문에 행하는 잘못이 있다. 그런 잘못은 인간이 피해갈 수 없기 때문에 일어나기도 하지만, 인간이 그런 잘못에 이끌리기 때문에 일어나기도 한다(잘못된 생각에 집착한다).

하나하나 분노하지 않기 위해서는 애초에 모든 걸 용서하는 게 좋다. 사람들에겐 관대함이 필요하다. '아직 어려서'라는 이유보다는 '인간이라서'라는 이유를 대는 게 훨씬 더 의미 있고 정당하다. 인간은 육체적 질병만큼이나 정신적 질병에 노출된 존재다. 이는 태어날 때부터 주어진 숙명이다. 둔하고 어리석어서가 아니라, 기지를 제대로 발휘하지 못하고 한 사람이 다른 사람에게 잘못의 선례가 되어서다."[14]

마지막 문장은 우리 모두가 철학적으로 생각하고 통찰을 얻으면 더욱 관대하고 이해심 많고 평화로운 사람이 될 수 있음을 암시하고 있다. 그러나 이 능력은 사용하기가 어렵다. 배우지 못했기 때문이다. 일반적인 학교 시스템에서는 생활을 위한 가르침을 제공하지 않는다. 철학적인 생각, 즉 자기 삶에 대해 숙고해 보는 일은 누구나 할 수 있다. 하지만 충분한 훈련을 통해 성찰을 거쳐 타인에 대한 태도를 근본적으로 바꾸고, 모욕과 같은 모든 형태의 공격과 적대가 자신의 감정, 생각, 말에 침투하지 않도록 하는 데 통달한 사람은 매우 드물다. 이러한 통달은 인간이라면 모두가 잘못을 저지를 수 있고, 자기가 의도하지 않은 상처가 있고 외부의 영향을 받은 존재이며 트라우마를 겪는다는 것을 깨달으면 자동으로 도달할 수 있다. 아무도 부모와 어린 시절의 사회화 환경을 스스로 선택하지 않았기 때문이다.[15]

우리가 내면 깊숙한 곳에서, 즉 내면의 요새 안에 앉은 심판대에서 '모든 것을 애초에 용서할 수 있을 때' 비로소 세네카가 말한 태도를 지닐 수 있게 된다. 항상 염두에 두어야 할 것은, 이것이 우리 존재의 내면의 차원과 관련이 있다는 점이다. 그래도 여전히 물리적인 삶에서 공격, 위협, 폭력을 가하는 사람들과 불의를 상대로 어떻게 행동해야 할지에 대한 의문이 남는다. 우리의 반응이 어떻든, 일단 그 반응은 내면 깊숙이 자리 잡은 인류애의 태도에서 비롯된 것이어야 하며, 인류애의 뿌리에 지탱되어야 한다. 이것이 세네카가 말하는 인간성의 핵심이다.

누구나 실수와 잘못을 저지른다

이런 배경을 고려하면 세네카가 특히 윤리·도덕적 의미에서의 잘못을 논할 때 왜 다소 소극적이었는지 이해할 만하다. 여기서뿐 아니라 세네카는 이 문제에서 예수그리스도의 생각과 가까운 생각을 지니고 있었음을 알 수 있다.

"죄 없는 자 있는가? 우리 모두는 정도에 경중이 있을 뿐, 그리고 의도와 우발, 타인의 꼬임에 넘어갔는지의 여부에서 차이가 있을 뿐, 죄를 지었다. (…) 과거에 죄를 지었을 뿐 아니라 앞으로도 죽을 때까지 죄를 지을 것이다. 만일 누군가가 영혼을 순수하게 정화하여 내면에서 더 이상의 동요도 속임도 일어나지 못한다고 하더라도, 그런 그 역시 죄 지음으로써 그 경지에 도달하였다."[16]

누구도 죄에서 자유롭지 못하다. 따라서 판사가 된다 해도 여전히 공정해야 하며, 전체 사정을 살피고 언제든 피고석에 앉을 수 있다는 사실을 기억해야 한다.

"우리 전체를 고려하여 대상을 판단하는 공정한 판사가 되고자 한다면, 무엇보다 먼저 자기 자신에게 '우리 인간 중 누구도 죄에서 자유로운 사람이 없다'고 되뇌어야 한다. (…) 단 한 번도 법을 어긴 적 없다고 말할 이 누구인가?"[17]

이 사실을 항상 기억하는 사람은 타인에 대한 분노와 혐오가 사라지는 것을 느낄 것이다. 그런 사람은 타인을 함부로 판단하지 않는다. 오히려 그를 혼란 속에서 구하고 더 나은 인간이 되도록 어떤 도움을 줄 수 있을지 생각한다. 세네카는 아리스토텔레스의 제자이자 학파를 이끌어간 그리스의 철학자 테오프라스토스Theophrastus에 반대했다. 테오프라스토스는 덕을 갖춘 사람이 그렇지 못한 사람에게 분노하는 것은 자연스럽다고 말한 바 있다.

"덕을 갖춘 사람이 그렇지 못한 사람에게 분노하는 것이 자연스러운 귀결인가? 아니다. 그 반대여야 한다. 덕을 갖춘 사람은 더 평화로우며, 따라서 타인에 대한 감정과 증오에서 자유롭다. 통찰이 있는 이는 잘못을 저지른 사람을 미워하지 않는다. 그러면 그 증오심이 자신을 향할 것임을 알고 있기 때문이다. 나는 단언컨대 죄 없는 사람은 없다고 확신한다. (…) 빈곤한 이들에게 부드럽고도 부모와 같은 자비를 베풀며, 그들의 머리 위에 앉아 있는 대신 더 나은 길로 가도록 인도하는 것은 얼마나 인간적인가! 누군가 당신의 땅에 들어와 길을 모르고 헤맨다면, 화내며 몰아내기보다는 올바른 길을 보여주는 것이 낫다."[18]

인간에 대한 평등과 인간이 실수할 수 있음을 전제하는 통찰을 지니면 시간이 지나면서 타인에 대한 부정적인 감정을 아예 품지조차 않게 된다. 물론 처음에는 화가 날 수 있다. 하지만 이러한 통찰을 내면화하면, 뇌의 신경 연결을 변화시키고 감정의 발전 패턴에 영향을 미쳐, 충동이 빠르게 가라앉을 것이다. 실제 감정을 억압하거나 부정하려는 것이 아니다. 그러는 것은 오히려 자기를 기만하는 것이며, 감정에 충실하지 못했기에 결국 영혼에 갈등을 일으키고 고통을 초래할 것이다.

그보다는 부정적인 감정이 생기더라도 다시 자연스레 해소되고 공격적이거나 적대적이지 않은 다른 감정이 들어서게 되는 것을 말한다. 그렇게 되는 데 성공한 사람들은 타인을 인간적으로 적대시하며 혐오하지 않는다. 그저 어떠한 행동에 대한 비판, 인간의 나약함, 세태에 대한 유감을 표하는 데 그친다. 인생의 본질을 아는 이라면 '해악을 끼치는 일은 해악을 입는 것만큼 약함을 드러내는 현상'[19]이라는 사실과, 세네카의 스승인 아탈로스Attalus의 말을 빌린다면, 해악을 끼치는 자가 해악의 피해를 입는 자보다 더 자기 자신을 해친다는 사실을 알 것이다.

"악한 마음 안에 담긴 독의 대부분은 자기에게 돌아온다."[20]

본질적인 동등함

인간은 모두 동등하다. 세네카는 따라서 아무도 자신을 타인보다 높여서는 안 된다고 주장했다.

"최악의 사람보다 좀 더 낫다고 해서 왜 스스로 자랑스러워해야 하는가? 나는 병원 안에서 제일 건강한 사람이 자랑스러워해야 할 이유를 도통 모르겠다."[21]

사람들 사이에 존재하는 차이는 판단, 의견, 경계를 정하고 그로부터 적대감과 반감이 생겨나게 한다. 하지만 전체적인 관점에서 볼 때 이러한 차이는 소멸된다.

모든 존재에 대해 본질적이고 영속적이면서도 일반적인 것을 탐구하는 철학에서는 특수하고 우연적인 것들과 거리를 두고, 마치 새가 하늘로 최대한 높이 날아올라 세상을 내려다보듯 하는데, 그런 곳에서는 '좋은 사람'과 '나쁜 사람'의 차이가 보이지 않는다. 가까이서 보면 눈에 확 띌지 몰라도, 실상 그렇게까지 다르지는 않다는 말이다. 멀리서 바라보면, 우리 눈에 개미들이 잘 구분되지 않듯이 별다른 차이가 보이지 않는다.

"그러니 (지상의 인간 군대는) 매우 좁은 공간에서 서로 싸우는 개미 군단처럼 보일 뿐이다. 개미와 인간의 다른 점이 몸집의 크기 말고 무엇이겠는가?"[22]

세네카는 모든 인간과 피조물은 본질적으로 동등하다는 스토아학파의 형이상학적 논리에 동의하는데, 이들의 이런 논리는 우주론적 관념에서 발전된 것이다. 즉, 우리는 모두 동일한 신체를 지닌, 동일한 존재와 관절들이다. 따라서 형제애, 인류애, 이웃 사랑은 자연이 부여한 계명과도 같다. 상대방은 나 자신의 일부다. 우리는 상대방 안에서 나 자신을 만난다

"그대가 눈으로 보는 이 모든 것, 즉 신성한 것과 인간적인 것은 모두 한 몸이다. 우리는 거대한 몸을 이루는 일부다. 자연은 우리를 친척으로, 같은 재료를 써서 같은 목적으로 만들었다. 자연은 우리에게 상호 사랑과 사교적인 본성을 심어놓았다. 그리고 그 사이에 정의와 공평함을 도입하였다. 자연의 법칙에 따르면 폭력으로 피해를 입는 쪽보다 피해를 끼치는 쪽이 더 해를 많이 입는다. 자연의 계명에 따

라, 우리의 손은 도움이 필요한 다른 사람들을 도울 준비가 되어 있어야 한다. '나는 인간이고, 따라서 나는 인간적이다'라는 유명한 시인의 말을 심장과 혀에 새겨야 한다."[23]

위에서 말한 시인의 말은 로마의 희극 작가 테렌티우스Terenz의 말로 알려져 있는데, 이 말은 그리스의 시인 메난드로스Menander의 잃어버린 희극에서 유래된 것으로 추정된다.[24] 이는 사람들의 실수와 약점을 피상적으로 이해하는 걸 넘어, 함께 살아가는 인간의 삶과 고통에 진정으로 관심을 갖고 공유하는 태도를 말한다.[25] 세네카는 현명한 통찰과 삶의 영위에서 가장 높은 수준에 이르면 이렇듯 타인의 운명에 대한 관심이 인류애로 응축된다고 말했다. 이러한 인류애는 인간이 자신과 영혼의 힘을 계발할 수 있는 최고선에 해당한다.

"최고선이란 사물에 대해 잘 알고, 행동할 때 사려 깊고 차분히 행동하며, 주변에 대해 인류애로 가득하고 배려심 있게 함께하는 영혼의 꺾이지 않는 힘이다."[26]

이웃 사랑은 타인과의 관계로부터의 자유, 대인 관계에서 발생 가능한 갈등과 긴장의 해결, 성공적인 공동체의 구축으로 가는 길이다. 이웃 사랑은 상대방을 초청하여 동일한 것을 베푸는 살아 있는 애정 기울임이자 헌신이다.

"그대에게 약물도, 약초도, 마법도 아닌, 사랑의 묘약을 알려주겠다. 사랑받고 싶다면, 사랑하라!"[27]

특히 다른 사람을 자기와 비교하며 질투하는 통상적인 사람들의 습관은 올바른 길에서 벗어나게 하고 고통과 부정적 감정만을 불러일으킨다고 세네카는 말했다. 따라서 이는 절대적으로 피해야 하는 행동이다.

"자기보다 더 행복한 사람을 보고 격해진 마음을 가라앉힐 수 없는 사람은 결코 행복할 수 없다. (…) 타인의 것에 집중하는 사람은 자기의 것을 좋아하지 않는다. 어떤 이들은 다른 사람이 나보다 낫다는 이유로 신에게 화를 낸다. 그러나 그는 자기보다 못한 사람이 얼마나 많은지, 그들이 자기를 얼마나 질투하는지, 자기가 부러워하는 사람이 얼마나 몇 되지 않는지는 잊고 있다."[28]

타인을 대하는 태도

세네카는 여기서 그치지 않고 주변 사람들을 대하는 보다 나은 방법을 찾기 위한 결론을 도출했다. 인생을 현명하게 살아가기 위한 일상의 실천에 이 원리를 적용하고, 타인에 대한 부정적인 감정에서 벗어나기 위해 할 수 있는 일들을 구체적으로 설명했다. 타인의 잘못에 대한 분노가 처음 느껴질 때, 우리의 생각을 우리 자신에게로 돌려 우리도 같은 잘못을 저질렀을 때 비난받을 수 있는지 점검해야 한다는 것이다.

"그대 자신을 자세히 들여다보면, 불평하는 바로 그 잘못이 그대의 가슴속에도 있다는 것을 알게 될 것이다. 그대가 통상적인 범죄에 대해 부당하다며 화를 내는 이유는 그대 자신은 절대적으로 그 일과 무관하다고 생각하기 때문이다. 무죄를 선고받고자 한다면 먼저 용서하라. 그를 용서하면 그는 더 나아질 것이고, 비난만 한다면 더 나빠질 것이다."[29]

타인에 대한 비난은 통찰로도, 행동의 변화로도 이어지지 않는다. 비난은 기본적으로 상대방과의 관계에 짐을 얹을 뿐이다. 자기를 되돌아보는 일은 상황을 개선시키는 첫걸음으로, 이를 통해 타인에 대한 부정적인 감정을 없앨 수 있다. 자기 점검을 해도 그러한 잘못이 나와 무관하다는 결과를 얻었다면, 과거에 그런 잘못을 하지는 않았는지 더 들여다보아야 한다.

"자기 삶을 되돌아볼 때, 청소년기에 의무의 이행을 얼마나 태만히 하였는지, 대화에서 얼마나 부주의하였는지, 술을 얼마나 무절제하게 마셨는지 보라."[30]

대부분은 그리 먼 과거까지 돌아가지 않아도 된다. 우리는 동시대를 살아가는 사람들과 많은 실수와 약점을 공유하고 있기 때문이다.

"누군가가 그대를 호의적으로 대하지 않았다면, 혹시 그대 역시 그를 비슷하게 대한 적이 없는지 생각해 보라. (…) 우리는 타인의 실수는 매우 예리하게 잘 알아보지만, 자기 자신의 실수는 보지 못한다. 스스로를 돌아보고 '나는 그런 적 없는가?', '비슷한 실수를 저지르지는 않았는가?'라고 자문한다면, 좀 더 관대해질 것이다."[31]

관점을 바꾸어보는 것은 타인의 잘못에 대한 직접적이고도 조급한 반응을 자제하게 해준다. 관점 바꾸기가 내면의 습관으로 자리 잡고 사고의 방식으로 자리 잡으면, 유사한 다른 상황에서도 적용이 가능하며, 그러면 언젠가 더 이상 불쾌한 감정이 발전하지 않게 될 것이다. 우리는 잘못을 인식하기는 해도, 그 잘못이 어떻게 일어날 수 있었는지에 대해서는 잘 생각하지 않으며, 모두가 그러한 또는 그와 비슷한 잘못을 저지를 수 있다는 사실도 잘 생각하지 않는다. 이 방법을 훈련하면 갑작스럽게 이는 분노도 불시에 사그라들 것이며 증오, 격노, 혐오는 아예 생겨나지 않게 될 것이다.

현자는 '태어나면서부터 현자인 자는 없으며, 현자는 만들어진다'는 것을 알고 있다. 또한 시간이 지나서도 현자로 남아 있는 사람이 많지 않다는 것도 알고 있다. 인간들의 삶이 가진 한계를 정확히 알고 있기 때문이다.

그러나 이성적인 사람은 자연에 화내지 않는다. (…) 평화로운 마음으로 잘못에 관대한 태도를 지니며, 잘못을 저지르는 사람을 미워하기보다는 더 나은 방향으로 인도하는 사람이 되고자 하는 현자는 다음과 같이 생각하며 집을 나선다. '나는 이 문을 나서면 술 취한 자, 방탕한 자, 배은망덕한 자, 인색한 자, 야망에 쫓기느라 분노에 차 있는 자를 만날 것이다.' 이는 그가 마치 의사가 환자를 바라보듯 이 모든 사람을 평온하고 친절하게 바라볼 것임을 말해준다."[32]

세네카는 우리에게 잘못을 하는 행동을 바라볼 때, 마치 의사가 환자를 보듯 하라고 권고한다. 그 환자를 원망하거나 판단하지 않고 오히려 도우려 노력해야 한다고 말한다. 이런 태도는 우리의 감정에 직접적인 영향을 미친다.

물론 우리도 당혹스러울 수는 있지만, 그럼에도 타인이 행한 모욕,

상처, 무시를 생각하기보다는 그 사람이 왜 그렇게 행동했는지 이해해 보겠다는 생각으로, 그리고 그 사람이 어떤 이유에서든 자기가 잘못했다는 사실을 거의 인식하지 못한 채 그런 잘못된 생각과 감정을 갖게 되었다는 생각으로 생각의 방향을 전환해야 한다.

"그대는 병자의 헛소리와 미친 사람의 수다와 어린 소년의 장난을 어떻게 참는가? 그렇다. 그들 자신이 지금 무슨 짓을 하고 있는지 모른다는 사실을 그대가 알기 때문이다. 그렇다면 대체 그들은 왜 잘못을 모르는 걸까? 무지는 모든 일의 원인이며, 변명거리로 작용한다."[33]

그러나 우리가 그들보다 더 낫다고 확신해서는 안 된다. 좋은 의사는 환자보다 자기가 나은 인간이라고 생각하지 않는다. 각자에게 특정한 능력과 인식이 있듯이, 의사에게는 의학적 지식이 좀 더 있을 뿐 다른 면에서는 다를 수 있다. 그래서 의사는 고통받는 이가 스스로 그 사실을 인식하지 못하고 있을지라도 그가 고통 속에 있으며 도움이 필요하다는 것을 알아챈다. 본인은 고통에 대해 알든 모르든 말이다.[34] 그래서 의사들이 히포크라테스 선서를 하는 것이다. 세네카는 의사의 히포크라테스 선서와 같은 약속이 일반 사람들 사이의 관계에서도 존재한다고 말한다. "우리의 손은 도움이 필요한 사람을 도울 준비가 되어 있어야 한다"는 태도가 바로 현자의 태도다.

"현자는 소중히 다루고, 조언하고, 개선시킨다."[35]

인생은 타인에게 부정적이거나 공격적인 감정을 가지고 살기에 너무 짧다. 이런 감정이 좋게 만드는 건 아무것도 없다. 상황을 악화시키고 세상에 대한 적대감을 증대시킬 뿐이다. 공격은 항상 새로운 공격을 낳는다. 우리는 함께 살아가는 사람들에 대해 근본적으로 다른 태도를 내면에 가지고 개발해야 한다. 주의력, 이해심, 관용, 연민, 이웃 사랑, 즉 진정한 인간성이 우리 안에 자리 잡아야 한다. 세네카의 역작 『분노에 관하여』는 전체적으로 타인에 대한 모든 형태의 부정적인 감정을 다루며, 다음과 같은 말로 끝맺는다.

"어째서 짧은 생을 자신과 타인에게 기쁨과 충만의 원천으로 만들지 않는가? 어째서 그대는 모두가 그대를 사랑하고 그대가 집에 가고 나면 다시 방문하기를 바라는 삶을 살지 않는가? 어째서 그대는 그대의 노예 혹은 주인 혹은 왕 혹은 고용주에게 분노하는가? 잠시라도 좋게 생각해 보라. 보라, 죽음이 그대에게 다가와, 결국 모두가 똑같게 될 터이니. 차라리 우리에게 선물처럼 주어진 짧은 시간을 평화롭고 침착하게 보내는 것이 어떠한가! (…) 얼마 지나지 않아 마지막 숨을 내뱉게 될 것인데. 아직 숨을 쉬고 있는 동안에, 아직 인간일 때, 인간성을 훈련하는 것이 어떠한가. 아무도 우리에게 두려움을 품지 않도록 하고, 누구에게도 위험이 되지 않도록 하자. 훼방, 모욕, 비방, 조롱은 무시하고 짧은 불쾌감을 기꺼이 쾌활하게 견뎌내려고 하자. 그러다 보면 눈 깜짝할 새에 죽음의 순간이 가까워져 있을 것이다."[36]

어쩌면 너무 이상적이고 실제 삶과는 동떨어졌다고 느낄 수도 있다. 하지만 사람들이 모두 잘 살아간다면, 세네카가 왜 그런 책을 써야 했을까? 내면에는 앙심, 고통, 병듦이 없는 채로 이해와 인류애가 자리 잡아야 한다. 겉으로는 비판하고 질책하고 불의를 지적하거나 평온하게 반응하는 등 다양하게 행동할 수 있다 해도 말이다.

다만 타인의 잘못이 내면까지 침투해서 마음 깊숙이 상처받지 않게 되면, 외부의 반응 역시 결코 공격적이거나 적대적이거나 불공평하거나 상처를 주는 유가 아니게 될 것이다. 그리고 그런 반응을 상대방도 무의식적으로든 의식적으로든 알게 될 것이다. 사람들은 상대의 행동이나 말이 적대적인지, 아니면 자비롭고 우호적인지 매우 민감하게 알아차리고 반응한다. 후자의 경우에만 자유로이 의견을 표명하고 변화를 만들어낼 기회가 생길 것이다. 또는 적어도 상대의 공격성이나 부정적인 반응을 부추기지 않을 것이다.

"싸움은 항상 그 안에서 다시금 싸움의 영양분을 얻어내고, 한번 그 안에 깊이 빠져들면 다시 빠져나오기 어렵다. 싸움을 완전히 피해버리는 것이 싸움 속에서 밖으로 빠져나오는 것보다 훨씬 쉽다."[37]

나쁜 감정이 더 이상 생기지 않을 정도로 타인에 대한 선의의 태도를 내면화하는 것은 어려우며, 이에 성공하는 사람은 매우 적다. 세네카도 이 사실을 알고 있었고, 그래서 화에 대한 그의 글은 가장 두꺼운 책 중 하나가 되었으며 계속해서 화에 대해 언급하고 있다. 학교에서 배우는 과목이 그렇듯이, 여기서도 이상향에 도달하는 것 자체는 중요하지 않다. 중요한 것은 우리가 발전한다는 것이다. 인생을 더 즐기고 더 성공적으로 만들기 위해 무언가를 할 의지가 있는 사람이라면 누구나 발전할 수 있다.

부정적 감정의 실체

세네카가 화에 대해 고민한 바와 관련해 더 자세히 살펴볼 필요가 있다. 이는 무엇보다 『분노에 관하여』라는 그의 저서에 잘 드러나 있다. 이 책에서 그는 실천철학을 이론과 실천으로 구분하는 것이 왜 필요한지 명백히 보여주었다. 그는 부정적인 감정을 줄이는 데 도움이 되는 사고방식, 욕구, 행동 방법을 내면화하기 위해 우리가 할 수 있는 일에 대해 매우 구체적인 조언과 가르침을 적었다. 이 책이 처음 출간되었을 때 많은 주목을 받고 작가이자 철학자로서 세네카의 명성을 드높인 것은 바로 이러한 일상과의 긴밀한 연결성 덕분이었을 것이다.[38]

인간의 본성, 동등함, 그리고 일반적으로 잘못을 저지를 가능성에 대한 성찰, 타인의 잘못에 대한 연민과 관대, 관용과 관련해서 세네카는 다음과 같이 확신을 실어 결론 내렸다.

"언쟁과 싸움은 피해야 한다."[39]

세네카가 말한 언쟁과 싸움은 타인에 대한 모든 종류의 부정적인 감정을 포함한다. 행동 자체로 이해해서는 안 된다. 즉, 어떤 문제에 대한 본질적인 토론, 반대, 논쟁, 주장을 피해야 한다는 뜻이 아니다. 피해야 할 것은 분노, 증오, 격노, 경멸과 같이 공격적이고 적대적인 감정을 품고 타인을 거부하는 것이다.[40]

"옛말에 사람이 피해야 할 세 가지가 있다고 한다. 증오, 질투, 경멸이다. 어떻게 피할 수 있는지는 지혜만이 가르쳐줄 수 있다."[41]

세네카에게 타인에 대한 부정적인 감정은 인간의 본성에 대한 이해의 부족, 인간성이라는 개념의 내면화 부족, 자기 통제력의 부족에서 비롯된 것이다. 인간의 동등함을 알면서도 부정적인 감정에 여전히 휩쓸리는 사람이 있다면, 그는 아직 영혼의 위대함을 알지 못한 것이다.

"분노는 어딘가에 고정된 것이 아니다. 견고하고도 영속적인 어떤 것에서 유래된 것이 아니며, 바람에 휩쓸리고 공허하며, 영혼의 위대함과는 거리가 멀다. 게으름이 용기와 거리가 멀고, 오만한 자존심이 고귀한 자존심과 거리가 멀고, 둔한 감각이 깊은 진지함과 거리가 멀고, 잔인함이 엄격함과 거리가 멀 듯."[42]

정당한 비판과 공격적인 감정 사이의 경계는 감정이 공정한 판단, 이해, 인간에 대한 연민과 같은 태도를 무시하거나 훼손하고 타인에 대한 적대감으로 변할 때에 해당한다.

아리스토텔레스는 분노가 때로는 정신을 불타오르게 하고 불의, 공격, 잔혹함에 맞서 단호히 스스로를 방어할 힘을 갖게 하므로 필수적이라고 말했으나, 세네카는 그것은 애초에 분노 자체가 아니라고 지적했다.

"인간이 이성의 말을 듣고 그것을 다룰 때, 이미 그 감정은 분노가 아니다. 분노의 본질적 특성은 반항이다. 어떠한 분노가 억제 가능하다면 그것에는 다른 이름을 붙여야 한다. 그것은 더 이상 분노가 아니다. 내가 생각하는 분노는 억제 불가능하고 다스릴 수 없는 감정이다. 억제할 수 없을 때 그 감정은 그저 악한 것이지, 어떤 것의 보조적인 힘으로 간주되어서는 안 된다. 정열은 독재자처럼 나쁜 하인이다."[43]

우리로 하여금 자제력을 잃게 하고 이해심, 배려심, 연민을 빼앗고 잘못된 행동, 상처, 적대에 평온하고도 당당하게 반응하는 능력을 잃게 하는 분노, 언쟁, 싸움은 무엇 때문에 발생할까? 세네카는 지나친 자기애, 즉 상처 입은 자만심 때문이라고 말한다.

"분노는 원인은 모욕당했다는 생각 때문에 일어나며, 이 생각은 곧 불신으로 바뀐다."[44]

게다가 우리는 다들 약한 인간으로서 언제든 잘못을 저지를 수 있다는 사실을 깨닫지 못했거나 잊어버렸기 때문에 적대감에 미처 대비하지 못하는 경우가 많다.

"사람들은 '적의 모욕이 우릴 흥분시키는 이유가 무엇입니까?'라고 묻는다. 그 이유는, 그걸 예상하지 못했거나 아니면 그 정도일 줄은 예상하지 못했기 때문이다. 이는 자기애가 강하기 때문이기도 하다. 따라서 화가 난다면 교만함 때문이거나 세상에 대한 지식 부족 때문이다. 악인이 악한 행동을 하는 것에 어째서 놀라는가? (…) 모든 상황에 대비하고 정신적으로 준비되어 있으라. 좋은 사람에게도 거친 면이 있을 수 있다. 간악함, 배은망덕, 탐욕스러움, 비열함은 인간 본성의 일부일 뿐이다. 개인을 판단하기 전에 항상 일반적인 인간의 특성을 생각해야 한다."[45]

모욕이나 경멸을 당하면 상처를 받는 것 역시 인간의 본성이다. 세네카는 그럼에도 모욕을 마음에 새기고 원망이나 복수심을 품는 것은 영혼의 그릇과 주권이 부족하다는 신호라고 지적했다.

"분노는 과한 자존심에 기초한 것이자 정신적 우월함을 드러내고

자 하는 모습일 뿐이므로, 실제로는 하찮고 편협한 감정이다. 자기 자신을 올바르게 보호하는, 진실되고 위대한 정신을 지녔다면, 모욕을 받아도 진정으로 모욕당한 느낌을 받지 않기 때문에 되갚으려 하지도 않는다. (…) 복수는 고통받음을 인정하는 것에 지나지 않는다. 모욕에 감정적으로 반응하는 것은 위대한 지성이라고 할 수 없다."[46]

우리는 즉시 내면의 요새로 후퇴하는 법을 배워야 한다. 그리고 자신의 자존감을 타인의 인정이나 미움에 휘둘리게 해서는 안 되고 우리 안에서 얻어내야 한다는 것을 깨달아야 한다.

"자유란 모든 모욕을 넘어서서 외부의 어떤 것도 자기에게 영향을 미치지 못하게 하고, 자기 안에서 모든 기쁨을 끌어내는 상태를 말한다. 이것을 이해한 사람에게는 모든 것이 보다 쉬워질 것이다."[47]

타인의 공격을 평온하게 무시해 버리는 것은 물론 어렵고, 꾸준한 훈련을 통해 개인적 역량, 사회적 역량, 지혜의 역량을 지속적으로 개발해야만 가능하다. 세네카는 이를 위해 중요한 첫 번째 단계는 즉각적인 반응을 삼가고 내면의 동요가 지나간 후 다시 평온한 마음이 될 때까지 기다리는 것이라고 말했다.

"우리를 화나게 하는 것은 대체로 잘못된 자존심이다. (…) 물론 자기의 일을 미루고 싶어 하는 사람은 없겠지만, 분노는 미루는 것이 가장 효과적이다. 그러면 분노의 첫 열기가 사그라들고, 정신에 드리워진 먹구름이 사라지거나 적어도 옅어질 것이다. 사물의 진정한 성질을 명확히 알고자 한다면, 시간이 지나가게 그대로 두어라."[48]

흥분은 눈을 멀게 하고, 인식을 왜곡시키며, 잘못된 판단과 성급한 반응으로 이끈다.

"항상 시간을 두어라. 시간만이 진실을 밝혀준다."[49]

"먼저 분노하여 일을 그르치지 말고, 판단이 서도록 두어라."[50]

타인의 잘못을 너무 심각하게 생각하지 않는 것도 도움이 된다. 타인의 잘못은 물론 그 사람의 책임이기도 하지만, 인간의 약함과 불완전함, 전해 내려온 잘못된 오류와 태도, 외부로부터 영향을 받아 형성된 성격과 운명의 책임이기도 하기 때문이다. 우리는 철학적으로 생각하고, 거리를 둔 채 사건을 올바른 관점에서 바라보며, '내가 당한 것'을 넘어서서 생각해야 한다. 화내고 짜증내는 대신 웃어넘기는 법을 배워야 한다.

"사람들의 모든 실수를 증오할 것이 아닌, 웃어넘길 수 있는 것으로 보도록 정신을 환기시켜야 한다. 헤라클레이토스보다는 데모크리토스를 더욱 따라야 한다. 헤라클레이토스는 사람들이 울지 않고는 살 수 없다 하였으나, 동일한 것을 데모크리토스는 웃을 수 있다 하였다. 한 사람은 인간사가 모두 애처롭다고 여겼으나, 다른 한 사람은 그저 웃을 수 있는 일이라고 여긴 것이다. 우리는 모든 것을 보다 가볍게 받아들이고, 순응하고, 견뎌야 한다. 인생을 슬피 울기보다는 웃으며 받아들이는 것이 사람에게 더 유익하다."[51]

그리스의 철학자 데모크리토스와 헤라클레이토스는 각각 고대의 낙관주의와 비관주의를 대표하는 인물이다. 헤라클레이토스는 슬픔의 철학자로, 데모크리토스는 웃음의 철학자로 많은 문헌에서 그려냈다.

현자는 자기 자신과 평화롭게 지내며 짜증이나 화가 나는 것을 허용하지 않는다. 억울한 일을 당하더라도, 그런 상황에서도 내면의 평화와 평온함을 유지할 준비가 되어 있는지, 그리고 부정적인 감정의 충동을 잘 억제할 수 있는지 스스로를 시험하는 훈련의 시간이자 시험의 시간으로 여긴다.

"인간은 모든 실수로부터 자유로워지고, 자기 자신의 주인이 될 때, 그리고 깊고 평화로운 고요로 가득 찰 때, 비로소 흥분으로부터 자유로워진다. (…) 오로지 현자만이 불의를 보았을 때 일어나는 분노로부터 자유롭다. 그래서 현자는 쉬이 휘둘리지 않는 명랑한 성격을 지니며, 항상 즐겁고 고양된 기분으로 지내는 것이다. 일의 진행과 인간의 악덕이 초래하는 역경은 현자를 괴롭힐 수 없다. 오히려 그러한 불의는 현자에게 스스로를 시험해 보는 기회를 갖도록 한다."[52]

현자는 스스로를 검열하고, 삶을 영위하는 데 필요하다고 인식하고 받아들인 가치와 기준들을 상기하며 살아간다.

"당신이 하고 싶은 대로 하라. 당신은 내 기분을 망칠 만큼 강하지 않다. 이성을 따르는 자의 기분을 망치는 것은 불가능하며, 나는 이성의 지배를 받고 내 삶을 이성에 복종시켰다. 당신이 나에게 가한 모욕보다, 그로 인해 분노한다면 그게 나에게 더 큰 해를 입힐 것이다."[53]

현자는 평온함을 유지하고 화, 격노, 증오의 지속적인 발발이 가져올 파괴적인 결과를 인식할 수 있다.

"평온함을 유지하지 못한 채 내뱉은 단 한 마디의 상처 주는 말이 지닌 날카로움 때문에 많은 사람이 추방을 당했고, 침묵하며 사소한 모욕을 참는 법을 모르는 이들은 스스로 매우 중대한 불행을 초래한

경우가 많았다."⁵⁴

"분노의 모든 죄를 계속해서 떠올리고, 분노에 대해 올바른 판단을 함으로써, 분노를 예방할 수 있을 것이다. 분노가 가진 모든 안 좋은 점을 기억하고, 분노가 좋지 않음을 인정해야 한다. 분노의 모든 나쁜 면이 느껴지고 밝혀져야 한다."⁵⁵

우리는 분노, 개인적인 적대감, 공격성이 전쟁으로 이어질 수 있다는 사실을 기억해야 한다. 전쟁은 국가 간에만 일어나는 게 아니라, 개인 간에도 일어날 수 있다.

"적대감만큼 나쁜 것은 없다. 적대감은 분노 때문에 일어난다. 전쟁보다 더 파괴적인 건 없다. 전쟁은 권력자들의 분노를 표출하는 것이다. 그러나 일반 사람의 분노도 마찬가지로 전쟁과 같다. 그저 무기와 시민이 없을 뿐이다. (…) 분노는 인간의 본성에 영향을 미친다. 인간의 본성은 서로 사랑하도록 촉구하지만, 분노는 증오하도록 촉구한다. 인간의 본성은 유익을 추구하지만, 분노는 손해로 인도한다."⁵⁶

화가 난 상태에서 우리는 중심을 잃어버리고, 실제의 욕구에서 멀어지고 자기 자신의 모습을 잃어버린다. 가장 깊은 내면의 모습을 잊어버리고, 자기를 잃어버린다. 적대감과 전쟁은 이성과 본질이 흐려질 때 발생한다. 세네카는 정쟁도 강하게 반대했다.

"어떠한 광기가 우리를 닦달하고 서로를 파멸시키도록 부추기는가? 무엇이 시민들을 무장시키도록 하는가? 왜 우리는 군대를 모으는가? (…) 그대들, 가련한 자들아, 무엇을 찾는 것인가? 죽음, 어디에나 넘쳐나는 죽음을 찾는 것이냐? 죽음은 어차피 그대들의 고요한 침상 위로, 아무 이유 없이 찾아들 것이다. 죽음을 찾는 것이 아니라면, 단연 미친 짓이라고밖에 부를 수 없지 않겠는가? 목숨을 걸고, 일면식도 없는 이들을, 그들에게 화가 난 것도 아니면서 공격하고, 길에 있는 것들을 마구 파괴하고, 미워하지도 않는 이들을 마치 야수처럼 죽이는 행동을?

차라리 야수라면 복수심이나 굶주림 때문에만 물어뜯는다. 하지만 인간은 나와 타인의 피를 공연히 흘리기를 주저하지 않는다. (…) 악덕은 우리를 어디까지 끌고 가는가? 나의 세상에서 미쳐 날뛰는 것으로는 부족해, 어리석은 페르시아 왕은 그리스로 건너간다. 신들과 인간들의 분노에도 그는 금을 향해 행진한다. (…) 내 집에서 비참한 것으로 충분하지 아니한가, 아니구나, 나는 낯선 땅에서도 불행으로 고통받아야 하는구나."[57]

세네카는 자기통제력이 제한된 자원이라는 것을 알게 되었다. 우리는 지쳤거나 과로했을 때, 화와 격노를 억제하는 능력이 떨어진다.

"피로한 이는 쉽게 싸우고자 한다. 굶주리고 목마른 이 그리고 어떤 것에서든 고통받는 이도 마찬가지다."[58]

영혼의 문제와 갈등 상황을 마스터하고자 하는 사람은 그에 대해 이해하고 배우는 것뿐 아니라, 배우고 이해한 것을 실제로 실천할 신체적, 심리적 힘도 갖춰야 한다. 그래서 신체도 지속적인 운동을 통해 좋은 컨디션을 유지해야 한다. 그러지 못하면 정신적 삶 역시 쉽게 균형을 잃고 일상에서 실수할 가능성이 높아지며, 그 결과로 자기 자신과 주변 사람들에게 정신적 고통을 유발하게 될 것이다.

조화롭게 공존하기

　세네카는 개인의 성격 개발과 사회적인 행동의 규범을 분리하지 않았다. 그에게 이는 명확했다. 그는 우리가 공동체와 이웃을 위해 할 수 있는 최선은 우리 스스로 올바른 길을 걸어가는 것이라고 말했다. 모든 성공적인 공동체를 위한 뿌리가 개인 안에 있기 때문이다.

　행복에 대한 고대의 가르침에 종종 들려오는 비난은 개인의 계발에만 관심을 두고 타인에 대한 행동이나 성공적인 공존은 소홀히 여긴다는 것인데, 이는 잘못된 비난이다. 동서양의 고대 지혜에 대한 이해가 부족한 데서 오는 잘못이다.

　당시 사상가들에게 조화로운 공존을 위한 윤리적 기반을 닦는 것은 중요했다. 당시에는 조화로운 공존이 몰락해 가고 있었기 때문이다. 위에서 부과한 법률, 명령, 행동 강령이 조화로운 공존의 기반이 되지 못한다는 데에는 모두가 같은 의견이었다. 조화로운 공존은 개인의 태도, 삶을 바라보는 가치관, 신념에 뿌리를 두어야 한다.

　거기서 비로소 성공적인 공동체의 기반을 닦을 수 있을 것이다. 그렇게 하지 않으면 윤리적 토대를 만들거나 공동체의 삶을 쇄신하려는 어떠한 시도도 불완전할 뿐이고 결국 실패로 돌아갈 것이다.

　개인의 자아를 계발한다는 것은 우리의 본능적인 기질을 타인에 대한 배려, 인간성, 공감, 사랑으로 계발한다는 말과도 같다. 세네카에 따르면, 반대로 이웃사랑을 향한 기질을 계발하여 그것을 토대로 살아가지 못하는 사람은 충만하고 행복한 삶을 영위할 수 없을 것인데,

이는 이웃에 대한 사랑이 곧 내면의 필수적인 욕구이기 때문이다. 현대 사회에 맞게 풀어서 말하자면, 우리에게는 자기애적인 면도 있지만 사회적인 면도 있다. 그래서 모든 사람은 서로 공명하는 관계 속에서 살아간다.[59] 개인과 사회의 윤리는 고대의 지혜에서도 나타나는 개념이며 현대와 동일한 개념이다.

"항상 자기 자신에 대해서만 생각하고 자기의 유익을 위해서만 살아가기를 원하는 사람이 어떻게 행복하게 살 수 있겠는가? 자기 자신을 위해 살고자 한다면 다른 이를 위해서 살아야 한다."[60]

"현자는 공동체에 도움이 되기 위해, 공익을 위해 태어났다."[61]

현명한 삶을 살아가는 것은 그 자신에게만이 아니라 주변 사람들에게도 이롭다.

"지혜는 공공의 재산이다. 지혜는 현자들이 사는 방식이기도 하고, 다른 한편으로는 현자가 가진 자산이기도 하다. 현자의 이러한 자산은 무엇보다 운명과의 싸움에서 빛을 발한다. 현자는 지혜의 진정한 가치를 믿기 때문이며, 또한 말했듯이 지혜는 자신과 타인 모두를 위한 선이기 때문이다."[62]

세네카는 지혜가 있는 곳에서는 그 효과가 비록 눈에 띄지 않거나 그 길이 숨겨져 있다 할지라도 항상 유익한 결과가 도출될 것이라고 확신했다.

"선한 시민의 노력은 결코 헛되지 않는다. 그의 말은 사람들에게 전해지고 그의 모습은 사람들에게 보일 것이다. 눈길, 신호, 조용한 끈기로, 그리고 단지 거기에 있는 것만으로도 그는 도움이 된다. 어떤 치료제는 접촉하지 않아도 그 향만으로 효력을 발휘하듯, 도덕적 완전함(지혜)은 멀리서든, 보이지 않는 곳에서든 유익함을 준다. 도덕적 완전함은 스스로 산책을 할 수도 있고, 불확실한 결과를 만날 때 방향을 조절할 수도 있다. 사용되지 않을 수도 있고, 고요할 수도 있으며, 엄격하게 제한될 수도 있고, 널리 영향을 미칠 수도 있다. 어떤 상황에 있든, 지혜는 축복으로 이어진다."[63]

세네카는 삶의 지혜를 가르쳐줄 훌륭한 스승이 부족하다는 점을 들며, 자기 자신과 조화롭고 평화롭게 사는 법을 다 배운 사람들이 같은 소망을 지닌 다른 사람들에게 좋은 롤모델이 되는 것이 얼마나 중요한지 강조했다. 훌륭한 스승은 단지 존재와 행동만으로도 사람들을 설득하기 때문이다.

"훌륭한 스승이 매우 부족한 상황에서도 영혼을 미덕(지혜)에 접근할 수 있게 하고, 돈과 쾌락을 좇는 사람들의 돌진에 맞서 싸우거나 적어도 그것을 멈추게 하는 사람이 있다. 이들은 눈에는 띄지 않을지 몰라도 공공의 평안을 위해 일한다. (…) 대중에게 알려져 있진 않아도 훌륭함은 결국 드러나게 되어 있다. 훌륭함은 식별되게 되어 있다. 훌륭한 정신은 그것이 남긴 흔적을 모두가 알아본다."[64]

자기수양이란 자기탐구, 인격의 개선, 사고와 의지와 행동양식을 변화시키는 모든 것을 포괄하는 개념이다. 세네카에게 이는 개인만을 위한 윤리가 아니었다. 오히려 사회에서의 관계를 개선하는 데 목적이 있었다. 즉 친구, 가족, 공동체, 국가 그리고 국제사회와의 관계를 개선하는 것이다. 내적 평화와 균형을 추구하는 진정성 어린 노력은 개인이 사회와 평화롭게 상호작용하기 위해 필요한, 어쩌면 가장 중요한 노력일 수 있다. 진정으로 한 사람의 영혼에서 우러나오는 게 아닌, 법에 의해 강제되는 노력은 형식적이고 부자연스럽고 기초가 없다. 소크라테스는 자기를 속이는 것은 자기 자신에게도 타인에게도 최악이라고 말했다.[65]

> **✦ 세네카의 가르침**
>
> - 타인을 배려하면 그것이 분노와 증오가 사라진 평화로운 공존으로 나아가는 첫걸음을 떼는 것이다.
>
> - 모든 인간이 동등하다는 것을 아는 것은 인간성, 공감, 인류애의 토대가 되며, 타인을 평온함 속에서 대할 수 있게 한다.
>
> - 우리 모두는 실수를 할 수 있고 잘못에서 자유롭지 않기 때문에, 타인의 실수에 흥분하지 않고 가능하다면 용서까지 하는 훈련을 해야 한다.
>
> - 다른 사람을 판단하는 대신 우리 자신으로 눈을 돌려, 과연 나에게는 같은 약점이 없는지, 또는 과거에 유사한 실수를 하지는 않았는지 되돌아보아야 한다. 비난하는 대신 그 사람을 도와줄 수는 없는지, 어떻게 도와줄 수 있을지 생각해야 한다.

"당신이 하고 싶은 대로 하라.
당신은 내 기분을 망칠 만큼 강하지 않다.
이성을 따르는 자의 기분을 망치는 것은 불가능하며,
나는 이성의 지배를 받고 내 삶을 이성에 복종시켰다."

16 ____ 내면의 균형이 우선이다

✳

"세상의 모든 조화는 반대되는 것들로 이루어져 있다."[66]

타인과의 좋은 관계와 자신, 세상, 운명과의 성공적인 관계는 각 관계의 주체들이 각자 가지고 있는 서로의 극단성과 역학에도 불구하고 상호보완적이고 서로를 풍요롭게 하며 조화를 이루는 총체로 합일될 때 이루어진다. 그럴 때 우리는 자기 자신과 타인, 세상과 좋은 관계를 맺고 있다고 느낀다.

마치 합창단과 오케스트라가 함께하듯, 조화는 다양함 속에서 통일됨을 보여준다. 이 책에서 다룬 세 가지 중요한 삶의 관계 역시 역동적인 긴장 관계에 있으며 때로는 순간적으로, 때로는 단계적으로 움직이며 합일되어 간다. 그리고 그 과정에서 행복, 성공, 영혼과 몸의 평온이 결정지어지는 시기에 삶의 의미와 목적이 실현되는 것이다.

삶을 실천해 나가면서 조화를 이루는 것은 자기의 안에서도 움직이며 균형과 평온을 이루는 것을 포함한다. 상반된 것들이 끊임없이 결합하고 균형을 이루는 과정이기도 하다. 자연에서든, 영혼에서든, 인간관계에서든 모든 변화는 분열과 결합, 흩어짐과 모임, 팽창과 수축, 들숨과 날숨의 원리를 따른다.[67]

세네카는 조화로운 상호작용이라는 현상을 다른 사람들과의 성공적인 관계뿐만 아니라 실천적 삶의 여러 현상을 설명하는 데 사용한다. 그가 말하는 조화는 성공적인 삶을 위한 이정표로, 그는 모든 자연적 관계는 대립으로 이루어져 있으며 이 대립들이 지속적인 균형을 통해 자신을 보존하고 갱신한다고 보았다.

"이성은 자연을 따른다"는 말처럼, 이성은 정신적 차원에서 상반된 현상들을 가능한 한 포괄적으로 인식하려 한다. 원인과 결과를 인식하는 과정에서 이성은 대립되는 것들을 하나로 엮는다. 이성은 자연이 특정 현상 속에서 보여주는 방식을 사고 속에서 구현한다.

"이성 없는 선은 없다. 이성은 자연을 따른다. 그렇다면 이성이란 무엇인가? 그것은 자연의 모방이다."[68]

인간이 자율적인 삶을 이끌어가기 위해서는 내적, 외적 삶의 관계들을 합리적으로 분석하고 구성해야 하므로, 세네카는 스토아학파의 근본적인 명제를 따른다. 즉 인간은 자연에 맞는, 이성적인 삶을 살아야 한다는 것이다. 위의 인용문에 이어 세네카는 이렇게 말한다.

"그렇다면 인간의 최고 선은 무엇인가? 그것은 자연의 의지에 맞추는 것이다."[69]

이 말은 즉, 다른 사람들과 평화롭게 살아야 하며, 동시에 자신의 영혼 속에서 힘의 균형을 맞추고 일관된 삶을 살아야 한다는 뜻이다.

"현자는 싸움보다는 평화 속에서 살기를 원할 것이다. 또한 자신의 오류를 제거하고 나면 타인의 오류를 가지고 싸운다고 해도 별 유익이 없을 것이다."[70]

앞서 언급한 것처럼, 이는 부정의와 잘못된 행동에 대해 수동적 태도를 취하는 것을 의미하지는 않는다. 단지 가해자에게 적대적인 태도를 취하지 말자는 것이다. 현자는 사회에 대해서도 마찬가지로 행동한다. 필요할 경우에는 정치에 개입할 수 있으나, 적대적이거나 폭력적으로 행동하지 않으며, 다른 사람들에게 비록 그들의 입장에 동의하지 못할지라도 자신의 방식이나 삶을 강요하지 않는다.

"현자는 대중의 관습을 혼란스럽게 하지 않으며, 자신이 다른 방식의 삶을 살고 있다는 이유로 대중의 주목을 끌고자 하지 않는다."[71]

타인과의 관계에서 평화를 이루고 공동체와 조화를 이루려면, 먼저 자신 안에서 평화와 조화를 이루어야 한다.

"중요한 것은 영혼의 상태다. 영혼의 상태가 모든 것에 흔적을 남기기 때문이다."[72]

세네카에 따르면 이는 상반된 영혼의 힘들 사이에서 균형을 이루고 생각, 말, 행동이 서로 모순되지 않게 하여 일관된 삶을 살아야 한다는 것을 의미한다.

정신은 "그 자체와 조화를 이루는 합일된 힘과 능력을 만들어내며, 그 결과로 얻을 수 있는 것은 갈등하지 않고 의견, 생각, 상상에 얽매이지 않으며 흔들리지 않는 통찰력이다. 이러한 정신이 올바른 구조

를 이루고 일명 완전한 조화를 이루었을 때, 비로소 최고선의 문턱에 도달했다고 할 수 있다".[73]

이러한 내면의 조화는 실천될 때에만 유지될 수 있다. 또한 진정성을 유지할 때 진정한 삶에서 실천될 수 있다. 세네카는 그렇지 않으면 우리가 존재, 인생, 자연에 대해 충분히 깊이 이해했다고 볼 수 없다고 지적했다.

"여기서 드러나는 것은 무엇보다 통찰의 부족이다. 어떤 사람이 지금은 이렇고 다른 때는 또 다르다면, 이는 내가 생각할 때 가장 부끄러운 일로, 자기 자신에게 일관되지 못했다는 신호다. 인간이 되는 과정이 중요하다고 생각하라. 다만 현자를 제외하고는 완전히 하나가 되기는 어려우며, 대부분의 사람은 다채롭다."[74]

마지막 문장은 합일의 경지에 이르지 못하더라도 가능한 한 가까이 다가가야 한다는 이상향을 표현하고 있다. '영혼의 일치'는 세네카에게 '최고선'이다.[75] 영혼의 일치는 지혜와 좋은 삶의 기초가 된다.

"덕(지혜)은 내면의 합일에 기초한다. 덕에서 비롯되는 모든 행동은 덕과 일치하고 합일되어 있다."[76]

또한 여기에는 '일관되게, 지속적으로 자기 자신과 일치하는 삶의 방식'도 필요하다.[77] 이 모든 것을 모두 완전하게 할 수 있는 사람은 세네카가 볼 때 현자뿐이다. 우리 안에서는 충동, 욕구, 갈망, 소망과 같은 다양한 영혼의 힘들이 작용하며, 이것들이 종종 서로 상반된 목표를 추구하고 서로 방해하기도 하기 때문이다. 세네카는 플라톤이 영혼을 머리가 여러 개 달린 괴물로 묘사한 것을 인용하며 우리는 단조로운 존재가 아닌 다채로운 존재라고 설명했다.

"수천 개의 살아 숨 쉬는 존재가 이 작은 내면에 자리 잡고 있으며, 모든 사람이 각자의 안에 살아 숨 쉬는 그 존재의 다양성을 지니고 있다고 결론지을 수 있다. (…) 한 영혼도 다양한 형태를 취한다. 그리하여 헤아릴 수도 없이 많은 존재가 영혼 안에 살고 있는 것이다. 혹자는 '그렇다 하더라도 하나에 연결되어 있고 한 영혼의 일부이니 그리 많다고 보기는 어려운 것 아닙니까?'라고 물을 수도 있겠다. 영혼은 여러 개의 머리를 가진 괴물로 상상해야 한다. 그 머리들은 서로 싸우고 해를 끼치기도 한다."[78]

"우리의 욕망은 또 다른 욕망과 싸우며, 결심은 또 다른 결심과 싸운다."[79]

균형 잡힌 영혼의 삶을 추구하려면 "영혼이 자기 자신과 일치하도록 해야 하며, 의도들이 서로 충돌하지 않도록 해야 한다."[80]

세네카는 영혼의 균형에 관해 이런 이야기도 했다.

"나 자신과 친구가 되는 법을 배워야 한다."[81]

나 자신과 친구가 된다는 것은, 다양한 영혼의 힘을 균형 잡힌 상태로 만드는 것을 의미하는데, 이는 내적 대립을 부정하거나 억누르거나 하나로 평준화하는 것이 아니라, 서로 균형 잡힌 긴장 상태에서 발휘되도록 하는 것이다. 이는 시간에 따라 질서 있는 방식으로 발산되며, 개인의 통일성과 정체성을 위협하거나 고통스러운 갈등을 일으키지 않도록 해야 한다. 이러한 분열과 대립은 항상 존재하지만, 전체적으로 보면 서로가 균형 잡힌 상호작용을 이뤄야 한다.

세네카는 이렇게 말했다.

"말에 영혼의 상태가 반영된다. 만약 그것이(말이) 완전히 매끄럽고, 꾸며지고, 인위적으로 준비되었다면, 그것은 영혼 역시 순수하지 않고 어딘가가 망가졌다는 증거다."[82]

균형은 가식적이거나 억지로 만들어지는 것이 아니라 진정성 있게 존재해야 하며, 항상 새롭게 갱신되어야 한다.

세네카는 인간이 내적, 외적 삶의 모든 관계에서 조화를 추구한다고 믿었으며, 이는 스토아철학뿐만 아니라 고대 그리스의 광범위한 사상과도 일치한다. 특히 플라톤은 그의 주요 저서인 『국가』에서 모든 부분이 조화를 이루는 원리가 인간들의 평화롭고 정의로운 공동생활뿐만 아니라 각자의 (영혼의) 삶에서도 근본적으로 중요하다고 설명했다. 세네카를 비롯한 스토아학파는 여기서 영향을 받은 것으로 보인다.[83]

✦ **세네카의 가르침**

- 성공적인 공존은 우리가 조화롭게 해결해 나가는 긴장된 역학 관계를 기반으로 한다.

- 성공적인 삶을 사는 사람의 정신 상태는 조화로우며, 그러한 조화로움은 주변으로도 전달된다.

"우리의 욕망은 또 다른 욕망과 싸우며,
결심은 또 다른 결심과 싸운다.
따라서 영혼이 나 자신과 일치하도록 하고
의도들이 서로 충돌하지 않도록 해야 한다."

17 ─── 우리에게 필요한
인생의 스승

✳

"내 말을 믿어라. 우리에게는 성격을 형성할 기준이 필요하다. 기준 없이는 잘못된 것을 바로잡을 수 없다."[84]

타인과의 관계에서 다뤄야 할 점은 성공적인 삶을 향한 여정에서 스승과 롤모델의 중요성에 관한 내용이다. 이 주제는 아무리 강조해도 지나치지 않다. 세네카는 그의 저서 곳곳에서 이 문제를 반복적으로 다뤘다.

책은 스승이 줄 수 있는 영향력을 불완전하게 대체할 수 있을 뿐이다.[85] 어떻게 잘 살 것인지 배우는 것은 꽤 어려워서 유능한 스승과 길잡이가 없다면 거의 불가능하기 때문이다.

"미덕(지혜)은 발견하기 어렵고, 따라서 인도자와 지도자가 필요하다. 반면에 악덕은 스승 없이도 배울 수 있다."[86]

세네카는 에피쿠로스의 말을 인용하며 이렇게 말했다.

"탁월한 인물을 본보기로 삼아, 그를 항상 눈앞에 두고 마치 그가 우리를 보고 있는 것처럼 살고 생각하며 행동해야 한다. 그렇게 존경할 만한 사람이 있어 그 사람에 대한 기억만으로도 그를 롤모델로 삼아 자기 내면을 형성하고 조절할 수 있는 사람은 얼마나 행복한가. 그런 사람은 곧 스스로도 존경받을 만한 사람이 될 것이다."[87]

스승을 직접 찾아가야 하는 이유

실천철학과 삶의 지혜를 배우는 가장 좋은 방법은 스승과 직접 교류하는 것이다. 그 과정을 통해 스승이 가르침을 어떻게 실제 삶에서 실천하는지, 가르침이 그의 말, 행동, 사고, 의도에서 어떻게 나타나는지, 또 갈등 상황에서 어떻게 대처하는지를 볼 수 있다. 의견에 대해 즉각적으로 반박하고 살아 있는 대화 속에서 세부 사항을 논의하고 불분명한 점을 해결하며 다양한 삶의 상황을 훈련할 수 있다. 스승의 반응 방식, 제스처, 표정, 말투, 어조 등 모든 것이 쓰인 말보다 더 강렬하고 지속적인 영향을 미친다. 실천철학의 스승은 자신의 신념과 명제를 실제로 살아내고 몸소 구현한 사람이기 때문이다.[88]

고대에서 이러한 스승을 따르는 것은 당연한 일이었고, 말과 행동이 다른 스승은 금세 사람들의 눈에 띄었다. 세네카는 루킬리우스에게 보낸 서신에서 스승과 롤모델과의 개인적인 교류가 주는 다양한 영향을 설명했다.

"내가 이렇게 말하는 것보다 더 중요한 것은 살아 있는 말과 교류가 될 것이다. 스승을 직접 찾아가야 한다. 일단 사람들은 자신의 귀보다는 눈을 더 믿는다. 그리고 수업을 통한 길은 길되, 예시는 짧고 성공적이다."[89]

클레안테스 Cleanthes도 제논 Zeno of Citium의 이야기를 단지 듣기만 했다면 두 번째 제논이라는 말을 듣게 될 수 없었을 것이다. 그는 제논과 함께 살았고, 제논의 마음에 담긴 비밀을 알아냈으며, 그가 교훈을 따라 사는지 관찰했다. 플라톤, 아리스토텔레스, 그리고 다양한 방향으로 나아갔던 모든 철학자는 소크라테스에게 내용을 넘어 성품에서 더 많은 영감을 받았다. 메트로도루스 Metrodorus, 헤르마르쿠스 Hermarcus, 폴리에누스 Polyaenus는 에피쿠로스의 학교에서가 아니라 에피쿠로스와 함께 지내며 위인이 되었다."[90]

세네카는 후속 서신에서 이 주제를 다시 언급했다.

"미덕을 영혼에 들이기 쉬운 방법은 없지만, 우유부단한 마음과 악덕에 빠진 사람들을 올바른 길로 돌아오게 하는 데에는 도덕적으로 완벽한 사람들과 교류하는 것보다 더 좋은 방법이 없다. 이들을 자주 접하고 이들의 말을 자주 들으면, 그 영향은 시간이 지날수록 점점 더 깊게 마음에 새겨지며 마치 규칙처럼 다가온다. 그렇다, 지혜로운 사람과의 단발성 만남도 유익하다. 현자와 아무 말도 하지 않아도, 그 만남만으로도 얻을 것이 있다."[91]

얼굴을 맞대고 하는 대화에서 전달되는 수많은 비언어적인 요소는 종종 말로 전달되는 것보다 더 깊게 각인된다. 말에 색깔과 감정, 생동감을 부여하기 때문이다. 메시지는 단지 이해되는 것만으로는 충분하지 않다. 내면화되어야 한다. 지혜의 가르침을 이성적 이해에서 사고, 의도, 행동으로 변환시켜 적용하는 과정에서 스승은 살아 있는 본보기로서 중요한 역할을 한다.

"철학자와 교류하는 사람은 매일 무언가 좋은 것을 집으로 가져간다. 그는 더 건강해지거나 더 쉽게 치유될 것이다. 이것은 사실이다. 철학의 힘은 그저 학생들에게만이 아니라 방문객에게도 도움을 주기 때문이다."[92]

이러한 영향력은 철학자나 현자와의 교류에서만 오는 것이 아니라 올바른 길을 찾고자 할 때, 깊이 있게 살고 있는 공동체에서 오기도 한다. 세네카는 『분노에 관하여』라는 책에서 이렇게 썼다.

"또한 덕(지혜)은 그 주변 모든 사람에게 유익한 영향을 미친다. 좋은 환경과 기후가 건강에 미치는 영향보다도, 자신보다 나은 사람들과의 교류가 아직 기반이 확고하지 못한 사람들에게 미치는 영향이 더 크다. (…) 또 한 가지, 평온한 사람들과 함께 지내면 그들을 본보기 삼아 더 나은 사람이 될 뿐 아니라, 분노를 일으킬 이유 자체도 사라지기 때문에 분노를 유발할 기회가 없어진다."[93]

아직 마음이 확고히 자리 잡지 못한 사람들에는 특히 어린이와 청소년이 포함된다. 이들에게는 좋은 스승과 신뢰할 수 있는 롤모델이 있는 것이 중요하다.

"어린이들에게 친절한 스승과 교육자가 있는 것은 매우 중요하다. 아직 나이가 어린 모든 존재는 가장 가까운 대상을 따라가며 자신의 발전의 본보기로 삼기 때문이다."[94]

따라서 우리는 누구와 교류할지 신중하게 선택해야 한다. 자신이 특히 존경하고 롤모델이 될 수 있는 사람들을 선택해야 한다. 그들의 전체적인 성격이나 특정한 성격 특성이 본보기가 될 수도 있다. 그들과의 교류는 좋은 본보기를 의식적이든 무의식적이든 따르게 할 지속적인 자극이 될 것이다. 세네카는 친구를 선택할 때 그들의 삶의 방식이 그들의 말보다 더 중요한 기준이 되어야 한다고 말한다.

"누군가의 말을 들었을 때보다 그 사람을 직접 봤을 때 더 존경하게 되는 사람을 친구로 삼아야 한다."[95]

세네카는 다른 곳에서 스승과 롤모델의 영향력을 부모와 비교했다. 부모는 우연히 주어지며, 그들이 주는 영향은 좋을 수도 있고 나쁠 수도 있다. 반면에 정신적 스승과 롤모델을 선택하는 것은 우리의 자유다. 따라서 그 선택에 매우 신중해야 한다.

"부모는 선택할 수 없다고, 그저 우연히 주어진 것이라고들 말한다. 아니다! 나의 본질에 대한 통제권은 본래 나의 손에 달려 있다. 고귀한 정신을 지닌 가족들이 있으니, 함께하고 싶은 가족을 선택하라."[96]

세네카도 그러한 교류를 했다. 그는 키니코스학파의 철학자 데메트리우스와 절친했다. 데메트리우스는 그리스 출신으로, 로마에서 오래 살았으며, 키니코스학파의 생활 방식을 극단적으로 실천하는 사람이었다. 그는 모든 소유를 거부하고, 검소한 옷만 입었다.

"나는 최고의 사람들과 시간을 보낸다. 그들이 어디에 살든, 어떤 시대에 살았든, 나는 그들과 정신적으로 깊은 유대감을 나눈다. 나는 뛰어난 데메트리우스와 함께하는 것을 좋아한다. 그와의 대화는 화려한 옷을 입은 사람들의 모임보다 더 좋다. 나는 그를 존경한다. 그에게 부족한 것이 없다는 것을 알기 때문이다. 그는 물질적 재산을 중요시하지 않으므로 모든 것을 다른 이들에게 넘겨주고 자신은 그 무엇도 소유하지 않는다."[97]

역사 속 스승들

적합한 스승과 롤모델을 단지 동시대 사람들 가운데서만 찾아야 하는 것은 아니다.

"고귀한 정신을 갖춘 가족"은 온 인류 역사에 걸쳐 흩어져 있으며, 모든 시대와 문화의 사상가가 그 대상이 된다. 진지하고 진정성 있게 인간의 삶을 이해하고 최고의 삶의 방식을 탐구하고자 했던 이들은 모두 우리에게 도움이 될 수 있다.

"누구를 따라야 하겠는가?"라고 루킬리우스가 묻자, 세네카는 대답했다.

"옛 사람들을 잊지 마라! 우리를 도울 수 있는 사람으로는 살아 있는 사람들만이 아니라, 이미 살다 간 사람들도 있다."[98]

세네카는 그리스 철학자들을 먼저 언급하며 그들이 특정 학파나 사상과는 관계없이 모두 중요하다고 말한다. 그는 이들을 "신성한 통찰의 증인들" 혹은 "올바른 학문의 스승들"이라고 불렀다.[99]

"고귀한 지혜의 길잡이들은 우리를 위해 태어났고, 이들이 우리에게 삶의 길을 제시했다고 감사히 생각하자. 이들은 어두운 곳에서 빛을 찾아내어 가장 훌륭한 보물들을 보여주며 우리를 이끈다.[100] 어떤 시대도 닫혀 있지 않으며, 모든 시대에 접근할 수 있다.

만약 우리가 정신적으로 인간의 약점의 장벽을 넘고자 한다면, 오랜 시간들을 거쳐 그 길로 갈 수 있다. 소크라테스와 대화를 나누고, 카르네아데스Karneades와 의심하며, 에피쿠로스와 평화를 추구하고, 스토아학파와 인간 본성을 극복하며, 키니코스학파와 한계를 넘어설 수 있다. (…) 또한 진정한 의무를 다한 이들, 즉 제논, 피타고라스, 데모크리토스 그리고 다른 고등 학문의 길잡이들과 아리스토텔레스와 테오프라스토스Theophrastos를 친밀한 친구로 삼아 매일같이 철학을 나누었던 수많은 철학자를 따를 수도 있다. 그들 중 누구도 우리를 거절하지 않을 것이며, 누구도 찾아오는 이를 돌려보내지 않으리라. 그들은 우리를 더 행복하고 더 따뜻한 친구로 만들어줄 것이다."[101]

세네카는 전통적인 철학적 지혜와 그 창시자들에 대한 찬사를 아끼지 않는다. 그들은 그의 스승이자 롤모델이었으며, 세네카는 이들을 계속해서 추천한다. 이들 철학자들의 통찰은 시대를 초월한 불멸성으로 우리를 이끈다. 역사적 흐름 속에서 좋은 것과 나쁜 것을 가려낸 그들로부터 배운다면, 세네카의 말을 빌리자면 영원한 진리의 샘에서 물을 마시게 되는 것이다. 그들과의 교류는 우리가 속한 시대의 한계와 편견에서 벗어나게 해주며, 우리를 모든 시대를 초월한 불변의 것들과 연결시켜 준다. 세네카는 고대 철학자들의 지혜에 대해 깊은 열정을 보이며, 그들이 얼마나 중요한 영향을 미쳤는지 강조한다.

"이들(철학자)의 보호 아래 자기 자신을 맡긴 사람은 얼마나 행복하고도 영광스러운 노년을 맞이하게 될 것인가! 그들과 함께라면 가장 사소한 일부터 가장 중요한 일까지 모두 이해할 수 있다. 그들을 매일 참고할 수 있다. 그들로부터 아무런 굴욕 없이 진리를 듣고 아첨하지 않은 채로 칭찬을 받을 수 있다. 그들을 본보기 삼아 스스로를 훈련할 수 있다. (…)

그들(고귀한 정신을 지닌 가족들)은 그대에게 영원으로 가는 길을 보여주고, 그대를 아무도 밀어낼 수 없는 곳으로 고양시켜 줄 것이다. 그것이야말로 인간의 유한성을 확장시키는 유일한 방법이며, 심지어 불멸로 바꾸는 유일한 방법이다. (…)

지혜가 적용된 진리는 시간의 영향을 받지 않는다. 세월이 흐른다고 지혜가 사라지거나 약해지지 않기 때문이다. 진리가 선포되고 난 이후의 모든 시대는 그 지혜의 진리를 존경할 것이다. 왜냐하면 가까운 것(현재)은 시기를 받기 쉽지만, 먼 것(과거)은 우리가 편견 없이 존경하기 때문이다. 그러므로 현자의 삶은 넓은 범위까지 영향력을 미친다. 그는 다른 사람들(동시대인들)의 좁은 한계에 갇히지 않고, 인간이 설정한 장벽을 넘어서며, 모든 세기를 마치 신처럼 자신의 뜻에 맞게 다룬다. (…)

시대의 총합은 그에게 길고 긴 평생을 선사한다. 반면에 과거를 잊고 현재에만 몰두하며 미래를 두려워하는 이들의 인생은 매우 짧고 근심 걱정으로 가득 차 있다."[102]

세네카는 마지막 문장에서 과거 세대와 역사적 시대의 경험과 지혜를 삶에 실용적으로 적용하는 것이 얼마나 중요한지 강조한다. 철학을 공부한다는 것이 거리를 두는 것이라고 한다면, 그 거리 두기는 내용, 장소, 시간의 거리 두기로도 볼 수 있다. 즉, 특정 관계와 얽힘에서 정신적으로 벗어나 새의 시각으로 하늘에서 인생을 바라보면 일상의 질문과 문제에 더 명확하게 접근하고 그것을 인식할 수 있다.

따라서 다른 문화와 시대에서 더욱 많은 것을 배울 수 있다. 해당 문화와 시대는 현재의 문화와 시대와 차이가 있고, 그러한 차이점이 우리의 사고를 기존의 패턴에서 벗어나게 하고, 생각의 방식을 자극하며 확장하기 때문이다.

이것이 가능한 이유는 그 내용이 인간과 관련된 것이며, 외부적인 상황이 다르더라도 언제 어디서나 본질적으로 동일한 내용을 다루기 때문이다.

이 장의 첫머리에서 스승과 롤모델과의 개인적인 접촉이 최고의 삶의 훈련이라고 했다. 여기서 한 가지 이의가 제기될 수 있다. 오랫동안 과거의 사람들과 교류할 때는, 그들과의 접촉이 부족하다는 점이다. 그러나 위대한 지혜의 책들에서 받을 수 있는 가장 강력한 영향력은 종종 텍스트의 내용 자체가 아니라 저자라는 인물과 그의 인생에서 나온다. 그가 한 말들은 그가 어떻게 살았는지를 통해 나타나며, 그에 따라 독서를 정신적으로 인도한다. 우리는 책을 읽으면서 더 많거나 적게, 저자에 대한 이미지를 만들어간다.

세네카는 네로의 명령에 따라 목숨을 끊기 직전, 제국군의 지휘관에게 마지막 뜻을 기록할 수 있게 해달라고 요청했다. 그러나 거부당하자 "그는 친구들을 향해 이렇게 말했다. '우정에 대한 감사 표시를 할 수 없으니, 내가 이들에게 남길 수 있는 유일하고도 가장 소중한 것은 내 인생이 그린 그림이다. 만약 이들이 이것을 기억한다면, 진정한 미덕의 명성을 얻을 것이다.'"[103]

인생의 그림이 수많은 말보다 더 강력할 수 있다는 것은 소크라테스, 석가모니, 예수와 같은 몇몇 위대한 현자가 직접 글을 쓰지 않았음에도 불구하고 수천 년에 걸쳐 여전히 강력한 영향을 미치는 데서도 알 수 있다. 물론 그들의 지혜로운 말들과 생각들이 제자들과 당시 사람들에 의해 전해졌지만, 사실상 현대인이 그들에 대해 가지고 있는 이미지와 그들이 살아온 인생이 전해지는 글보다 훨씬 더 강한 영향력을 미친다. 이들은 자신이 가르친 바를 몸소 실천하며 사람들을 설득했다고 전해진다. 우리는 그들의 지혜로운 말들을 통해 그들에 대한 이미지를 형성하고, 그 이미지를 기억하며 그들의 구체적인 생각을 되새긴다.

세네카가 말한 대로 이것도 살아 있는 대화이며, 따라서 눈으로 읽은 텍스트를 통해 저자와 실제로 대면하는 것처럼 이해할 수 있게 된다.[104] 그러므로 우리가 실제로 떠올리는 위대한 현자들은 내면의 대화 상대이자 롤모델이 되어, 다양한 인생 상황에서 방향을 잡는 데 도움을 준다. 하지만 이를 위해서는 그들의 남겨진 글을 더욱 깊이, 사랑과 경외의 마음을 가지고 연구해야 한다.

여러 사람과 깊은 관계를 맺을 수는 있지만, 너무 많은 사람과는 어렵다. 너무 많은 사람으로부터 배우거나 너무 많은 책을 읽으면 쉽게 길을 잃을 수 있다. 세네카는 우리가 너무 많은 것을 읽기보다는 가장 중요한 것을 선택하여 그것을 반복해서 읽고, 그 안으로 깊이 파고들어 그것을 기억과 감각에 굳게 새기라고 말한다.

"많은 작가와 다양한 내용을 담은 책을 읽는 것이 불안정과 조급함을 부추기지는 않는지 스스로에게 물어보라. 특정한 정신과 지속적이고 친밀한 관계를 맺어야만 우리의 영혼에 진정한 유익이 될 수 있다. 어디에나 있는 사람은 어디에도 없다. 책이 너무 많으면 주의가 분산된다. (…) 그러므로 인정받는 가치 있는 작가들의 것을 읽고, 만약 다른 작가에게 끌린다면, 그 작가의 것을 반복해서 읽어라. 매일이 빈곤, 죽음, 그리고 악에 맞선 승리의 싸움에 기여하는 하루하루가 되어야 한다. 만약 다양한 책을 읽었다면 그중 하나를 골라 온전히 자신의 것으로 만들라. 나 또한 그렇게 한다. 내가 읽은 여러 가지 중에서 특정한 한 가지를 고른다."[105]

무조건적인 신뢰는 옳지 않다

세네카는 나쁜 스승과 롤모델도 존재한다고 말했다. 따라서 스승을 선택할 때 신중하게 접근하고, 선택할 대상을 꼼꼼히 검토해야 한다. 오직 "최고의 사람들"과 함께해야 하며, "뛰어난 사람들을 롤모델로 삼아야" 하고, "우리가 그들을 존경해야" 한다.

교훈과 인생이 일치하지 않는 사람은 신뢰하지 말아야 하며, 진정한 삶의 경험에서 나온 깊은 통찰 대신에 표면적인 지식만을 퍼뜨리는 이들에게 속지 말아야 한다.

또한 이미 롤모델을 선택했다면, 그 롤모델을 모방하는 과정이 비판적인 사고를 대신해서는 안 된다. 배운 것을 자신만의 경험과 결합하고, 이를 비교해야 한다. 그럴 때 그 배움이 비로소 자기의 본성과 하나가 되어 자신의 것이 된다.

"학습한다는 것은 모든 것을 자기의 것으로 만드는 것이지, 롤모델을 항상 옆에 두고 거기에만 의존하거나 '제논이 이렇게 말했다', '클리안테스가 그렇게 말했다'라고 하면서 매번 스승을 뒤돌아보는 것이 아니다."[106]

"그것(배운 것)에 진심으로 동의하고, 나의 것으로 삼아야 한다. 그래야 다양한 모든 다른 것이 하나로 합일될 것이다."[107]

비판 없이 단순히 따르기만 한다면 "아무것도 새로운 것을 발견하지 못하고, 심지어 찾으려 하지도 않을 것이다."[108]

또한 세네카는 롤모델의 지혜를 얼마나 따라야 하는지, 그리고 언제부터 자기만의 이해와 이성을 신뢰해야 하는지 그 한계를 설정하기도 했다.

"나도 먼저 살았던 사람들의 흔적을 따르지 않았겠는가? 나는 옛길을 따라가나, 더 가까운 길이나 더 올바른 길을 발견하면 그 길을 따를 것이다. 선인들이 가르침을 주었지만, 그들은 우리의 주인이 아니라 인도자다. 진리는 누구에게나 열려 있으며, '누구의 것'이라고 명명된 것이 아니다. 후세의 사람들도 여전히 발견할 진리가 많다."[109]

위대한 사상가들의 지혜와 삶의 가르침을 호의적으로, 그러나 비판적으로 살펴보아야 하며, 그것들이 설득력을 가진다면 따르고, 사유를 통해 더 나은 것을 찾으면 그것들로부터 거리를 둘 수도 있다. 비판적이고 지속적인 의문 없이는 어떤 지혜도 열매를 맺을 수 없다.

✦ **세네카의 가르침**

· 성격을 개발하는 데 가장 도움이 되는 것은 좋은 스승, 좋은 롤모델, 그리고 우리가 배우고 싶은 것을 함께 실천하는 좋은 친구다.

· 좋은 사람들과 어울리면 나 자신도 더 좋아진다.

· 역사는 수많은 위인을 배출했다. 이들을 롤모델로 삼자.

· 좋은 롤모델을 선택할 때는 비판적이면서도 신중해야 하며, 직접 생각하지 않고 특정 격언을 무조건적으로 따르지는 말아야 한다.

"누군가의 말을 들었을 때보다 그 사람을 직접 봤을 때
더 존경하게 되는 사람을 친구로 삼아야 한다."

나오며

그대, 자기 자신을
행복하게 하라!

✳

"얼마나 살지는 나에게 달려 있지 않으나, 얼마나 진실되게 살지는 나에게 달려 있다."[1]

이제 인생 학교를 모두 마쳤다. 하지만 이제 시작이다! 세네카의 모든 말과 생각, 이론을 실제 인생에서 적용해 보아야 한다. 어떤 이론이 실제 삶에서 변화를 시도하거나 새로운 생각, 의지, 행동의 습관을 들이게 하지 못했다면, 그 이론은 헛된 것이다. 습관을 바꾸지 않으면 아무것도 바뀌지 않는다.

세네카는 내면에서의 지속적인 생각의 전환과 변화, 그리고 그래야 하는 합리적인 이유를 제시하며 현명한 삶의 이상적인 모습을 그려냈다. 우리는 그 이상을 등대 삼아 고통에서 행복으로, 걱정에서 기쁨으로, 불안에서 평온으로, 의존에서 자유로 나아갈 수 있어야 한다.

그것이 바로 세네카가 자기 인생의 사명으로 삼은 것이며, 자신의 사명을 충실히 이행한 결과 그는 서양 철학에서 500년간 가장 큰 열매를 맺은 위인 중 한 명이 되었다. 그는 시대의 중요한 통찰과 사상을 실제 삶에서 실현 가능하도록 생생하게 공식화하고 표현했다. 이 책은 그 내용을 기록하고, 독자들이 변화의 가능성을 믿고 삶에서 실천해 보도록 초대하고자 하는 목적으로 쓰였다. 이제 이 책을 다 읽었다면 배운 것을 일상에서 적용해, 세네카의 말을 실천하며 밝고 평온한 인생을 살기를 바란다.

"그대, 자신을 행복하게 하라!"[2]

참고 문헌

세네카의 저작

- **S** Seneca, Philosophische Schriften, übersetzt von Otto Apelt, Wiesbaden 2004, zitiert nach Band (röm. Ziff.) und Seite (arab. Ziff.), ggf. Schrift, Buch und Abschnitt; bei den Briefen an Lucilius zusätzlich Nr. des Briefes
- **S (Rosenbach)** Seneca L. Annaeus, Philosophische Schriften, Lateinisch-Deutsch, übersetzt und herausgege/-ben von Manfred Rosenbach, 5 Bände, 2. Aufl., Darmstadt 1995, zit. nach Werk, ggf. Buch, Kapi/-tel, Abschnitt
- **S (Tragödien)** Seneca, Sämtliche Tragödien, Lateinisch-Deutsch, übersetzt von Theodor Thomann, 2 Bände, 2. Auf/-lage, Zürich 1978, zitiert nach Tragödie und Vers
- **NU** Seneca L. Annaeus, Naturales quaestiones. Natur/-wissenschaftliche Untersuchungen, Lateinisch-Deutsch, übersetzt und herausgegeben von Otto und Eva Schönberger, Stuttgart 1998, zit. nach Buch, Kapitel, Abschnitt, ggf. Seite

2차 문헌

- **Diog. Laert.** Diogenes Laertios, Leben und Meinungen be/-rühmter Philosophen, übersetzt von Otto Apelt, 3. Auflage, Hamburg 1990, zitiert nach Buch (röm. Ziff.) und Paragraf (arab. Ziff.)
- **Fuhrmann** Manfred Fuhrmann, Seneca und Kaiser Nero, Frankfurt a. M. 1999
- **Giebel** Marion Giebel, Seneca, Reinbek bei Hamburg (rororo Monographie) Juni 1977
- **Grimal** Pierre Grimal, Seneca. Macht und Ohnmacht des Geistes, Darmstadt 1978
- **Hadot** Ilsetraut Hadot, Seneca und die griechisch-römi/-sche Tradition der Seelenleitung, Berlin 1969
- **Maurach (1975)** Gregor Maurach (Hrsg.), Seneca als Philosoph, Darmstadt 1975
- **Maurach (1991)** Gregor Maurach, Seneca. Leben und Werk, Darmstadt 1991

- **Pohlenz**　Max Pohlenz, Philosophie und Erlebnis in Senecas Dialogen, in: ders., Kleine Schriften, Hil/-desheim 1965, Bd. 1, S. 384 ff.
- **Sørensen**　Villy Sørensen, Seneca. Ein Humanist an Neros Hof, 2. Aufl., München 1984
- **Tacitus**　Tacitus, Annalen, übersetzt von August Horne/-fer, Stuttgart 1964, zitiert nach Buch und Kapitel
- **Veyne**　Paul Veyne, Weisheit und Altruismus, Frankfurt a. M. 1993

* 이 외에 글에 언급된 문헌들은 미주에서 언급했다.

미주

들어가며

1. Will Durant, Kulturgeschichte der Menschheit, in 25 Bänden, Editions Rencontre Lausanne, Bd. 8, p.181. Max Pohlenz, Die Stoa. Geschichte einer geistigen Bewegung, 4. Aufl., Göttingen 1970, 2 Bände, Bd. I p.327: Er hat *Großes zum Segen der Menschheit* vollbracht.
2. *Es hat wohl wenige Mäner gegeben, die bei so umfassender praktischer Tätigkeit Zeit und Stimmung gefunden haben zu so ausgiebiger Schriftstellerei wie Seneca.* Apelt, in: Seneca, Philosophische Schriften, üersetzt von Otto Apelt, Wiesbaden 2004, Einleitung XVII.
3. Zum damaligen Korsika: Friedländer, in Maurach (1975), p.104 이하.
4. Friedländer, in Maurach (1975), p.103 이하: *Diese Verbannung war fü Seneca ein furchtbarer Schlag, nicht bloß, weil er aus einer glüklich begonnenen, zu den größten Hoffnungen berechtigenden Laufbahn herausgeschleudert wurde: es war eine Versetzung aus der höchsten Kultur in die Barbarei, aus dem Glanz der Weltstadt in eine schauerliche Einöde, aus einer beneidenswerten Existenz in eine trostlose. Er selbst erschien sich wie ein Toter, wie ein Begrabener.*
5. S III 187 서신 54: *ein Ringen mit dem Tode.* Zu seinen schweren Krankheiten, unter denen er bereits als junger Mann litt: Friedländer, in Maurach (1975), p.101. S III 187 서신 54: *Alle Arten köperlichen Ungemachs und alle Gefahren dieser Art habe ich am eigenen Leibe durchgemacht …*
6. Seneca, Von der Kürze des Lebens VII 3.
7. Boyancé, in: Maurach, Seneca als Philosoph, p.43. Gewiss kannte Seneca den Ausspruch des griechischen Philosophen und Politikers Solon, einer der Sieben Weisen aus dem 7./6. vorchristlichen Jahrhundert: *Greis schon bin ich und lerne*

immer noch dazu. Wilhelm Nestle, Griechische Lebensweisheit und Lebenskunst, Stuttgart 1949, p.23 (mit anderer Übersetzung).

8   Alexander Demandt, Sokrates antwortet, aus dem *Gnomologicum Vaticanum* üersetzt von Alexander Demandt, Düseldorf 2005, p.116 (Nr. 288). Ähnlich Seneca: *Dieselbe Leistung (wie der Magen, Verf.) wollen wir der geistigen Nahrung auferlegen: Was wir in uns aufgenommen haben, dürfen wir nicht völlig unverändert lassen; sonst ist es fremdes Gut. Wir müssen es verdauen; sonst bereichert es nur unser Gedächtnis, nicht unseren Geist.* S IV 22 서신 84.

예비 학교: 철학, 지혜를 향한 사랑

1   S IV 80, 89 이하. 서신 90.
2   S IV 37 서신 85.
3   NU 4a Vorwort, 14.
4   S III 216 이하. 서신 59.
5   S I 53 Von der Unerschütterlichkeit des Weisen. Gegen den weltanschaulichen Streit zwischen der epikureischen und der stoischen Schule *hatte sich schon längst das Empfinden geregt,* so Pohlenz, p.395, und weiter: *Schon Varro (wohl der Polyhistor Marcus Terentius Varro, Verf.) erklärte, es sei nur ein Streit um Worte ...*
6   S (Rosenbach) Über die Milde 2. 5. 4.
7   S II 68 Von der Gemütsruhe 1; 번역 미세하게 수정함.
8   S II 68 Von der Gemütsruhe 1.
9   NU 7,32,1 이하.
10 S II 89 Von der Gemütsruhe.
11 S IV 70 서신 88.
12 S (Rosenbach), An Lucilius, 서신 106,11 이하; Anlehnung an Übersetzung Rosenbach und Apelt.
13 S IV 70 서신 88.
14 S IV 157 서신 95: *Was ehrbar ist, verfält der Vergessenheit.* 참고: Ulrich Knoche, Der Philosoph Seneca, Frankfurt 1933, zitiert nach Maurach (1975) p.19: *So steht es auch mit der Philosophie: ihr Inhalt wurde ursprünglich von den Regeln, Aussprüchen und Vorschriften weiser Männer vollständig umfasst. Solche Aussprüche sind von zeitloser Gültigkeit, denn Weisheit ist einfach. Dann aber fügte sich die Philosophie*

der fortschreitenden Entwicklung des Menschen zum Vielfältigen, ja, Vieldeutigen, eine Entwicklung, an der die natürliche Unmäßigkeit des Menschen die Schuld trägt. Senecas Philosophie richtet sich demnach an die Menschen einer bestimmten, klar abzugrenzenden, Stufe in der Gesamtentwicklung des menschlichen Geistep.... so will die Philosophie dort ordnend eingreifen, wo der Einzelne mit sich zerworfen ist und allein keinen Ausweg mehr findet, sondern in Gefahr ist, entweder zu verzweifeln oder zu verflachen. Der Philosoph greift hier ein als der Gesetzgeber des Lebens, ja, noch mehr, als der artifex vitae (Lebenskünstler, Gestalter des Lebens, Verf.), *und zwar durch sein Beispiel.*

15 S II 128 Von der Kürze des Lebens.
16 S IV 151 서신 95; 번역 미세하게 수정함.
17 S IV 243 서신 108; 라틴어로 philologia: Liebe zu den Wissenschaften, Beschäftigung mit der Literatur, literarisches, wissenschaftliches Studium, Erklärung der Schriftsteller, Interpretation als Studium.
18 S IV 156 이하. 서신 95.
19 S (Rosenbach) Über die Wohltaten 2,16,1.
20 S III 271 이하. 서신 71.
21 S III 117 서신 31.
22 S (Rosenbach) Über die Wohltaten 2,33,2 이하, 저자의 번역.
23 S IV 149 서신 95.
24 S IV 295 서신 117.
25 S IV 64 서신 88.
26 S IV 120 서신 93.
27 S III 282 서신 71; 원본에는 '지혜(Weisheit)' 대신 '덕(Tugend)'이라고 되어 있음. 고대에는 두 개념이 거의 동일하였음, 참고: Apelt, in Platon, Sämtliche Dialoge, herausgegeben von Otto Apelt, sieben Bände, Hamburg 1993, Anm. zu Platon, Der Staat, 444 C 이하. (Ziff. der Stephanusausgabe); Busch, in Maurach (1975), p.66 Fn. 36 m. w. H.
28 S III 299 서신 74.
29 S III 106 서신 29.
30 S IV 149 서신 95.
31 S IV 80 서신 97; 원본은 '지혜(Weisheit)' 대신 '덕(Tugend)'.
32 S III 261 서신 68.

33 S (Rosenbach)Über die Wohltaten 7,19,6; 번역 미세하게 수정함.
34 S III 315 서신 76.
35 S III 306 서신 75.
36 S IV 300 서신 117.
37 S III 69 이하. 서신 20. Maurach (1991), p.200 이하: *Es geht um das Tun des Gewussten … ein Käpfen (…), ein Ringen um das Tun des Gewussten …* Ulrich Knoche, in Maurach (1975), p.20, spricht von einer *Philosophie als der Anleitung zum gelebten Wissen; d. h. die Überführung der Ethik in eine Entschlussphilosophie.*
38 S IV 297 서신 117; 번역 미세하게 수정함.
39 S (Rosenbach) Briefe an Lucilius 6,1 이하. (라틴어로 transfigurari). Veyne, p.10 und 55 이하.: *Methode der Selbstverwandlung.* Boyancé in Maurach (1975), p.50 이하.: *Bekehrung im Sinne der Stoa, Veräderung des habitus.* Pohlenz, p.445 이하.: *Selbsterziehung.* Giebel, p.62: *Psychagogik.* Immer noch grundlegend zum erzieherischen, persönlichkeitsformenden und seelenleitenden Charakter von Senecas Philosophie: Ilsetraut Hadot, Seneca und die griechisch-römische Tradition der Seelenleitung, Berlin 1969.
40 S III 54 서신 16; 번역 미세하게 수정함.
41 NU 6,31,1.
42 S IV 132 서신 94: *Darum muss Sorge getragen werden fü Verbindung und Vereinigung dieser Teilstücke, um ihre Kraft zu erhöhen und der Seele einen größeren Schwung zu geben.*
43 S I 146 Vom Zorn III 1.
44 S III 133 서신 38. Boyancé, in Maurach (1975), p.43: *Man darf die beträchtliche Bedeutung der mündlichen Unterweisung und der Unterhaltungen nicht unterschätzen … Mehr als wir zehrten die Alten so von den Erinnerungen an diese Unterweisungen, dank eines besser trainierten Gedächtnisses.*
45 S I 207 이하. Trostschrift an Marcia.
46 Der Autor reiht sich hier uneingeschränkt ein.
47 Grimal, p.260: Den Kritikern fehle das *Organ* fü Senecas *moralisierende Beredsamkeit.*
48 S IV 237 이하. 서신 108.
49 S IV 131 서신 94.

50 같은 출처.
51 S IV 136 서신 94.
52 같은 출처.
53 S I 164 이하. Vom Zorn III 13: ... *mit der Zeit bildet sich mit dem Äußeren auch das Innere um.*
54 S (Rosenbach) Von der Kürze des Lebens VII 2 - 3; 대부분 저자의 번역.
55 같은 출처; 참고: S III 310 서신 76: ... *wie man leben soll, muss man sein Leben lang lernen.* 번역 미세하게 수정함.
56 S IV 138 서신 94.
57 S IV 148 서신 95.
58 S IV 138 서신 94.
59 S IV 165 이하. 서신 95.
60 S IV 159 서신 95.
61 S III 281 이하. 서신 71.
62 S IV 130 서신 94.
63 Der sog. paränetische Teil der Philosophie, von griech. paraineo = zureden, ermuntern, raten, warnen; bei Cicero und Seneca 라틴어로 praeceptio = Unterweisung, Vorschrift, S IV 147 서신 95.
64 Sokrates selbst verzichtete übrigens keineswegs auf paränetische, also ermahnende, erzieherische, seelenleitende Mittel. Er kannte die Psychologie des Menschen sehr gut und wusste, dass das *Wissen*, das er einforderte, mehr war als bloß intellektuelles Begreifen. Dazu: Konrad Gaiser, Protreptik und Paränese bei Platon, Stuttgart 1959.
65 S IV 130 서신 94.
66 Im 라틴어로 Original steht *adtendo* (attendo) = den Geist, seine Aufmerksamkeit auf etwas richten, aufmerksam achten, und *adverto* = hinwenden, auf etwas richten, hinsehen, hinhören.
67 Marcus Agrippa bei Sallust, De bello Iugurthino c. 10.
68 S IV 137 이하. 서신 94; 번역 미세하게 수정함.
69 Dazu Pierre Hadot, Philosophie als Lebensform. Antike und moderne Exerzitien der Weisheit, 2. Auflage, Frankfurt a. M. 2005.
70 S III 272 서신 71.
71 S IV 150 이하. 서신 95.

72　S IV 130 서신 94.

73　S IV 75 이하. 서신 89; Rosenbach를 참고한 일부 저자의 번역.

74　S IV 168 서신 95.

75　S (Rosenbach) Über die Wohltaten 7,2,1; 대부분 저자의 자체적인 번역.

76　S I 45 Von der Unerschütterlichkeit des Weisen.

77　S I 114 Vom Zorn II 12.

78　S IV 105 이하. 서신 92.

79　S I 19 Von der göttlichen Vorsehung 4.

80　S III 343 서신 80.

81　S IV 282 서신 114.

82　S IV 21 이하. 서신 84.

83　S IV 20 서신 84; 번역 미세하게 수정함.

84　S III 53 이하. 55 서신 16; 번역 미세하게 수정함.

85　S IV Ziffer 161 이하. 서신 95.

86　Cicero, Gespräche in Tusculum, übersetzt von Olof Gigon, München 1991, p.213, 5. Buch, Kap. 7; Max Pohlenz, Stoa und Stoiker, Zürich 2. Aufl. 1964, p.23; NU p.514.

87　S I 216 Trostschrift an Marcia.

88　S III 39 서신 13.

89　S II 90 이하. Von der Gemütsruhe 10.

90　Lateinisch: omnis vita servitium est; andere Übersetzung: das ganze Leben ist ein Dienst, ist Dienerschaft.

91　Im lateinischen Original: nasceremur.

92　S I 252 Trostschrift an Marcia 26.

93　S IV 12 서신 83.

94　S I 140 Vom Zorn II 36.

95　S II 65 Von der Gemütsruhe.

첫 번째 수업: 나를 괴롭게 하는 세상과 운명

1　S IV 2 이하. 서신 82; 번역 미세하게 수정함.

2　NU 6,29,2.

3　S I 42 Von der Unerschütterlichkeit des Weisen.

4　S IV 190 이하. 서신 99; 번역 수정함.

5   NU 2,36.
6   (Rosenbach) Über die Wohltaten 6,7,1; 4,8,2; 4,8,3. Selbst die Götter sind der Natur unterworfen: S (Tragödien) Phaedra 960: *O große Mutter der Götter, Natur* ...; S (Tragöien) Öipus 989: *Nicht der Gottheit ist zu wenden erlaubt, was den eigenen Ursachen verknüpft abrollt.*
7   U 2,45,2 und 3.
8   U 2,38,3.
9   IV 104 서신 91. 번역 미세하게 수정함.
10 U 3 서문 12.
11 IV 235 서신 107.
12 Rosenbach) Über die Wohltaten 4,34,4 이하.
13 I 53 Von der Unerschütterlichkeit des Weisen.
14 U 1 서문 14: *Was also unterscheidet das Wesen Gottes und unsere Natur? An uns ist nur der bessere Teil Geist, während die Gottheit nichts ist als Geist; Gott ist ganz Vernunft, während sterbliche Wesen in solchem Irrtum befangen sind, dass Menschen das schönste, wunderbar geordnete und in seiner Ordnung beständigste Gebilde als Werk des Zufalls, durch Zufall veränderlich und daher als ständig taumelnd ansehen.*
15 I 169 Vom Zorn III 16.
16 I 214 Trostschrift an Marcia.
17 I 6 Von der göttlichen Vorsehung 2.
18 III 275 서신 71; Anfang nach Apelt, Rest nach Rosenbach.
19 II 193 Trostschrift an seine Mutter Helvia.
20 III 218 서신 59.
21 II 100 이하. Von der Gemütsruhe; Übersetzung S (Rosenbach) Über die Seelenruhe XIII 2: *Jedenfalls muss man die Seele von allen Äßerlichkeiten auf sich selbst konzentrieren: Auf sich selbst verlasse sie sich, an sich selbst freue sie sich, das Eigene achte sie, zurückziehen sollte sie sich, soweit möglich, von Fremden, und mit sich selbst sei sie einig; Verluste empfinde sie nicht, auch Widriges deute sie mit Wohlwollen.*
22 II 14 이하. Vom glücklichen Leben; *der sein Leben meistert* üersetzt Berthold, in: Von der Seelenruhe, herausgegeben und übersetzt von Heinz Berthold, Augsburg 1966.

Im Text steht: *ein Selbstgestalter seines Lebens*; dort auch *Mann* statt *Mensch*.
23 IV 180 서신 98.
24 S III 293 서신 74.
25 S I 218 Trostschrift an Marcia. S (Tragödien) Phaedra 993 이하.: *Fürchte dich nicht, die harten Schicksalsschläge unverzagt zu berichten; ich habe ein für Kümmernisse nicht unvorbereitetes Herz.*
26 S (Rosenbach) Über die Wohltaten 4,34,4 이하.; Übersetzung in Anlehnung an Rosenbach.
27 S I 100 이하. 서신 91.
28 S I 194 Vom Zorn III 37.
29 S II 100 Von der Gemütsruhe.
30 S II 88 Von der Gemütsruhe; 번역 미세하게 수정함. S (Tragödien) Medea 163: *Wer nichts erhoffen kann, muss an nichts verzweifeln.*
31 S (Tragödien) Herkules auf dem Öta 697: … *an gesicherten Buchten geht Fortuna vorüber und sucht mitten auf hoher See die Schiffe heim, deren Toppsegel bis zu den Wolken ragen.*
32 S III 12 서신 4.
33 S II 100 이하. Von der Gemütsruhe; S II 14 Vom glücklichen Leben.
34 S (Rosenbach) Über die Wohltaten 7,2,4; Satzbau geändert.
35 S (Rosenbach) Über die Wohltaten 2,29,1 (es folgen zahlreiche weitere Vergleiche).
36 S III 350 서신 81. Das Zitat geht weiter: *Auch der Unweise mag, je nach seinem Wissen und Können, Dank erstatten; es mag ihn mehr am Wissen als am Willen fehlen: Das Wollen lernt man nicht.* Besonders der letzte Satz (라틴어로 velle non discitur) gefiel Arthur Schopenhauer, der Seneca zu seinen Lieblingsautoren zählte; W. Abendroth, Schopenhauer, Reinbek bei Hamburg (rororo Monographie) 1967, p.80.
37 S (Rosenbach) Über die Wohltaten 3,4,1.
38 S III 273 서신 71.
39 S II 24 Vom glücklichen Leben; Satzbau geändert.
40 S I 236 이하. Trostschrift an Marcia; 번역 수정함.
41 S IV 223 서신 104.
42 S III 331 서신 78; für *seelisches Leiden* steht im Text *Schmerz* (라틴어로 dolemus, kann auch seelischen Schmerz meinen). Rosenbach übersetzt statt *Vorstellung* (라틴어로 opinione)

Erwartungshaltung. 라틴어로 opinio bedeutet: Vermutung, Meinung, der Glaube, Erwartung, Annahme, Einbildung, Ansicht, auch das Vorurteil.

43 S III 331 이하. 서신 78; das Dichterzitat stammt aus Vergil, Aeneis I 203; im Text steht *Einstens* statt *Dereinst.*
44 S II 172 Trostschrift für Polybius 12.
45 S I 100 Vom Zorn II 2.
46 S I 16 von der Vorsehung 4. S (Tragödien) Herkules auf dem Öta 231 이하.: *Gewalt und Schwere nimmt den Leiden, wer ihre Prüungen mit Gleichmut trägt.*
47 S IV 182 서신 98; wörtlich: *Du hast es mit einem Mann zu tun; suche dir einen, den du besiegen kannst.*
48 S III 186 서신 53.
49 S III 41 서신 12.
50 S I 223 이하. Trostschrift an Marcia.
51 S (Rosenbach) Trostschrift für Polybius 14,2.
52 S III 62 서신 18.
53 S III 61 이하. 서신 18.
54 S IV 179 서신 98.
55 S (Rosenbach) An Lucilius, 서신 76,35.
56 S II 92 Von der Gemütsruhe 11.
57 S II 118 Von der Kürze des Lebens.
58 S II 123 Von der Kürze des Lebens 7; 번역 미세하게 수정함.
59 S (Tragödien) Agamemnon 611. 참고: S (Tragödien) Herkules auf dem Öta 111: *Niemals ist elend, wem Sterben leichtfällt.*
60 S III 344 이하. 서신 80.
61 Auf den Unterschied zwischen Angst und Furcht soll hier nicht eingegangen werden.
62 NU 6,31,9.
63 S II 213 Trostschrift an seine Mutter Helvia.
64 S IV 181 서신 98; 번역 미세하게 수정함.
65 S IV 181 서신 98.
66 NU 3,18,6.
67 S II 169 이하. Trostschrift für Polybius 11; 라틴어로 *mentis humanae pravitas* = Verzerrtheit/Verkrümmung der menschlichen Seele/des Geistes.

68 S III 102 서신 27.
69 S IV 102 서신 91.
70 S I 218 Trostschrift an Marcia.
71 S II 168 이하. Trostschrift für Polybius 10.
72 S II 93 이하. Von der Gemütsruhe.
73 NU 6,31,6.
74 S III 276 서신 71; 번역 미세하게 수정함.
75 S III 188 서신 54. 번역 미세하게 수정함.
76 NU 2,59,6 이하.
77 NU 3,10,3.
78 S III 92 서신 24.
79 S IV 320 서신 120.
80 S III 326 이하. 서신 77.
81 S III 207 서신 58.
82 S IV 219 서신 104; Seneca nimmt hier Bezug auf ein berühmtes Bild Homers über die Vergänglichkeit: *Gleich wie die Blätter im Walde so sind die Geschlechter der Menschen ...*, Homer, Ilias 6,146.
83 S I 243 Trostschrift an Marcia.
84 Nach S IV 6 서신 82.
85 S II 158 Trostschrift für Polybius 4.
86 S III 94 서신 24.
87 S II 166 이하. Trostschrift für Polybius 9.
88 S II 170 Trostschrift für Polybius 11; Satzbau geändert.
89 S I 240 Trostschrift an Marcia.
90 S III 220 서신 61; 번역 미세하게 수정함.
91 S IV 201 이하. 서신 101; 번역 미세하게 수정함. S (Tragödien) Der rasende Herkules 177 이하.: *Solange das Schicksal es zulässt, lebt freudig; es eilt in beschleunigtem Lauf das Leben ...*
92 같은 출처. S (Tragödien) Ödipus 850: *Wahrheit hasst Aufschub.*
93 S II 127 Von der Kürze des Lebens; das Dichterzitat aus Vergil, Georgia.
94 S IV 181 서신 98.
95 NU 2,59,2 이하; 번역 미세하게 수정함.

96 Gerda Busch, in Maurach (1975): *Contemnere heißt: sich üer die Dinge erheben, indem man ihnen nur den ihnen zukommenden Wert beimisst (...).*
97 S III 328 서신 78; 번역 미세하게 수정함. Auch hier steht in der Übersetzung für *contemne: verachte.*
98 S III 129 이하. 서신 36; 번역 미세하게 수정함. Statt *den Tod als gleichgültig anzusehen* steht in der Üersetzung: *Todesverachtung.*
99 S IV 6 서신 82; 번역 미세하게 수정함.
100 NU 1 서문 17.
101 NU 6,31,4.
102 NU 6,32,5; 번역 미세하게 수정함. S (Tragödien) Der rasende Herkules 872 이하.: *Fü dich, Tod, werden wir bereitet ... die erste Stunde, die das Leben gab, hat es schon gepflückt.*
103 S II 97 Von der Gemütsruhe. S (Tragödien) Die Trojanerinnen 574: *In Sicherheit ist eine, die sterben kann ...*
104 S III 268 서신 70; erster Satz nach Rosenbach. 참고: Friedländer, in Maurach (1975), p.142: Die antike praktische Philosophie kann als eine Lehre von der *Befreiung durch das Wissen* verstanden werden.
105 S IV 9 서신 82.
106 So Cicero im Hortensius: *Es ist doch Aufgabe des Weisen, vorherzusehen (providere); danach hat man die Weisheit Voraussicht (prudentia) genannt.* Iamblichos, Aufruf zur Philosophie, mit zweisprachiger Ausgabe von Ciceros *Hortensius*, üersetzt von Otto Schöberger, Wüzburg 1984, p.91. Ebenso Cicero, Vom Wesen der Götter 2,58, übersetzt von Alexander Kabza, München (ohne Jahresangabe): *Weil nun die Weltseele von solcher Beschaffenheit ist und deshalb auch mit Recht als Weisheit und Vorschau (vel prudentia vel providentia) bezeichnet werden darf – griechisch heißt das nälich ›ronoia‹(Vorauswissen, Vorsehung, Vorsorge, Vorausschau) ...*
107 S III 99 이하. 서신 26; das Epikur-Zitat lautet im Griechischen bei Porphyrius (Hermann Usener, Epicurea, 1887, fr. 205): ton apothnéskein meletonta, Olof Gigon übersetzt: Übe dich im Sterben, in Epikur, Von der Überwindung der Furcht, München 1991, p.120.
108 S IV 281 이하. 서신 114.
109 S III 220 이하. 서신 61.
110 S III 110 이하. 서신 30.

111 S III 112 이하. 서신 30.
112 In Anlehnung an S III 146 서신 42.
113 S II 213 Trostschrift an seine Mutter Helvia.
114 Zum Luxus im alten Rom Ludwig Friedländer, Sittengeschichte Roms, Phaidon Verlag (ohne Jahresangabe), Kap. XI Der Luxus, p.609 이하.
115 Wenn im Folgenden bloß von *Besitz* die Rede ist, so steht das Wort fü materielle Dinge im Allgemeinen ebenso für Reichtum oder Vermögen.
116 S II 41 Vom glücklichen Leben.
117 S III 64 서신 18; wieder bevorzuge ich, statt *Reichtum verachtet* zu üersetzen *Reichtum als gleichgütig ansieht* (라틴어로 contempsit); Rosenbach übersetzt: *gering achtet.*
118 같은 출처; 번역 미세하게 수정함.
119 Aristoteles, Die Nikomachische Ethik, übersetzt und herausgegeben von Olof Gigon, München 1972, X 8, 1178a18 이하.
120 S II 34; 일부 저자의 번역; *zur nachhaltigen Freude beitragen* heißt im lateinischen Original: *adiciunt ad perpetuam laetitiam.*
121 같은 출처.
122 S IV 226 서신 104: *Ferner ist der Reichtum zu verachten* (라틴어로 aspernandae opes).
123 참고: Grimal, p.71 이하: *zwei verschiedene Ebenen* und p.298 oben, p.94 unten.
124 Bei Aristoteles heißt es an der zitierten Stelle: *Sofern er (der Philosoph, Weise) aber Mensch ist und mit vielen zusammenlebt, wird er auch wünschen, die Werke der sittlichen Tugenden auszuüben, und so wird er denn solcher Dinge (Besitz, Verf.) bedürfen, um als Mensch unter Menschen zu leben.* Aristoteles, a. a. O., X 8 1178b5.
125 S II 34 이하, für *zu den geschäzten Dingen* steht im Lateinischen *potiora* = wichtigeren.
126 같은 출처, p.35; das Ende Rosenbach를 참고한 저자의 번역.
127 Friedländer, in Maurach (1975), p.134: Der Weise nimmt die äußeren Güter *nicht in sein Herz, nur in sein Haus auf.*
128 S III 272 서신 71.
129 Aristoteles, a. a. O., I 1 1094b11 이하.; Aristoteles verweist hinsichtlich der mangelnden Genauigkeit auf die Ähnlichkeit mit den Künsten und auf die Natur der Sache.
130 S II 35 Vom glücklichen Leben; 번역 미세하게 수정함.

131　S III 64 서신 18.
132　S I 36 이하. Von der Unerschütterlichkeit des Weisen; 번역 미세하게 수정함.
133　S III 321 서신 77; nach Rosenbach, geringfügig geändert.
134　S III 22 서신 8, 저자의 번역.
135　S II 41 Vom glücklichen Leben; im Text steht *Armut* fü: *ohne größere Besitztümer*.
136　S III 9 이하. 서신 4.
137　라틴어로 pauper = arm, unbemittelt. In Rom galt der Besitzer von 1,3 Millionen Mark noch als arm, Ludwig Friedländer, Sittengeschichte Roms, Phaidon Verlag (ohne Jahresangabe), p.614.
138　S III 9 이하. 서신 4.
139　S II 211 Trostschrift an seine Mutter Helvia; statt *Mittellosen* steht im Text *Armen*.
140　S (Tragödien) Herkules auf dem Öta 652 이하; statt *Mittellosen* steht im Text *Armen*.
141　S III 344 이하. 서신 80; im ersten Teil 저자의 번역. Statt *Mittellosen* steht im Text *Armen*. S (Tragöien) Phaedra 204 이하.: *Wer sich durch die Gunst der Verhältnisse zu sehr erhebt und im Überfluss schwimmt, sucht immer das Ungewohnte. Dann schleicht sich jene schreckliche Begleiterin großer Glüksgüer ein, die Lust: Nicht mehr gefallen die gewohnten Mäler, nicht mehr die Häuser einer gesunden Lebensweise oder eine wohlfeile Kost. Warum schleicht sich bei kärglichen Penaten (Hausstände, Verf.) seltener ein dieses Verderben, das sich die üppigen Häuser auserwählt? Warum wohnt eine unverletzliche Venus in kleiner Hütte und erhält der mittlere Stand seine Neigungen gesund und setzt sich das Bescheidene seine Grenzen? Warum dagegen begehren die Reichen und die auf Königsmacht sich Stützenden mehr, als recht ist? Was er nicht vermag, will vermögen, der allzu viel vermag.*
142　S III 57 이하. 서신 17. S (Tragödien) Thyestes 388: *Köig ist, wer nichts füchtet, König, wer nichts begehrt. Ein solches Königtum verleiht ein jeder sich selbst*. 같은 출처 454: *Armut dem Reichtum vorzuziehen, steht mir frei*. 같은 출처 469: … *meiner Armut wird große Ruhe beschert*.
143　S III 356 서신 81.
144　S III 49 서신 14. S (Tragödien) Ödipus 694: *Glük kennt kein Maß*. S (Tragödien) Agamemnon 252: *Erfolge lassen üerborden unseren Sinn*.
145　S III 146 서신 42.
146　S IV 145 이하. 서신 94.

147 Fuhrmann, p.304: Seneca *zielt auf eine Art von Weltüerwindung, welche zugleich die Welt bejaht … .*

148 S (Rosenbach) Über die Wohltaten, 7,3,1 - 3; 번역 미세하게 수정함.

149 같은 출처, 7,6,3 (sapiens animo universa possidet).

150 Bhagavadgita, übersetzt von Robert Boxberger, neu bearbeitet und herausgegeben von Helmuth von Glasenapp, Stuttgart 1955, 3,17 - 19.

151 S (Rosenbach) Über die Wohltaten 7,9,1.

152 같은 출처, VII 10,3 - 6; 번역 미세하게 수정함.

153 S II 115 이하., Von der Kürze des Lebens 2; 참고: den chinesischen Philosophen Zhuangzi (4. Jh. v. Chr.): *Darum, wer sich nur nach außen wendet, ohne zu sich selbst zurückzukehren, der geht als Gespenst um, und hat er, was er da draußen sucht, erreicht, so zeigt sich, dass was er erreicht hat, der Tod ist. Und wenn er trotz dieser Vernichtung seines Geistes noch körperlich weiterbesteht, so ist er doch nichts weiter als ein lebendes Gespenst.* Zhuangzi, Das wahre Buch vom südlichen Blütenland, übersetzt von Richard Wilhelm, Neuausgabe Kreuzlingen/München 2006, XXIII 3.

154 Dazu im vorliegenden Zusammenhang: Reiner Wiehl, Weisheit und praktische Vernunft, in Aleida Assmann (Hrsg.), Weisheit. Archäologie der literarischen Kommunikation III, München 1991, p.95 이하.

155 S IV 226 서신 104.

156 S III 66 서신 19.

157 S III 65 이하. 서신 19.

158 Das erinnert an Kants berühmte Worte vom *gestirnten Himmel üer mir und dem moralischen Gesetz in mir.*

159 S II 201 Trostschrift an seine Mutter Helvia.

160 S III 59 서신 17.

161 S III 176 서신 51.

162 Griechisch: ethos anthropo daimon, Diels, Hermann/Kranz, Walther, Die Fragmente der Vorsokratiker, 6. Aufl. Berlin 1951/1952, Fr. 119.

163 S III 132 서신 37; 번역 미세하게 수정함. 마지막 문장은 Rosenbach를 따름.

164 S (Rosenbach) An Lucilius, 서신 88,2 저자의 번역, Rosenbach를 따름.

165 S III 307 이하. 서신 75; Apelt와 Rosenbach를 참고한 일부 저자의 번역.

166 S (Rosenbach) An Lucilius, 서신 75,16.

167 S III 309 서신 75.

168 라틴어로 *praeoccupati sumus*.

169 S III 144 서신 42.

170 S IV 116 서신 92.

171 S III 35 서신 12.

172 S III 44 서신 14.

173 S II 210 Trostschrift an seine Mutter Helvia.

174 S IV 229 서신 106 (마지막 문장은 Rosenbach를 따름).

175 S II 42 Vom glücklichen Leben. Der Kyniker Diogenes von Sinope wurde einmal gefragt, warum er das Theater immer gegen die Richtung der Herausströmenden betrete. Er antwortete, sein ganzes Leben habe er sich bemüht, dies zu tun. Luck Georg, Die Weisheit der Hunde, Stuttgart 1997, p.109.

두 번째 수업: 나를 가장 흔들리게 하는 '나'

1 Wilhelm Nestle, Die Nachsokratiker, herausgegeben und eingeleitet von Wilhelm Nestle, 2 Bde, Jena 1923, II p.203; 번역 미세하게 수정함.

2 같은 출처.

3 Georg Luck, Die Weisheit der Hunde, Stuttgart 1997, p.141 이하. (nach Epiktet).

4 Dazu Werner Jaeger, Paideia. Die Formung des griechischen Menschen, 3 Bände, Berlin und Leipzig 1934, II p.106: *In der Autarkie des Weisen lebt auf geistiger Stufe ein Grundzug des alten Heroentums des griechischen Mythos wieder auf, der für die Griechen vor allem in der Kämpfergestalt des Herakles und in seinen ›Arbeiten‹ verkörpert war. Das ›Sich selbst helfen können‹, die heroische Urform dieses Ideals, beruhte auf der Kraft des Helden, sich im Kampfe gegen feindliche Gewalten, Unholde und Ungetüme aller Art als Sieger zu behaupten. Diese Kraft ist nun eine innerliche geworden. Sie ist nur möglich, wenn sich das Wünschen des Menschen auf den Bereich dessen beschränkt, was in seiner Macht liegt. Der Weise allein, der die wilden Ungetüme der Triebe in der eigenen Brust bezwungen hat, ist wahrhaft autark. Er nähert sich am meisten der Gottheit, die ohne Bedürfnis ist.*

5 S III 3 서신 2.

6 같은 출처.

7 S III 27 서신 9.

8   같은 출처.
9   S II 107 Von der Gemütsruhe 17; *Leidenschaft* meint hier wie auch sonst bei Seneca stets die das Maß üerschreitende, ungezüelte Begierde. Das zugrunde liegende lateinische *affectus* wie das griechische *pathos* haben – anders als unser deutsches Wort Leidenschaft – im Kontext antiker praktischer Philosophie überwiegend negative Bedeutung.
10 S III 15 이하. 서신 7; 번역 미세하게 수정함.
11 S IV 144 이하. 서신 94.
12 S II 14 이하. Vom glücklichen Leben; 번역 미세하게 수정함.
13 S II 61 이하, Einleitung zu *Von der Gemüsruhe*.
14 S IV 106 서신 92.
15 S IV 105 이하. 서신 92.
16 S II 220 Trostschrift an seine Mutter Helvia.
17 S I 114 Vom Zorn II 12: 라틴어로 felicis animi immota tranquillitas.
18 S I 105 Vom Zorn II 6.
19 S (Rosenbach) Über die Milde 2. 3. 4 이하.
20 S II 7 이하. Vom glücklichen Leben.
21 S III 327 이하. 서신 78.
22 S (Rosenbach) Über die Milde 3. 1. 2; 번역 수정함.
23 S II 71 Von der Gemütsruhe.
24 S II 15 Vom glücklichen Leben; Berthold übersetzt *Seeleneintracht* mit *innerer Üereinstimmung*, in: Seneca, Von der Seelenruhe, herausgegeben und übersetzt von Heinz Berthold, Augsburg 1966, p.148.
25 S II 19 Vom glücklichen Leben.
26 S III 195 서신 56.
27 NU 4a Vorwort, 1 이하.
28 S III 250 이하. 서신 66.
29 S III 120 서신 32.
30 S I 34 이하. Von der Unerschütterlichkeit des Weisen.
31 S III 197 서신 56.
32 S I 154 Vom Zorn III 6.
33 S IV 224 서신 104.

34 S I 106 Vom Zorn II 7.
35 S III 238 서신 66.
36 S I 155 이하. Vom Zorn III 7.
37 S (Rosenbach) Über die Milde 3. 3. 5.
38 S I 190 이하. Vom Zorn III 32,34; 번역 미세하게 수정함.
39 Sørensen, p.220: *Die Kritiker des Stoizismus haben die stoische Ruhe als eine neurotische Schutzmaßnahme gegen die soziale Wirklichkeit aufgefasst und ›Apathie‹ mit Gefühllosigkeit und nicht mit Affektfreiheit übersetzt.*
40 S III 195 이하. 서신 56.
41 S I 198 Vom Zorn III 41.
42 S I 46 Von der Unerschütterlichkeit des Weisen.
43 S I 89 Vom Zorn I 16.
44 S III 1 서신 1.
45 Erst in diesem Werk sei Seneca *ganz er selbst geworden*, so Ulrich Knoche in Maurach (1975), p.151.
46 *Füsorge fü die Seele* (gr. epimeleia tê psychê), Platon, Apologie 29e; 30b (Ziff. der Stephanusausgabe).
47 Martin Heidegger, Sein und Zeit, 13. Aufl. Tübingen 1976, p.12 (§ 4).
48 So auch die Kernthese des Daxue, Das große Lernen, eine kanonische Schrift aus dem alten China: *Indem die Alten auf der ganzen Erde die klaren Geisteskräfte klären wollten, ordneten sie zuerst ihren Staat; um ihren Staat zu ordnen, regelten sie zuerst ihr Haus; um ihr Haus zu regeln, bildeten sie zuerst ihre Persönlichkeit; um ihre Persönlichkeit zu bilden, machten sie zuerst ihr Bewusstsein recht; um ihr Bewusstsein recht zu machen, machten sie zuerst ihre Gedanken wahr; um ihre Gedanken wahr zu machen, brachten sie zuerst ihre Erkenntnis aufs höchste. Die höchste Erkenntnis besteht darin, dass die Wirklichkeit beeinflusst wird. Nur wenn sie die Wirklichkeit beeinflusst, dann erst ist die Erkenntnis auf ihrer Höhe; wenn die Erkenntnis auf ihrer Höhe ist, dann erst werden die Gedanken wahr; wenn die Gedanken wahr sind, dann erst wird das Bewusstsein recht; wenn das Bewusstsein recht ist, dann erst wird die Persönlichkeit gebildet; wenn die Persönlichkeit gebildet ist, dann erst wird das Haus geregelt; wenn das Haus geregelt ist, dann erst wird der Staat geordnet; wenn der Staat geordnet ist, dann erst kommt die Welt in*

Frieden. Zitiert nach: Li Gi. Buch der Riten, Sitten und Gebräuche, herausgegeben und übersetzt von Richard Wilhelm, Köln 2007, p.54 이하.

49 S III 219 서신 60; 마지막 문장은 Rosenbach를 따름.
50 S IV 327 서신 121.
51 같은 출처.
52 서신 121,24; 번역 미세하게 수정함.
53 S (Rosenbach) An Lucilius, 서신 10,4 저자의 번역.
54 참고: Sokrates bei Platon, Sämtliche Dialoge, herausgegeben von Otto Apelt, sieben Bände, Hamburg 1993, Der Staat 403 (Ziff. der Stephanusausgabe), Buch III Kap. 13: *Meiner Ansicht nach nälich steht es nicht so, dass ein tüchtiger Leib durch diese seine Tüchtigkeit auch die Seele gutmacht, sondern umgekehrt, dass eine weise Seele durch ihre Tüchtigkeit dem Leibe die denkbar beste Ausbildung gibt.* Tühtigkeit meint Tugend und diese bedeutet Weisheit. Freilich wusste Sokrates auch, dass der Zustand des Körpers Einfluss auf das Denken hat. An anderer Stelle sagt er: *Wer weiß nicht, dass auch beim Denken, wo der Körper doch scheinbar nur ganz wenig vonnöten ist, nur deshalb viele schwer in die Irre gehen, weil dieser nicht gesund ist?* Xenophon, Erinnerungen an Sokrates, Üersetzung Rudolf Preiswerk, Reclam 1992, p.107.
55 S II 147 이하. Von der Kürze des Lebens; 번역 미세하게 수정함.
56 같은 출처.
57 S IV 62 이하. 서신 88.
58 S II 125 Von der Kürze des Lebens.
59 NU 5,18,16 (일부 저자의 번역).
60 NU 5,18,12.
61 S II 128 Von der Kürze des Lebens.
62 S III 284 이하. 서신 72.
63 S III 272 서신 71.
64 S II 110 Von der Gemütsruhe; 번역 미세하게 수정함. Mit *dies alles* bezieht sich Seneca auf seine Gedanken im Buch.
65 S (Rosenbach) Von der Kürze des Lebens VII 5; 번역 미세하게 수정함.
66 같은 출처, 여기서는 Apelt를 따름, S II 124.
67 같은 출처, S II 124 이하.

68　S III 81 서신 22.
69　S II 117 이하. Von der Kürze des Lebens; 번역 미세하게 수정함. Der Anfang des Zitats erinnert an den berühmten Ausspruch Friedrichs des Großen an seine Soldaten: *Ihr verfluchten Racker, wollt ihr denn ewig leben?*
70　S III 260 서신 68.
71　S III 21 서신 8.
72　Malte Hossenfelder, Die Philosophie der Antike 3, Stoa, Epikureismus und Skepsis, München 1985, p.19. Die Kenntnis der *menschlichen und götlichen Dinge* ist Weisheit: Cicero, Gesprähe in Tusculum, üersetzt von Olof Gigon, München 1991, p.213, 5. Buch, Kap. 7.
73　S III 258 서신 68; 번역 미세하게 수정함.
74　S (Rosenbach) Vom glücklichen Leben 17,3; 번역 미세하게 수정함.
75　S III 173 서신 50.
76　S I 193 Vom Zorn III 36; Rosenbach übersetzt anders, steht jedoch nicht in Widerspruch zu der hier vorgenommenen Auslegung.
77　Sog. *Goldene Verse*, 40 이하. Wikipedia, Artikel *Goldene Verse*; Dietrich Ebener, Griechische Lyrik, Sonderausgabe, Bayreuth 1985, p.437 이하.
78　S I 193 이하. Vom Zorn III 36.
79　S III 54 서신 16.
80　NU 3 Vorwort, 18.
81　S (Rosenbach) Über die Wohltaten 7,30,1.
82　S IV 79 서신 89.
83　Das Gegenbeispiel stellt Seneca in der Tragödie Phaedra dar: S (Tragödien) Phaedra 178 이하: *Was du in Erinnerung rufst, weiß ich, ist wahr, Amme; aber Liebesraserei zwingt dazu, dem Schlechteren zu folgen. Mein Sinn geht wissentlich in den Abgrund und kehrt vergeblich um, vernünftige Entschlüsse erstrebend. ... Was vermöhte die Vernunft? Mein Rasen triumphiert und herrscht, und mächtig gebietet über all mein Denken der Gott.* 같은 출처 699: *... doch ich bin meiner nicht mächtig.* Schon Euripides, Medea 1080 이하, zitiert nach Giebel, p.88: *Stäker als meine vernüftigen Überlegungen ist die Leidenschaft, die sich stets den Sterblichen das größte Unheil bringt.*
84　S IV 271 서신 113.

85 S (Rosenbach) An Lucilius, 서신 113,30.
86 S I 117 Vom Zorn II 15.
87 S IV 118 서신 93.
88 S III 185 서신 53.
89 S III 83 서신 83.
90 S IV 11 서신 83.
91 S (Tragödien) Ödipus 515: *Ein untaugliches Heilmittel fü Krankheiten ist ihre Unkenntnis.*
92 S III 234 서신 65.
93 S IV 2 이하. 서신 82.
94 Zweite Pythische Ode, 72, zit. nach Bruno Snell, Die Entdeckung des Geistes, Studien zur Entstehung des europäischen Denkens bei den Griechen, 2. Auflage, Hamburg 1948, p.151.
95 Brief an Zelter, 28. Juni 1831, Goethes Briefe und Briefe an Goethe, Hamburger Ausgabe, herausgegeben von Karl Robert Mandelkow, München 1988, Bd. 4, p.435.
96 S IV 2 이하. 서신 82.
97 S I 183 Vom Zorn III 26.
98 같은 출처.
99 S IV 59 서신 88; *Ulixes* ersetzt durch *Odysseus*. S (Tragöien) Herkules auf dem Öta 269: *In dieser deiner eigenen Brust wirst du alle Untiere finden ...*
100 S II 18 서신 6.
101 S II 82 Von der Gemütsruhe.
102 S I 15 Von der Vorsehung 4.
103 같은 출처; 번역 약간 수정함.
104 S I 220 이하. Trostschrift an Marcia.
105 Seneca, Epistulae morales ad Lucilium, herausgegeben und übersetzt von Franz Loretto, Stuttgart 2009, Bd. III p.49 (28. Brief).
106 S IV 146 서신 94. 참고: S (Tragödien) Die Trojanerinnen 259 이하: *... und je höher Fortuna menschliche Macht emporführte und erhob, mehr ziemt es sich für den Glücklichen, sich zu bescheiden und vor dem Wechsel des Geschicks zu zittern aus Furcht vor allzu gnädigen Göttern.*
107 S III 184 이하. 서신 53.

108 S III 242 서신 66.
109 S III 171 이하. 서신 50.
110 같은 출처. S (Tragödien) Die Trojanerinnen 633: ... *das Herz verlernt zu spät, was es lange erlernte.*
111 S III 196 서신 56.
112 S II 69 Von der Gemütsruhe.
113 S III 146 서신 80.
114 S (Rosenbach) 서신 98,2, 저자의 번역. Im lateinischen Original steht für Geist, Seele nur das Wort animus, das hier, wie aus dem Kontext hervorgeht, sowohl das Seelische mit all den irrationalen Seelenelementen wie auch das Geistige, insbesondere die Vernunft umfasst.
115 S I 25 Von der Vorsehung. 텍스트 미세하게 수정함.
116 S III 153 서신 45; 원본은 "인간(Mensch)" 대신 "남자(Mann)".
117 S III 319 서신 76.
118 S 9 III 27 이하.
119 S IV 178 서신 98.
120 S IV 349 서신 124; Schluss nach Rosenbach 서신 125,24.
121 S III 84 서신 23; 번역 미세하게 수정함.
122 S (Tragödien) Ödipus 910: *Alles, was das Maß üerschritt, schwankt auf unsicherem Grunde.*
123 S II 10 이하. Vom glücklichen Leben; 번역 미세하게 수정함.
124 zu Zenon: Max Pohlenz, Die Stoa. Geschichte einer geistigen Bewegung, 4. Aufl., Göttingen 1970, 2 Bände, Bd. I p.116 이하.; zu Platon: Der Staat 443c 이하. (Ziff. der Stephanusausgabe).
125 S III 312 이하. 서신 76.
126 S IV 25 서신 85; 번역 미세하게 수정함.
127 S II 14 Vom glücklichen Leben.
128 Dazu etwa die Anmerkung von Apelt in S II 228, Anmerkung 2.
129 Zenon, zitiert nach Malte Hossenfelder, Die Philosophie der Antike 3, Stoa, Epikureismus und Skepsis, München 1985, p.45 이하; Chrysipp, zitiert nach Wilhelm Nestle, Die Nachsokratiker, II p.56; Musonius, 같은 출처, II p.203.
130 S I 10 Vom glücklichen Leben.

131 S III 294 서신 74.
132 S III 103 서신 28.
133 S I 50 Von der Unerschütterlichkeit des Weisen.
134 S III 82 서신 22.
135 S III 149 서신 44. 텍스트 미세하게 수정함.
136 S III 37 서신 12.
137 S I 114 이하. Vom Zorn II 13.
138 S III 116 서신 31 (자기신뢰Selbstvertrauen=라틴어로 sibi fidere).
139 S IV 44 이하. 서신 87.
140 Goethe spricht einmal davon, dass es nur wenige Menschen gebe, die *um allen partiellen Resignationen (Entsagung, Verf.) auszuweichen, sich ein für allemal im ganzen resignieren (entsagen, Verf.)*. Aber darin liege etwas *Üermenschliches*, Dichtung und Wahrheit, IV. Teil, 16. Buch.
141 S III 178 서신 51; 번역 미세하게 수정함.
142 S III 76 서신 21. S (Tragödien) Agamemnon 103: *Mäßigen Verhätnissen ist eine längere Lebenszeit gegeben: glücklich jeder, der mit des mittleren Standes Los zufrieden unter ungefährlicher Brise den Gestaden entlangfährt, scheuend, dem Meer seinen Nachen anzuvertrauen, mit dem Ruder näher sich ans Festland hält.* Üersetzung geringfüig geädert.
143 S IV 185 서신 99.
144 S III 29 서신 9.
145 S III 154 서신 45; 번역 미세하게 수정함.
146 S III 127 이하. 서신 36.
147 NU 3 Vorwort, 7; 번역 미세하게 수정함. S (Tragödien) Thyestes 617: *Glük und Unglük mischt Klotho (sie spinnt den Lebensfaden, Verf.) und hindert Fortuna zu verweilen; im Kreise dreht sich jedes Geschick.* S (Tragöien) Agamemnon: *Dass es doch kein Glük von langer Dauer gibt!*
148 S I 223 Trostschrift an Marcia.
149 S III 286 서신 72; 번역 미세하게 수정함.
150 NU 3 Vorwort 14 이하; 번역 미세하게 수정함.
151 NU 3 Vorwort 13.
152 S III 276 서신 70.

153　S (Rosenbach) 서신 45, 9: 라틴어로 mala in bonum vertit.
154　S III 221 서신 62.
155　S (Rosenbach) Von der Gemütsruhe 14; 번역 미세하게 수정함.
156　S III 126 이하. 서신 35.
157　S III 143 서신 41.
158　S III 69 이하. 서신 20; das Ende nach Sallust.
159　Goethe, Urworte, Orphisch: *Wie an dem Tag, der dich der Welt verliehen, / die Sonne stand zum Gruße der Planeten, / bist alsobald und fort und fort gediehen / nach dem Gesetz, wonach du angetreten. / So musst du sein, dir kannst du nicht entfliehen ...*, Goethe, Gedichte, herausgegeben und kommentiert von Erich Trunz, München 1999, p.359.
160　S II 115 Von der Kürze des Lebens; 첫 번째 문장 미세하게 재구성함.
161　S II 75 Von der Gemütsruhe; das Zitat bei Lucrez, Von der Natur der Dinge, III 1066.
162　S (Rosenbach) Über die Milde I 6.
163　S II 106 이하. Von der Gemütsruhe.
164　S III 221 이하. 서신 62.
165　S III 109 서신 29. S (Tragödien) Thyestes 391 이하.: *Stehe, wer will, mähtig auf eines Königshofes schlüpfriger Höhe: mir sei süße Ruhe genug!*
166　S II 136 Von der Kürze des Lebens 13.
167　So der berühmte Rat des Epikurs: *Lebe im Verborgenen* (gr. lathe biosas), Epikur, Von der Überwindung der Furcht, übersetzt von Olof Gigon, München 1991, p.167.
168　S I 52 Von der Unerschütterlichkeit des Weisen. S (Tragödien) Phaedra 517 이하.: *Kein anderes Leben ist freier und unbefleckter vom Laster, noch gibt es eines, das die früheren Gebräuche besser ehrte als ein Leben, das die Stadtmauern hinter sich lassend die Wälder liebt. Nicht entflammt jenen die Raserei eines habsüchtigen Sinnes, der sich unschuldig den Bergjochen weihte; nicht des Volkes Wankelmut und die den Guten ungetreue Menge, nicht verzehrender Neid, nicht vergängliche Volksgunst; nicht leistet er der königlichen Macht Sklavendienste oder verfolgt, königliche Macht bedrohend, eitle Ehren oder zerrinnende Schätze, von Hoffnung und Furcht frei ... Köigliches Wohlleben weit hinter sich zu lassen ist sein Begehr: aus sorgenbereitendem Golde trinken die Überheblichen; welche Lust, mit bloßer Hand das Quellwasser zu fassen! Ein tieferer Schlaf umfägt ihn, der sorglose Glieder*

auf hartem Lager bettet. Nicht sucht er ruchlos verstohlene Liebe in Abgeschiedenheit und auf heimlichem Lager und versteckt sich angsterfüllt in einem Haus voller Schlupfwinkel: er sucht Luft und Licht auf und lebt im Angesicht des Himmelp. Ich fürwahr glaube, dass auf diese Weise jene gelebt haben, die, den Göttern beigesellt, das erste Zeitalter hervorgebracht. S (Tragöien) Der rasende Herkules 196 이하.: *... mich beschütze meine Scholle an einem abgeschiedenen und sichern Herd. Zu den Müßigen kommt das weißhaarige Alter und in niedrigem Rang, aber unangefochten wohnt das geringe Glück eines kleinen Hauses; tief stürzt verwegenes Heldentum.* 참고: 같은 출처, Verse 159 이하.

169 Georg Luck, Die Weisheit der Hunde, Stuttgart 1997, p.109.

세 번째 수업: 나를 결핍되게 만드는 사람과의 관계

1 S I 183 Vom Zorn III 26.
2 참고: zum Pessimismus Senecas: S (Tragödien) Der rasende Herkules 362 이하.: *Wenn die Sterblichen ihren Hass immer in alle Ewigkeit hegen und wenn, einmal entfacht, die Raserei niemals aus den Herzen weicht, vielmehr der vom Glück Erhobene die Waffen behält, der Unterlegene sie rüstet, dann werden die Kriege nichts überleben lassen ...*
3 Ulrich Knoche, Der Philosoph Seneca, Frankfurt 1933, zitiert nach Maurach (1975) p.18: *Seneca stellt den Menschen nicht ein Idealbild hin von so unerreichbarer Vollkommenheit, dass sie verzweifeln müssten, sondern er richtet schlicht und ernst an jeden Philosophen die Forderung, selbst exemplum zu werden, menschlicher Unvollkommenheit zum Trotz. So setzt er rein Gedachtes um in eine anschaubare Gestalt. ... Die Aufgabe der Philosophie ... besteht nach Seneca darin, das Chaotische des menschlichen Lebens im Zeitlichen zu ordnen, und zwar so, dass sie durch die Menschen hindurch die Idee des Menschen erkennt, die Idee der Humanität, und dass sie darauf ihre Forderung, Forschung und Tätigkeit ausrichtet. Hier sei auch darauf hingewiesen, dass Seneca der einzige Röer (war), der sich in der Verdammung der Gladiatorenspiele zum allgemein menschlichen Standpunkt erhoben hat.* Friedläder, in Maurach (1975), p.138.
4 S (Rosenbach) Über die Wohltaten, 4,27,3.

5   S (Rosenbach) Über die Wohltaten 2,18,4; 번역 미세하게 수정함. Am Ende steht im Text ein Fragezeichen.
6   S (Rosenbach) Über die Wohltaten 1,10,3.
7   같은 출처 1,10,1.
8   S I 106 이하. Vom Zorn II 8.
9   S (Rosenbach) Über die Wohltaten 7,26,4 - 27,1; 번역 미세하게 수정함.
10 S IV 222 서신 104.
11 같은 출처.
12 S I 182 Vom Zorn III 26.
13 Auch Grimal, p.72, spricht von *zwei verschiedenen Ebenen*. Sørensen, p.168: ... *der Mensch (ist) Bürger zweier Staaten*. Ulrich Knoche in Maurach (1975), p.153: *Dies Gute wird vom stoischen Dualismus her bestimmt: Der Mensch lebt ja in zwei Welten; das eine ist die Welt des Scheines des allgemeinen Selbstbetruges ... Die andere Welt ist die der Wahrheit: da herrscht das Wissen um die echten Werte (...), da wird den Menschen und den Dingen die Maske abgenommen (...).*
14 S I 109 Vom Zorn II 10.
15 S (Tragödien) Ödipus 1019: ... *niemand wird durch das Schicksal schuldig*.
16 S (Rosenbach) Über die Milde 3. 4. 2 - 3; 5, 39 이하. 번역 미세하게 수정함.
17 S I 130 Vom Zorn II 28.
18 S I 85 이하. Vom Zorn I 14; 번역 미세하게 수정함.
19 S III 309 서신 75; 문장 구조 바꿈.
20 S III 353 서신 81. S (Tragödien) Der rasende Herkules 1220: ... *was der Raserei eigentümlich ist: sie wütet gegen sich selbst*.
21 NU 1 서문 5.
22 NU 1 서문 9.
23 S IV 164 서신 95.
24 Max Pohlenz, Die Stoa. Geschichte einer geistigen Bewegung, 4. Auflage Göttingen 1970, p.273; Giebel, p.117; zu Menander 참고: Lorenz Straub, Liederdichtung und Spruchweisheit der Alten Hellenen, Verlag W. Spemann, Berlin und Stuttgart ohne Jahresangabe, p.505; Wilhelm Nestle, Griechische Lebensweisheit und Lebenskunst, Stuttgart 1949, p.239.
25 참고: Anm. 55 zu 서신 95 in Seneca, Epistulae morales ad Lucilium, herausgegeben

und übersetzt von Franz Loretto, Stuttgart 2009, XV 117.
26 S II 9 Vom glücklichen Leben.
27 S III 23 서신 9, nach dem griechischen Philosophen Hekaton; Übersetzung aus Wilhelm Nestle, Die Nachsokratiker, herausgegeben und eingeleitet von Wilhelm Nestle, 2 Bde, Jena 1923, Bd. II p.86.
28 S I 188 Vom Zorn III 31. S (Tragödien) Die Trojanerinnen 1024: … *elend ist niemand, er vergleiche sich denn.*
29 S (Rosenbach) Über die Wohltaten 7,28,3, Rosenbach; 번역 수정함.
30 S I 181 Vom Zorn III 25.
31 S I 131 이하. Vom Zorn II 28.
32 S I 110 Vom Zorn II 10.
33 S I 182 Vom Zorn III 26.
34 Wir alle sind Leidende: S (Tragödien) Der rasende Herkules 463: *Wen immer du elend siehst, der, wisse, ist ein Mensch.*
35 S (Rosenbach) Über die Milde 2. 5. 2.
36 S I 200 Vom Zorn III 43.
37 S I 159 Vom Zorn III 8.
38 Giebel, p.45.
39 S I 58 Von der Unerschütterlichkeit des Weisen.
40 Sørensen, p.93, hält es für verlockend, das lateinische Wort *ira* (Zorn) bei Seneca mit *Aggression* zu üersetzen, *um so mehr, als es kein besseres lateinisches Wort für Aggression gibt.*
41 S III 46 서신 14.
42 S I 20 Von der göttlichen Vorsehung.
43 S I 78 이하. Vom Zorn I 9; 번역 미세하게 수정함. S (Tragödien) Medea 952: … *o Zorn, wohin du mich auch führst, ich folge dir.*
44 S I 125 Vom Zorn II 22.
45 S I 135 Vom Zorn II 31.
46 S I 153 이하. Vom Zorn III 5.
47 S I 59 Von der Unerschütterlichkeit des Weisen.
48 S I 163 Vom Zorn III 12.
49 S I 125 Vom Zorn II 22.

50　S I 133 Vom Zorn II 29. S (Tragödien) Agamemnon 129 이하.: ... gewähre dir Zeit und Frist: was Vernunft zu heilen vermag, hat oft ein Aufschub geheilt.

51　S II 103 Von der Gemütsruhe.

52　S I 44 Von der Unerschütterlichkeit des Weisen; 첫 번째 부분은 Rosenbach를 참고한 저자의 번역.

53　S I 181 이하. Vom Zorn III 25.

54　S I 116 Vom Zorn II 14.

55　S I 152 Vom Zorn III 5.

56　S I 153 Vom Zorn III 5.

57　NU 5,18,6 - 11; Seneca spielt auf die Perserkönige Dareios I. und Xerxes I., die im 5. Jh. v. Chr. versucht hatten, Griechenland zu erobern und in ihr Großreich einzugliedern.

58　S I 160 Vom Zorn III 9; 번역 미세하게 수정함.

59　참고: Joachim Bauer, Das Prinzip Menschlichkeit, Hamburg 2006; ders., Das kooperative Gen, Hamburg 2008.

60　S III 163 서신 48. S (Tragödien) Die Trojanerinnen 697: ... alles, was du dem Geringsten gibst, gibst du dem eigenen Glück.

61　S (Rosenbach) Über die Milde 2. 4. 3.

62　S IV 35 이하. 서신 85.

63　S (Rosenbach) Über die Seelenruhe IV 6; 번역 미세하게 수정함.

64　S II 76 이하. Von der Gemütsruhe.

65　Xenophon, Erinnerungen an Sokrates, Reclam 1992, 102 이하. S (Tragödien) Thyestes 402 이하.: Auf jenem aber lastet schwer der Tod, der, allen allzu bekannt, sich selber unbekannt stirbt.

66　NU 7,27,4.

67　참고: Goethes berühmte Unterscheidung von Systole und Diastole (Zusammenziehung und Ausdehnung): So setzt das Einatmen schon das Ausatmen voraus und umgekehrt; so jede Systole ihre Diastole. Es ist die ewige Formel des Lebens, die sich auch hier äußert. Entwurf einer Farbenlehre, Goethe, Sämtliche Werke nach Epochen seines Schaffens, herausgegeben von Karl Richter, Münchner Ausgabe (MA), 2006, Bd. 10, p.36; auch Tages- und Jahres-Hefte 1820, MA Bd. 14, p.292 und West-Östlicher Divan, Buch des Sängers, Talismane, MA Bd. 11. 1. 2, p.12: Im Athemholen sind zweyerley Gnaden: / Die Luft einziehen, sich ihrer entladen; / Jenes bedrängt, dieses erfrischt;

/ *So wunderbar ist das Leben gemischt. / Du danke Gott, wenn er dich preßt, / und dank' ihm, wenn er dich wieder entläßt.*

68 S III 249 서신 66.
69 같은 출처.
70 S III 105 서신 28.
71 S (Rosenbach) 서신 14,14; Rosenbach를 참고한 저자의 번역.
72 S III 192 서신 55.
73 S II 14 이하. Vom glücklichen Leben; *zum vollen Einklang ihrer Teile* stammt aus der Übersetzung von Berthold, in: Seneca, Von der Seelenruhe, herausgegeben und übersetzt von Heinz Berthold, Augsburg 1966, p.147.
74 S IV 321 서신 120; 두 번째 부분은 Rosenbach를 따름.
75 S II 15 Vom glücklichen Leben; 라틴어로 *summum bonum esse animi concordia.*
76 S III 302 이하. 서신 74.
77 S III 117 서신 31.
78 S IV 265 서신 113; 참고: Platons Bild von der Seele, Der Staat 588 (Ziff. der Stephanusausgabe): *So schaffe dir denn einmal erstlich eine Gestalt eines mannigfachen zusammengesetzten und vielköpfigen Ungeheuers, das rundum Köpfe von teils zahmen, teils wilden Tieren hat, dabei im Stande ist, sich in alle diese Tiere zu verwandeln und auch alle diese Tiere aus sich zu erzeugen.* Platon, Sätliche Werke, herausgegeben von Erich Loewenthal, drei Bände, Köln 1969, II p.360.
79 S III 152 서신 45.
80 S IV 59 서신 88.
81 S III 15 서신 6; 번역 미세하게 수정함.
82 S IV 283 서신 115.
83 참고: die Übernahme des berühmten Platonischen Bildes vom Wagenlenker der Seele durch den Stoiker Poseidonios: *Da kommt es ihr (der Denkkraft, Verf.) zu, nunmehr wie ein Wagenlenker das Gespann der zusammen aufgewachsenen Rosse, der Begierde und des Gefühls, zu regieren und zu beherrschen. Sie sollen weder zu stark noch zu schwach, weder zu langsam noch zu stürmisch, nicht unfolgsam, zügellos und übermütig, sondern willig werden, in allem dem vernünftigen Denken zu folgen und zu gehorchen. Die Erziehung hierzu und die sittliche Tüchtigkeit beruht auf der Erkenntnis der Natur der Dinge wie die des Wagenlenkers auf der Theorie*

des Wagenlenkenp.Denn in den unvernünftigen Kräften der Seele kann kein Wissen entstehen, sowenig als in den Rossen, sondern diesen wird die ihnen eigene Tüchtigkeit durch eine Art unbewusster Gewöhnung zuteil, dem Wagenlenker dagegen durch vernünftige Belehrung. Wilhelm Nestle, Die Nachsokratiker, herausgegeben und eingeleitet von Wilhelm Nestle, 2 Bände, Jena 1923, II p.139.

84 S III 34 서신 11.

85 참고: dazu die schöne Geschichte, die Platon am Ende des Dialogs Phaidros erzählt. Es geht um die Entstehung und Bedeutung des geschriebenen Wortes im Gegensatz zu dem gesprochenen Wort. Im alten Ägypten hätte der Gott der Weisheit (Theut, Thoth) viele Erfindungen dem damaligen König Thamus (Amon) vorgestellt, unter anderem auch die Schrift. Der König lobte viele Erfindungen, kritisierte aber die Erfindung der Schrift: *Auch du hast jetzt, als Vater der Schrift, aus Voreingenommenheit das Gegenteil von dem angegeben, was sie (die Schrift) vermag. Denn diese Kunst wird Vergessenheit schaffen in den Seelen derer, die sie erlernen, aus Achtlosigkeit gegen das Gedächtnis, da die Leute im Vertrauen auf das Schriftstück von außen sich werden erinnern lassen durch fremde Zeichen, nicht von innen heraus durch Selbstbesinnen. Also nicht ein Mittel zur Kräftigung, sondern zur Stützung des Gedächtnisses hast du gefunden. Und von Weisheit gibst du deinen Lehrlingen einen Schein, nicht die Wahrheit: wenn sie vieles gehört haben ohne Belehrung, werden sie auch viel zu verstehen sich einbilden, da sie doch größtenteils nichts verstehen und schwer zu ertragen sind im Umgang, zu Dünkelweisen geworden und nicht zu Weisen.* Platon, Sämtliche Dialoge, herausgegeben von Otto Apelt, sieben Bände, Hamburg 1993, Phaidros 275 A (Ziff. der Stephanusausgabe).

86 NU 3,30,8.

87 S III 33 이하. 서신 11; 번역 미세하게 수정함.

88 Seneca *richtet schlicht und ernst an jeden Philosophen die Forderung, selbst exemplum zu werden, menschlicher Unvollkommenheit zum Trotz*. Ulrich Knoche, Der Philosoph Seneca, Frankfurt 1933, zitiert nach Maurach (1975) p.18.

89 Der Übersetzer Otto Apelt bemerkt, dies sei einer der meistzitierten Aussprüche Senecas.

90 S III 14 서신 6; 번역 미세하게 수정함. Zenon war der Begründer der Stoa, Kleanthes sein Schüler und Nachfolger in der Leitung der Schule. Metrodorus, Hermarchus und

Polyaenus waren Schüler von Epikur, der seine Schule in einem Garten errichtete. Lehrer und Schüler bildeten eine Lebensgemeinschaft, die durch enge Freundschaften zusammengehalten wurde.

91　S IV 135 이하. 서신 94; statt *Menschen* steht im Text *Mäner*.
92　S IV 236 서신 108; der letzte Satz nach Rosenbach.
93　S I 157 Vom Zorn III 8; Übersetzung in Anlehnung an Rosenbach geändert.
94　S I 124 Vom Zorn II 21; 번역 미세하게 수정함. Statt *Kinder* steht im Text *Knaben*.
95　S III 180 서신 52.
96　S II 140 Von der Kürze des Lebenp.
97　S III 221 이하. 서신 62.
98　S (Rosenbach), An Lucilius, 서신 52,7.
99　Lateinisch: *illi clarissimi sacrarum opinionum conditores* und *antistites bonarum artium*, S (Rosenbach) Üer die Küze des Lebens 14,1 und 5.
100　Das altindische Wort für den spirituellen Lehrer ist *guru* und *meint denjenigen, der die Finsternis beiseiteschiebt und Licht gibt*, Desikachar/Krusche, Das verborgene Wissen bei Freud und Patañjali, Stuttgart 2007, p.156.
101　S II 138 이하. Von der Kürze des Lebens; 번역 미세하게 수정함. Seneca nennt hier einige der berühmtesten Philosophen des alten Griechenlands.
102　S II 140 이하. Von der Kürze des Lebenp.
103　Tacitus, Annalen, übertragen von August Hornefer, Stuttgart 1964, Buch 15 Kap. 62 (라틴어로 imago vitae).
104　참고: dazu die schöne Beschreibung, die uns Macchiavelli von seinem Tagesablauf gab, nachdem er Stellung und Ansehen am Hof von Florenz eingebüßt hatte und in ein armseliges Exil auf dem Lande verbannt worden war: *Wenn der Abend kommt, kehre ich nach Hause zurük und gehe in mein Schreibzimmer. An der Schwelle werfe ich die Bauerntracht ab, voll Schmutz und Kot. Ich lege prächtige Hofgewänder an und, angemessen gekleidet, begebe ich mich in die Säulenhalle der großen Alten. Freundlich von ihnen aufgenommen, nähre ich mich da mit der Speise, die allein die meinige ist, für die ich geboren bin. Da hält mich die Scham nicht zurück, mit ihnen zu sprechen, sie um den Grund ihrer Handlungen zu fragen, und herablassend antworten sie mir. Vier Stunden lang fühle ich keinen Kummer, vergesse alle Leiden, fürchte nicht die Armut, es schreckt mich nicht der*

Tod; ganz versetze ich mich in sie. Will Durant, Kulturgeschichte der Menschheit, in 25 Bänden, Editions Rencontre Lausanne, zitiert nach Band 16 p.58 이하.

105 S III 3 이하. 서신 2.
106 S III 124 서신 33.
107 S IV 22 서신 84.
108 S III 124 서신 33.
109 S III 124 서신 33. Dazu Christoph Horn, Antike Lebenskunst - Glück und Moral von Sokrates bis zu den Neuplatonikern, München 1998, p.57: *Wie man sieht, legte Seneca besonderen Wert auf die emanzipierende Wirkung philosophischen Trainings, und zwar auf die Wirkung bei jedem einzelnen. Er leitet aus dem therapeutischen Philosophiebegriff zudem eine individuelle Verpflichtung gegenüber den Nachgeborenen ab, wenn er schreibt: ›Die Nachwelt ist es, deren Sache ich betreibe. Ich bringe einiges zu Papier, was ihr nützen kann.‹* Das Seneca-Zitat stammt aus S III 19 이하. 서신 8.

나오며

1 S (Rosenbach) An Lucilius, 서신 93,7; Rosenbach를 참고한 저자의 번역.
2 S III 117 서신 31 (라틴어로 fac te ipse felicem).

옮긴이 최지수

영어·독일어 통번역사. 한국외국어대학교 통번역대학원에서 석사 과정을 마치고, 동 대학원에서 통번역학 박사 학위를 받았다. 현재는 독어학과 통번역학을 연구하고 있다. 출판번역 에이전시 글로하나에서 독일어 번역가로 활동하고 있으며, 옮긴 책으로는 『불안사회』『생각의 음조』『서사의 위기』『나를 살리는 철학』 등이 있다.

바꿀 수 없는 것에 인생을 소모하지 마라

초판 1쇄 발행 2025년 4월 29일

지은이 알베르트 키츨러
옮긴이 최지수

발행인 윤승현 **단행본사업본부장** 신동해
편집장 김경림 **파트장** 송보배
책임편집 김윤하 **교정교열** 김정현
디자인 최희종 **마케팅** 최혜진 강효경 **홍보** 허지호
국제업무 김은정 김지민 **제작** 정석훈

브랜드 웅진지식하우스 **주소** 경기도 파주시 회동길 20
문의전화 031-956-7366(편집) 031-956-7088(마케팅)
홈페이지 www.wjbooks.co.kr
페이스북 www.facebook.com/wjbook
블로그 blog.naver.com/wj_booking

발행처 (주)웅진씽크빅
출판신고 1980년 3월 29일 제406-2007-000046호
한국어판 출판권 ⓒ웅진씽크빅, 2025

ISBN 978-89-01-29471-1 03100

- 웅진지식하우스는 ㈜웅진씽크빅 단행본사업본부의 브랜드입니다.
- 책값은 뒤표지에 있습니다.
- 잘못된 책은 구입하신 곳에서 바꾸어드립니다.